财政部规划教材
全国财政职业教育教学指导委员会推荐教材
全国职业院校财经类

政府会计

（第五版）

刘菊英　刘宁飞　主编

中国财经出版传媒集团
中国财政经济出版社

图书在版编目（CIP）数据

政府会计／刘菊英，刘宁飞主编．—5 版．—北京：中国财政经济出版社，2018.7（2024.1 重印）

财政部规划教材　全国财政职业教育教学指导委员会推荐教材　全国职业院校财经类教材

ISBN 978－7－5095－8299－2

Ⅰ.①政…　Ⅱ.①刘…　②刘…　Ⅲ.①预算会计－高等学校－教材　Ⅳ.①F810.6

中国版本图书馆 CIP 数据核字（2018）第 124172 号

责任编辑：樊　闽　　　　责任校对：李　丽

封面设计：陈宇琰

本书微网站

扫描微网站二维码

获取教学配套资源和内容更新

不断添加中

中国财政经济出版社 出版

URL：http：//www.cfeph.cn

E－mail：cfeph@cfeph.cn

社址：北京市海淀区阜成路甲 28 号　邮政编码：100142

营销中心电话：010－88191522

天猫网店：中国财政经济出版社旗舰店

网址：https：//zgczjjcbs.tmall.com

北京富生印刷厂印刷　各地新华书店经销

成品尺寸：185mm×260mm　16 开　15.75 印张　384 000 字

2018 年 7 月第 5 版　2024 年 1 月北京第 6 次印刷

定价：37.00 元

ISBN 978－7－5095－8299－2

（图书出现印装问题，本社负责调换，电话：010－88190548）

本社质量投诉电话：010－88190744

打击盗版举报热线：010－88191661　QQ：2242791300

编写 说明

本书是财政部规划教材，全国财政职业教育教学指导委员会推荐教材，由财政部教材编审委员会组织编写并审定，作为全国职业院校财经类教材使用。

本书是在政府会计实施重大改革的背景下完成的。随着2014年《预算法》的修订，政府提出编制以权责发生制为基础的政府综合财务报告的新目标，原有的以收付实现制为主、以提供预算收支执行情况的决算报告的政府会计制度体系已经不能满足进一步改革的需要，有必要建立一套统一、科学、规范的政府会计标准体系。为此，在2015年10月23日，中华人民共和国财政部令第78号公布《政府会计准则——基本准则》，2016年7月6日公布了《政府会计准则》第1号——存货、第2号——投资、第3号——固定资产、第4号——无形资产，并于2017年10月24日印发了《政府会计制度——行政事业单位会计科目和报表》，2019年1月1日起施行。同时，2015年10月10日印发了《财政总预算会计制度》。本书以最新政府会计准则和政府会计制度为依据，按照构建"财务会计和预算会计适度分离并相互衔接"的新会计核算模式，以及财务会计与预算会计平行记账的特点编写。为了便于学生学习理解，我们重构教材编写的章节体系，大胆尝试把平行记账的财务会计科目与预算会计科目合在一个章节同时介绍，通过大量实例编写，使读者易于把握新政府会计制度所确定的会计科目和会计核算方法，使学生学会行政事业单位会计和财政总预算会计日常账务处理，以及期末和年终结转和编制会计报表，具备从事相关专业岗位工作的职业能力。因此，本书旨在满足财经类专业教学，同时也满足有关部门进行会计岗位培训和广大读者学习的需要。

2018年以来，我国税政新政不断出台，本书涉税业务的核算内容显然滞后，另外政府预算收支分类科目也有局部调整变化。为此，对本书进行局部修改。(1) 调整增值税涉税相关业务，一是修改增值税税率和税额，即16%调整13%，10%调为9%等，会计分录中的增值税额和有关金额也随之变动；二是构建不动产发生的进项税额，取消分两年抵扣的规定。(2) 事业单位工资支付业务全部修改，一是个人所得税政策，免征额由3500元提高到5000元，新增专项附加扣除；二是省级机关事业单位工资发放试行由财政直接支付改为财政授权支付。(3) 局部调整了政府预算收支科目表。

本书具有体例合理、内容新颖、理论适度、实例充分等特点，突出基本知识和基本业务的介绍，力求语言精练，内容深入浅出，形式直观生动。在每一章尝试性地制作了二维码，并为本书配套编写了《实训与练习》、教学课件等教学资源。用书学校老师若需要《实训与练习》的答案，请以电子邮件的形式向中国财政经济出版社索取（请注明学校、全书名、版次），E－mail：caijingjiaocai@163.com。若需要其他网络教学资源，请登录如下网址：http://www.zgcjjy.com（或 www.中国财经教育网.com），进入下载专区下载。

本书由刘菊英、刘宁飞担任主编，参加本书修订的有：刘菊英（第一、五、六、七章），方毅（第二章），刘宁飞（第三、四章），邱婉玲（第八、九、十章）。

本书在修订过程中得到中国财政经济出版社的大力支持和许多朋友的关心和鼓励，在此表示衷心的感谢！

限于编者水平，书中难免有疏漏乃至错误之处，恳请专家和读者批评指正。

编　者

2019 年 9 月

目　录

第一章
政府会计概述

学习目标 □ 理解政府会计的概念，掌握政府会计的组成体系及分级
□ 理解政府会计“双目标、双核算模式、双基础和双报告”
□ 了解政府会计信息质量要求
□ 弄清单位会计要素和财政总预算会计要素
□ 初步了解单位会计科目和财政总预算会计科目

第一节　政府会计概念

一、什么是政府会计

政府会计是以预算管理为中心的宏观信息系统和管理手段，是核算、反映和监督中央与地方预算以及行政事业单位收支预算执行情况及其财务状况的会计，是我国两大会计体系之一。包括以下几个方面的含义：

1. 政府会计是会计体系的一个重要分支。会计按其适用范围和核算对象，分为企业会计和政府会计两大体系。企业会计是核算和监督社会再生产过程中属于生产、流通领域中的各类企业经营活动过程和结果的会计体系。**政府会计**是反映和监督社会再生产过程中分配领域、社会福利领域和精神产品生产领域中的各级政府机构和各类事业单位预算执行情况和财务活动情况及其结果的会计体系，它包括财政总预算会计、行政事业单位会计等。

2. 政府会计的主体是各级政府、行政单位及各类事业单位。财政总预算会计的主体是各级政府，财政部门是组织财政收支，办理政府预算决算等工作的政府职能部门，各级政府都设置财政部门，从中央到地方分别是中央财政部、省（自治区、直辖市）财政厅、市（自治州）财政局、县（市辖区）财政局、乡（镇）财政所。各级财政机关以本级政府为会计主体，对其财政收支进行核算和管理。

行政单位是指进行国家行政管理、组织经济建设和文化建设、维护社会公共秩序的单位，主要包括国家权力机关、行政机关、审判机关、检察机关以及实行预算管理的其他机

关、政党组织等，如图 1－1 所示。

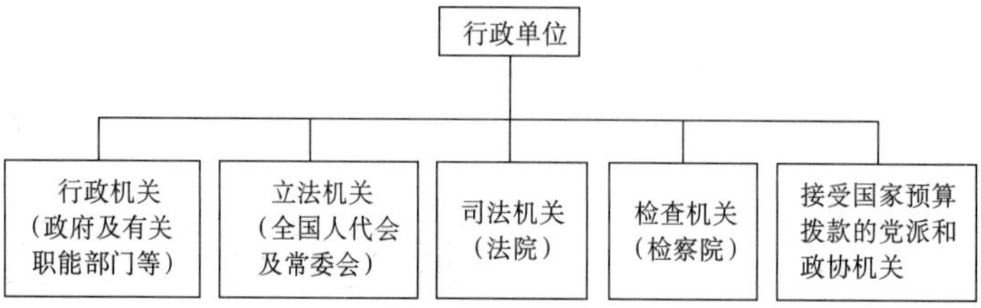

图 1－1　我国行政单位示意图

事业单位是指国家为了社会公益目的，由国家机关举办或者其他组织利用国有资产举办的，从事教育、科技、文化、卫生等活动的社会服务组织。

一直以来事业单位分为生产经营类、行政执行类、公益服务类。**生产经营性事业单位**是一些面向特定社会群体的专业性服务组织，针对市场需求，提供有偿服务，一般都拥有比较稳定的财源，通常具备自主经营、自主管理和自我发展的能力，可以作为经济主体参与市场竞争，原来实行企业化管理，经改革后转化为企业，执行企业会计制度。这类事业单位主要包括党政机关所属培训机构和接待基地、后勤服务、新闻传媒出版、影视文艺创作、开发性科研、勘察设计、中介服务类等。**行政执行类事业单位**是指依据法律法规授权或政府委托，依法行使行政许可、行政管理、行政执法和检查监督等职责任务的机构，如社保基金管理、市政公用事业管理等机构。其经费支出主要来自同级财政、行政性收费或通过行使政府职能而获得的垄断性、资源性收入，此类事业单位改革后将其行政职能划为行政机构或转为行政机构。**社会公益性事业单位**，是我国公共事业组织的主体，也是事业单位体制改革的重点，主要包括科技、教育、文化、卫生等领域的公共服务机构，这是真正具有非政府、非企业和非营利性质的事业单位，当前推行的事业单位分类改革，继续将其保留在事业单位序列，强化其公益属性，未来的事业单位就是公益属性的事业单位，不再包括行政类和经营类的事业单位。根据职责任务、服务对象和资源配置等情况，将从事公益服务的事业单位细分为两类：承担义务教育、基础性科研、公共文化、公共卫生及基层的基本医疗服务等基本公益服务，不能或不宜由市场配置资源的，划入“公益一类”。这类事业单位不得开展经营活动，根据正常业务需要，财政给予经费保障。承担高等教育、非营利性医疗等公益服务，可部分由市场配置资源的，划入“公益二类”。根据财务收支状况，财政给予经费补助，并通过政府购买服务等方式予以支持，如图 1－2 所示。

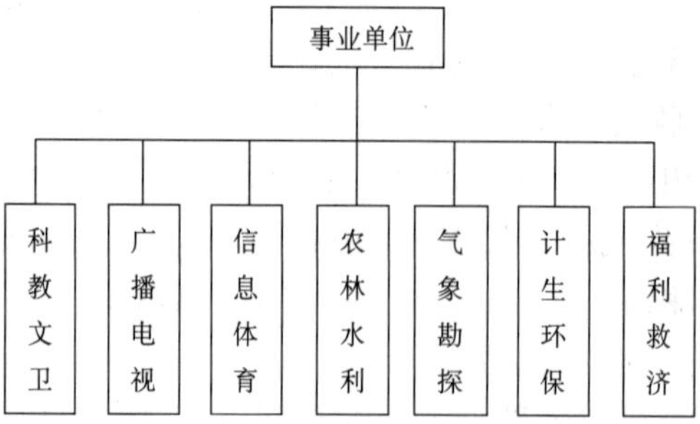

图 1－2　我国事业单位示意图

提示：行政单位和事业单位的区别

- 内涵不同。行政单位是国家机关，而事业单位是社会服务组织。
- 担负的职责不同。行政单位是负责对国家各项行政事务进行组织、管理和指挥；而事业单位是为了社会的公益目的从事教育、文化、卫生、科技等活动。
- 编制和工资待遇的来源不同。行政单位使用行政编制、通过公务员考试录用职员，工资按《公务员法》由国家负担。事业单位使用事业编制，实行聘用制，结合规范事业单位津贴补贴实施绩效工资。

资料来源：http：//iask. sina. com. cn/b/15683112. html。

3. 政府会计的客体（或者对象），是财政性资金、单位预算资金和业务资金活动过程及结果。由于政府财政部门、行政单位和事业单位的职责任务、业务活动和收支范围不尽相同，所以，财政总预算会计、行政事业单位会计的对象也有所差别。

各级政府财政部门负责具体执行各级总预算，按照核定的预算，通过征收税费等方式，从国民经济各部门取得各类预算收入；同时，又按照核定的预算，把集中起来的预算资金再分配出去，用于社会经济生活各有关方面，形成预算支出；收支结余反映预算收入和支出的差额。因此，**财政总预算会计的核算对象主要是各级政府总预算执行过程中的预算收入、预算支出和结余，以及在资金运动中所形成的资产、负债和净资产**。

行政单位的任务是行使政府职能、管理国家事务和进行各项行政管理工作。为此，行政单位一方面从财政部门领取经费，并在依法行政的过程中取得其他收入；另一方面，按照国家的有关规定和开支标准，安排人员经费、公用经费等各项行政支出和业务活动费用；收支相抵为行政单位的结余。**事业单位的主要任务**是完成国家规定的各项事业计划。为完成事业任务，保证业务活动的资金需要，事业单位一方面按核定预算向财政部门领取经费，另一方面，又在国家规定的范围内积极组织创收，所以，其经费来源，除国家财政拨款补助的预算资金外，还有单位自行组织的各项收入。事业单位在完成事业任务向社会提供各种事业服务的同时，通过市场交换取得事业收入，有的事业单位还开展经营活动而取得经营收入，以及从其他渠道获取投资收益、捐赠收入、利息收入等，事业单位将收入安排用于发展各项事业，形成各项支出和费用。各项收支执行的结果形成结余。因此，**行政事业单位会计的核算对象就是各类行政事业单位在单位预算（财务收支计划）执行过程中的各项收入、支出（费用）及其结余，以及在单位资金运动中所形成的资产、负债和净资产**。

4. 政府会计是反映政府及行政事业单位预算和财务活动及其结果的管理信息系统。政府预算是政府的基本财政收支计划，是政府为实现其职能需要，有计划地集中和分配集中性财政资金的重要工具，是具有法律效力的重要文件。政府预算一旦批准，就需要依法严格执行。通过政府会计对预算收支和单位财务收支进行计量、登记和计算，及时、准确地反映和监督预算执行的过程和结果，加强预算管理，保证预算任务圆满实现。同时，提供财务报告满足各方面会计信息使用者的需要。政府会计信息的使用者包括政府和行政单位、事业单位的主管部门、立法及监督机构、社会公众、资源提供者等。

二、政府会计的特点

政府会计是会计体系两大分支之一，与另一分支即企业会计相比较，由于会计任务、核算对象及业务性质不同，具有不同特点（见表1－1）。

表1－1 政府会计与企业会计的比较

比较项目	政府会计	企业会计
适用范围	各级政府财政部门、行政单位和各类事业单位，适用对象具有明显的非营利性	以营利为目的从事生产经营活动的各类企业
会计核算基础	收付实现制和权责发生制	权责发生制
会计要素构成	资产、负债、净资产、收入、费用、预算收入、预算支出和预算结余	资产、负债、所有者权益、收入、费用和利润
会计等式	资产＝负债＋净资产	资产＝负债＋所有者权益
会计报表	资产负债表、收入费用表、净资产变动表、现金流量表、收入支出表、预算结转结余变动表、财政拨款预算收入支出表及会计报表附注等	资产负债表、利润表、现金流量表、附表及会计报表附注和财务报告说明书等
会计核算原则、内容及方法	政府会计核算原则、内容和方法不仅与企业会计有很大差别，而且财政总预算会计与行政事业单位会计之间也有较大区别	

第二节　政府会计体系

一、政府会计的组成体系

政府会计是为预算管理服务的，政府预算的组成体系决定了政府会计的组成体系。我国政府预算按预算分级管理的要求，分为中央预算和地方预算。**中央预算**是经法定程序批准的中央政府财政收支计划，由中央各部门（含直属单位）的预算及地方向中央的上解收入、中央对地方的返还或补助数额组成。**地方预算**是由地方各级政府预算组成，包括本级各部门（含直属单位）的预算及下级政府向本级政府上解的收入、本级政府对下级政府的返还或给予补助的数额。政府预算按收支管理范围和编制程序划分，可分为总预算、部门（单位）预算。**总预算**是指政府的财政汇总预算，按照国家行政区域划分和政权结构可相应划分为各级次的总预算。**部门预算**是指部门、单位的收支预算，部门预算由本部门所属单位预算组成。各级总预算由各级政府财政部门负责组织执行，各级单位预算则由各级行政事业单位负责执行。

根据政府预算组成体系，我国政府会计也相应分为财政总预算会计和单位会计，单位会计按单位业务活动的特点分为行政单位会计和事业单位会计。

由于行政单位和事业单位预算管理内容和会计核算方法非常接近，为了便于报表逐级汇总和对比分析，客观上要求将行政单位会计和事业单位会计合二为一。为此，新政府会计制度改革统一了现行各项单位会计制度，有机整合了《行政单位会计制度》《事业单位会计制度》和医院、基层医疗卫生机构、高等学校、中小学校、科学事业单位、彩票机构、地勘单位、测绘单位、林业（苗圃）等行业事业单位会计制度的内容。在科目设置、科目和报表项目说明中，一般情况下，不再区分行政和事业单位，也不再区分行业事业单位；在核算内容方面，基本保留了现行各项制度中的通用业务和事项，同时根据改革需要增加各级各类行政事业单位的共性业务和事项；在会计政策方面，对同类业务尽可能做出同样的处理规定。改革后的政府会计体系结构如图 1－3 所示。

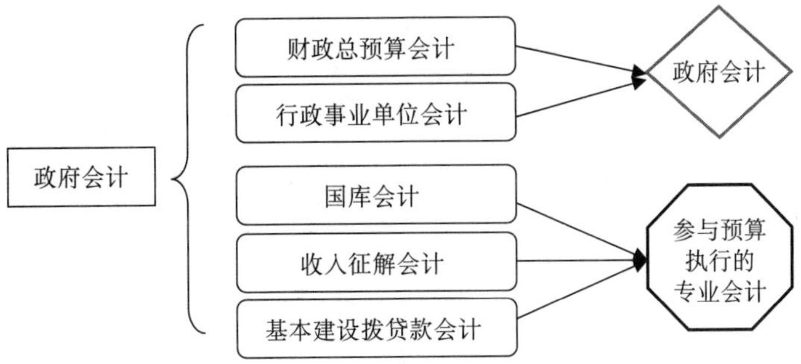

图 1－3　政府会计体系示意图

此外，收入征解会计（是指税务部门在办理税款征解过程中设立的税收会计，海关代征关税等设立的关税会计，等等），中国人民银行在办理国库业务过程中设立的国库会计，中国建设银行办理基本建设拨贷款会计，作为独立的专业会计，在执行总预算过程中，均负担一定的会计核算任务，因此，它们也应包括在广义的政府会计范围内。在这个体系中财政总预算会计居主导地位，行政事业单位会计以及参与预算执行的国库会计、税收会计等在财政总预算会计的业务指导下开展核算工作。

（一）财政总预算会计

财政总预算会计是各级政府财政部门核算、反映、监督政府预算执行和各项财政性资金活动的专业会计。它是政府会计的重要组成部分，也是国家预算管理体系中的一项基础工作。

1. 财政总预算会计的特点

（1）以政府预算管理为中心。财政总预算会计以为政府预算管理服务为主要目的，对财政资金进行核算和监督，为合理调度预算资金提供会计信息，并为宏观经济管理提供政府预算执行情况和财务状况的信息。

（2）以收付实现制为主，部分经济业务或者事项采用权责发生制。为建立政府综合财务报告制度引入了权责发生制。

提示：我国财政部1997年发布的《财政总预算会计制度》规定，“总预算会计核算以收付实现制为基础”，2001年印发的《〈财政总预算会计制度〉暂行补充规定》中规定：“中央财政总预算会计的个别事项可以采用权责发生制。”2015年印发的《财政总预算会计制度》规定，“总会计的会计核算一般采用收付实现制，部分经济业务或者事项应当按照规定采用权责发生制核算。”

（3）不进行成本核算。财政总预算会计对政府预算执行情况进行核算，只核算预算资金的“收”和“拨”，不进行成本核算和计算损益。随着财政预算改革的不断深化，将对预算执行情况进行绩效评价，提供准确的公共服务成本信息和政府财务状况信息，促进政府部门提高运行效率。

2. 财政总预算会计的任务

（1）正确及时地办理各项核算工作。财政总预算会计对各项预算收支、资金调拨和往来款项都要进行核算和记载，做到准确、及时，日清月结。每年年度末，要及时组织年度政府决算、行政事业单位决算的编审和汇总工作，同时，根据财政体制的有关规定，进行年度上下级财政之间的结算和办理上下级财政之间往来款项的清理工作。

（2）调度各项财政资金。财政总预算会计为了保证按照核定的预算及时供应好资金，要根据财政收支的特点，妥善解决财政资金库存和用款单位需求的矛盾，在保证按计划及时供应资金的基础上，合理调度资金，提高资金使用效益。

（3）实行会计监督，参与预算管理。由于财政的一收一支都要通过总预算会计，因而财政总预算会计应通过收支核算和反映，加强预算执行情况分析，并对总预算、部门预算和单位预算的执行实施会计监督。财政总预算会计也要参与预算的管理，对预算执行过程中出现的问题，要及时提出意见和建议，供有关领导机关决策参考。同时，要协调参与预算执行的国库会计、收入征解会计等之间的业务关系，共同做好预算执行的核算、反映和监督工作。

（4）组织和指导下级总预算会计、行政单位会计和事业单位会计工作。各级财政总预算会计要指导和组织检查本行政区域内所属财政总预算会计和同级事业、行政单位的会计工作，发现问题，及时改进；要组织单位会计人员进行业务培训，不断提高单位会计人员的政策水平和业务素质。

（5）做好政府与行政事业单位会计的有关管理工作。省、自治区、直辖市总预算会计在与《财政总预算会计制度》不相违背的前提下，要制定或审定本行政区域预算会计有关具体核算办法的补充规定；负责对单位会计基础工作的管理，包括单位会计核算程序的规范化和电算化等。

（二）行政事业单位会计

行政事业单位会计是各级各类行政事业单位以单位实际发生的各项经济业务为对象，记录、反映和监督单位预算执行过程及其结果以及财务状况的专业会计。

1. 行政事业单位会计的特点

（1）行政事业单位会计核算和监督的对象主要是政府财政资金的拨入、使用和结果，当然，事业单位也有自己创收的收入。相比企业会计，行政事业单位会计核算的业务具有明显的非营利性。

（2）行政事业单位会计核算基础采用收付实现制和权责发生制。

（3）一般不需进行成本核算，但应对支出情况进行监督和评价。

2. 行政事业单位会计的任务

（1）处理日常会计事项。对单位从事公务活动实际发生的经济业务，要根据有关财会制度的规定，及时、真实、准确做好记账、算账、报账等日常会计工作。必须保证手续完备、账目清楚、数字准确、内容真实；并做到日清月结，按时报送会计报表，为本单位领导加强内部管理和上级主管部门了解财务状况及收支情况提供真实可靠的会计信息。同时，遵守国家的会计保密制度，妥善保管好一切会计资料。

（2）认真编制行政事业单位预算，做好增收节支工作。按要求合理编制行政事业单位预算，为单位完成业务活动筹集和提供必要的资金，统筹安排、节约使用各项资金，保障单位正常运转的资金需要。

（3）加强预算管理和财务管理，提高资金的使用效益。单位会计人员应根据国家的有关方针、政策和各项财政、财务制度，进行会计监督。要保护国家资金、财产和物资的安全与完整，向一切违反财经纪律的不良行为作斗争。另外，单位会计人员通过记账、算账和报账，如实反映单位预算执行情况，结合调查研究，分析原因、总结经验、查出主要问题、提出改进办法，为单位业务决策提供依据。

（4）积极组织收入，合理安排和使用资金。尤其是单位要根据国家政策和收费标准积极组织收入，应缴国家预算的收入要及时足额缴入国库。单位要充分利用人力、科技等资源，不断扩大服务范围，提高服务质量，在确保社会效益的前提下，努力降低服务成本，增加收入，以减轻国家财政负担。同时，按预算及时合理供应资金，监督资金节约有效使用，保证国家下达的事业计划和任务的完成。

二、政府会计的分级

（一）财政总预算会计分级

按照“一级政府，一级预算，设置一级总预算会计”的原则，**财政总预算会计分为五级**。在财政部设中央总预算会计；在省（自治区、直辖市）财政厅（局）设省（自治区、直辖市）级财政总预算会计；在市（地、州）财政局设市（地、州）级财政总预算会计；在县（市）财政局设县（市）级财政总预算会计；在乡（镇）财政所设乡（镇）级财政总预算会计，见图1－4。

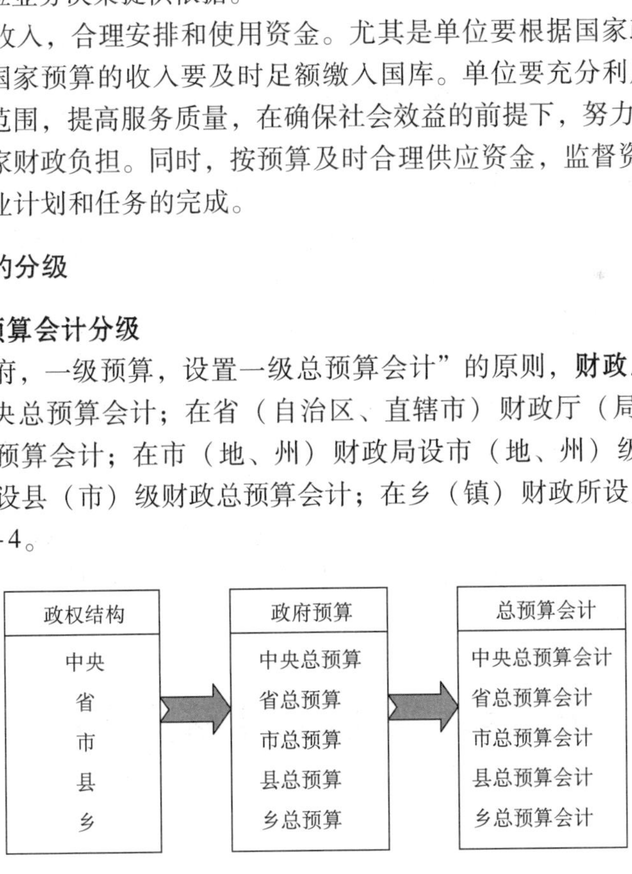

图1－4　财政总预算会计分级图示

（二）行政事业单位会计分级

根据国家机构建制和经费领报关系，各级行政单位、事业单位设置单位会计并分三级，具体为主管会计单位、二级会计单位和基层会计单位。向同级财政部门领报经费的为主管会计单位（又称一级单位）；向主管单位领报经费，下面又有所属会计单位的为二级会计单位；向主管会计单位或二级会计单位领报经费，下面没有所属会计单位的为基层会计单位。以上三级会计单位都要成立单位预算，实行独立的会计核算。有些人数较少、经费不多的单位可以不成立单位预算，不进行独立的会计核算，其经费开支可凭单据向基层单位报销，这种单位称为报销单位（报账单位），见图1－5。

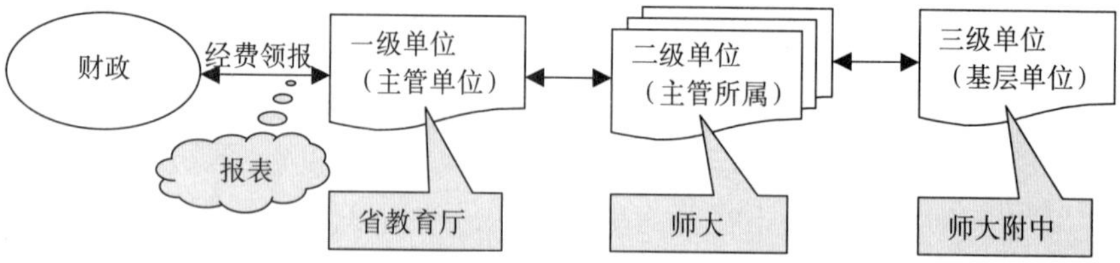

图1－5　行政单位、事业单位会计分级图示

小测试：

没有所属会计单位的二级单位，又称什么？

三、财政总预算会计和行政事业单位会计的关系

行政事业单位与财政总预算会计有着直接的密切联系，主要表现在：

（1）单位财务收支是同级政府预算的重要组成部分。

（2）在缴拨款上有着直接的联系，上缴、拨款手续均通过财政总预算会计和行政单位、事业单位会计办理。

（3）各单位在预算执行过程中，平时要向主管部门和同级财政部门编报月报，年终要编报年报。同级财政总预算会计要对单位或主管部门的月报和年报进行审核，并据以编制预算执行月报和财政决算报表。

（4）行政事业单位作为会计主体，具有一定的自主权，但必须接受同级财政总预算会计的管理与监督，财政总预算会计也要加强对单位会计的工作指导。

第三节　政府会计核算方法

一、政府会计的目标

我国政府会计目标是向会计信息使用者提供与政府预算执行有关的信息和与政府财务状

况、运行情况（含运行成本）以及现金流等有关信息，反映政府会计主体公共受托责任履行情况，有助于信息使用者做出决策或者进行监督和管理。具体分解为预算管理目标和财务管理目标。

预算管理目标，是指政府会计应提供政府预算资源的来源、分配和使用的信息以及预算与实际结果相比较的信息，满足预算管理的需要，提高预算透明度，便于公众监督，并有助于信息使用者评价政府受托责任的履行情况，分析做出相关政治经济决策。

财务管理目标，是指政府会计应提供政府整体的财务状况信息，包括政府资产、负债和净资产的总量、构成及其变动情况，政府运作成果、各种建设项目和服务的成本信息，以及政府的现金流量信息，有助于信息使用者评价政府持续提供公共服务的能力和偿债能力，评价政府工作的经济性、效率性、效益性，有利于政府财政资源的提供者做出合理的投资、信贷等决策。

为实现上述政府会计双目标，就需要建立完善政府会计核算体系，由财务会计和预算会计分工协作提供相关信息资料。

[扫一扫]

政府会计核算组织体系

注：我国政府会计信息使用者包括：（1）社会公众。其中既包括政府的服务对象，也包括社会资源的提供者。（2）立法机关和其他权力机关。（3）投资者和信贷者，其中包括其他政府、国际组织和资源提供者。（4）信用等级评估机构以及经济财务分析师。（5）上级主管部门和高级管理人员。

二、政府会计的双核算模式

政府会计准则确定**政府会计由预算会计和财务会计构成，构建了“财务会计和预算会计适度分离并相互衔接”的会计核算模式**。这种双核算模式的采用，源于政府会计双目标的客观需要，通过财务会计对行政事业单位的经济业务进行相关的会计计量和会计核算，可以详细反映出单位的资产、负债、权益等的增减变动情况，摸清家底，分析考核单位业绩与行政成本。而预算会计则围绕单位的预算执行情况进行计量和核算，反映政府财政的年度预算执行情况和结果。

双核算模式的适度分离主要体现在财务会计和预算会计分别采用不同的会计要素、会计基础进行计量和核算，分别形成财务报告和决算报告。**相互衔接主要体现在**：第一，对于纳入部门预算管理的现金收支业务，财务会计和预算会计同时平行记账，记账依据是同一的，对于其他业务，仅需要进行财务会计核算；第二，财务报表与预算会计报表之间存在勾稽关系。通过编制“本期预算结余与本期盈余差异调节表”并在附注中进行披露，反映单位财务会计和预算会计因核算基础和核算范围不同所产生的本年盈余数（即本期收入与费用之间的差额）与本年预算结余数（本年预算收入与预算支出的差额）之间的差异，从而揭示财务会计和预算会计的内在联系。

这种会计核算模式既兼顾了现行部门决算报告制度的需要，又能满足部门编制权责发生制财务报告的要求；既有助于提升政府会计的合理性、全面性以及科学性，同时，也能够更为准确地反映出政府会计主体的实际情况。对于规范政府会计行为，夯实政府会计主体预算和财务管理基础，强化政府绩效管理具有深远的影响。

[扫一扫]

平行记账方法简介

三、政府会计核算基础

会计基础是指会计事项的记账基础，是会计确认的某种标准方式，是单位收入、支出、费用确认的标准。

会计基础的选择对会计期间损益的确定具有重要影响，其一般分为收付实现制和权责发生制。在我国传统的财政管理体制下，预算会计采用收付实现制，其优点是有利于安排预算拨款、加强预算管理，操作简便，便于会计人员掌握。但随着我国近年来财政管理体制改革的不断深化，单一性采用收付实现制的不足之处日益显露，一是难以真实反映政府财务状况，二是难以对资产、成本和费用进行合理的计量和分摊，三是难以提供全面的财务信息，尤其是隐形负债，不利于信息使用者做出正确的经济决策。因此，现实的选择就是采用双基础模式，即在一个会计主体下使用两种会计基础进行日常账户记录，形成两套独立的账户，并且编制不同会计基础的两套会计报表，称为**双基础会计模式**。

政府会计准则确定行政事业单位预算会计实行收付实现制，国务院另有规定的，依照其规定。财务会计实行权责发生制。这样，可以充分发挥两类不同会计系统各自的优势功能。

财政总预算会计核算一般采用收付实现制，部分经济业务或事项应当按照规定采用权责发生制核算。

四、政府会计信息质量要求

会计信息质量要求是对政府会计报告中所提供高质量会计信息的基本规范，是使会计报告中所提供会计信息对信息使用者决策有用所应具备的基本特征。政府会计信息质量要求主要包括：

（一）可靠性

政府会计主体应当以实际发生的经济业务或者事项为依据进行会计核算，如实反映各项会计要素的情况和结果，保证会计信息真实可靠。

（二）全面性

政府会计主体应当将发生的各项经济业务或者事项统一纳入会计核算，确保会计信息能够全面反映政府会计主体预算执行情况和财务状况、运行情况、现金流量等。

（三）相关性

政府会计主体提供的会计信息，应当与反映政府会计主体公共受托责任履行情况以及报告使用者决策或者监督、管理的需要相关，有助于报告使用者对政府会计主体过去、现在或者未来的情况做出评价或者预测。

（四）及时性

政府会计主体对已经发生的经济业务或者事项，应当及时进行会计核算，不得提前或者延后。

（五）可比性

政府会计主体提供的会计信息应当具有可比性。同一政府会计主体不同时期发生的相同或者相似的经济业务或者事项，应当采用一致的会计政策，不得随意变更。确需变更的，应当将变更的内容、理由及其影响在附注中予以说明。不同政府会计主体发生的相同或者相似的经济业务或者事项，应当采用一致的会计政策，确保政府会计信息口径一致，相互可比。

（六）可理解性

政府会计主体提供的会计信息应当清晰明了，便于报告使用者理解和使用。

（七）实质重于形式

政府会计主体应当按照经济业务或者事项的经济实质进行会计核算，不限于以经济业务或者事项的法律形式为依据。

五、政府会计要素与会计等式

（一）会计要素

会计要素是对会计对象进行的基本分类，是会计核算对象的具体化。会计核算对象的内容多种多样，为了对有关核算内容进行确认、计量、记录和报告，就需要对会计对象作基本的分类。科学地确定会计要素，有助于设置会计科目，设计会计报表的种类、格式和列示方法。

我国政府会计准则确定了单位会计的**“3+5”会计要素**，即政府财务会计要素包括资产、负债、净资产、收入和费用，政府预算会计要素包括预算收入、预算支出与预算结余。此外，政府财政总预算会计制度确定总预算会计要素包括资产、负债、净资产、收入和支出。

> **注：**财务会计要素是首次在政府会计体系中提出，其中“收入”“费用”有别于现行预算会计中的收入和支出要素，这两个要素将用来反映政府会计主体的运行成本，科学评价政府资源管理能力和绩效。

1. 政府财务会计要素

（1）**资产，是指政府会计主体过去的经济业务或者事项形成的，由政府会计主体控制的，预期能够产生服务潜力或者带来经济利益流入的经济资源**。服务潜力是指政府会计主体利用资产提供公共产品和服务以履行政府职能的潜在能力。经济利益流入表现为现金及现金等价物的流入，或者现金及现金等价物流出的减少。

政府会计主体的资产按照流动性，分为流动资产和非流动资产。流动资产是指预计在1年内（含1年）耗用或者可以变现的资产，包括货币资金、短期投资、应收及预付款项、存货等。非流动资产是指流动资产以外的资产，包括固定资产、在建工程、无形资产、长期投资、公共基础设施、政府储备资产、文物文化资产、保障性住房和自然资源资产等。

（2）**负债，是指政府会计主体过去的经济业务或者事项形成的，预期会导致经济资源流出政府会计主体的现时义务**。现时义务是指政府会计主体在现行条件下已承担的义务。未来发生的经济业务或者事项形成的义务不属于现时义务，不应当确认为负债。

政府会计主体的负债按照流动性，分为流动负债和非流动负债。流动负债是指预计在1年内（含1年）偿还的负债，包括应付及预收款项、应付职工薪酬、应缴款项等。非流动负债是指流动负债以外的负债，包括长期应付款、应付政府债券和政府依法担保形成的债务等。

政府会计主体在对资产和负债进行计量时，一般应当采用历史成本。采用现值、公允价值计量的，应当保证所确定的负债金额能够持续、可靠计量。

（3）**净资产，是指政府会计主体资产扣除负债后的净额**。净资产金额取决于资产和负债的计量。净资产项目应当列入资产负债表。

（4）**收入，是指报告期内导致政府会计主体净资产增加的、含有服务潜力或者经济利益的经济资源的流入**。

收入的确认应当同时满足以下条件：第一，与收入相关的含有服务潜力或者经济利益的经济资源很可能流入政府会计主体；第二，含有服务潜力或者经济利益的经济资源流入会导致政府会计主体资产增加或者负债减少；第三，流入金额能够可靠地计量。符合收入定义和收入确认条件的项目，应当列入收入费用表。

（5）**费用，是指报告期内导致政府会计主体净资产减少的、含有服务潜力或者经济利益的经济资源的流出**。

费用的确认应当同时满足以下条件：第一，与费用相关的含有服务潜力或者经济利益的经济资源很可能流出政府会计主体；第二，含有服务潜力或者经济利益的经济资源流出会导致政府会计主体资产减少或者负债增加；第三，流出金额能够可靠地计量。符合费用定义和费用确认条件的项目，应当列入收入费用表。

2. 政府预算会计要素

（1）**预算收入，是指政府会计主体在预算年度内依法取得的并纳入预算管理的现金流入**。预算收入一般在实际收到时予以确认，以实际收到的金额计量。

（2）**预算支出，是指政府会计主体在预算年度内依法发生并纳入预算管理的现金流出**。预算支出一般在实际支付时予以确认，以实际支付的金额计量。

（3）**预算结余，是指政府会计主体预算年度内预算收入扣除预算支出后的资金余额，**

以及历年滚存的资金余额。预算结余包括结余资金和结转资金。

符合预算收入、预算支出和预算结余定义及其确认条件的项目应当列入政府决算报表。

3. 政府财政总预算会计要素

(1) **资产，是指政府财政占有或控制的，能以货币计量的经济资源**。

总会计核算的资产按照流动性，分为流动资产和非流动资产。具体包括财政存款、有价证券、应收股利、借出款项、暂付及应收款项、预拨经费、应收转贷款和股权投资等。

(2) **负债，是指政府财政承担的能以货币计量、需以资产偿付的债务**。

总会计核算的负债按照流动性，分为流动负债和非流动负债。具体包括应付国库集中支付结余、暂收及应付款项、应付政府债券、借入款项、应付转贷款、其他负债、应付代管资金等。

(3) **净资产，是指政府财政资产减去负债的差额**。

(4) **收入，是指政府财政为实现政府职能，根据法律法规等所筹集的资金**。

(5) **支出，是指政府财政为实现政府职能，对财政资金的分配和使用**。

(二) 会计等式

会计要素之间的关系通常用会计等式表示，**政府会计的会计等式，是指资产、负债和净资产之间的关系**。从数学的角度来看，一个单位所拥有的资产总额与负债和净资产的总额必然是相等的。我们将资产与负债和净资产之间的这种客观存在的恒等关系，称之为会计等式。用公式表示为：

资产 = 负债 + 净资产　　(1)

单位在业务运作的过程中，必然会取得一定数额的收入，同时也必然会发生一定数额的费用（支出）。收入和费用相抵后的余额为盈余。这样，收入、费用和盈余这三个要素的关系便可以用公式表示如下：

收入 − 费用 = 盈余　　(2)

我们知道，单位一定会计期间的盈余可以增加净资产；当然，如果抵减后的结果是负数，则会发生相反方向的影响。因此，我们可以将以上两个等式用公式连接起来表示如下：

资产 = 负债 + 净资产 + 收入 − 费用

这一公式可进一步变形为：

资产 + 费用 = 负债 + 净资产 + 收入　　(3)

上述三个关系式，(1) 式可理解为静态等式，它反映单位在特定时点的资产、负债与净资产的恒等关系；(2) 式和 (3) 式可理解为动态等式，它们反映单位在业务活动过程中收支盈余情况及净资产的增值情况，其中，等式 (1) 是财务会计编制资产负债表的依据，等式 (2)、等式 (3) 是财务会计编制收入费用表和试算平衡的依据。

预算收入 − 预算支出 = 预算结转结余　　(4)

等式 (4) 是预算会计编制预算收入支出表的依据。

会计等式是会计学中的一个基础性理论，它是单位开设账户、复式记账和编制会计报表的理论依据。

六、政府会计科目

（一）会计科目的含义

会计科目是对会计对象按其经济内容或用途所作的科学分类，它是设置账户、进行账务处理的依据。科学地设置会计科目，正确使用会计科目，是做好会计核算工作的重要前提条件。

（二）会计科目的分类

1. 按提供核算资料的详细程度不同，设置总账科目和分设明细科目

总账科目在会计要素下直接开设，它反映相应会计要素中有关内容的总括信息。为了统一核算口径，提高核算质量，应由财政部制定统一的会计科目。

明细科目是对总账科目核算的具体内容进行详细分类的会计科目。它是总账科目的具体说明，对总账科目起补充和分析的作用。根据经济业务内容和内部管理要求自行确定，可分设一级明细科目和二级明细科目等。

提示：明细科目的设置

（1）收入按政府预算收入科目的款、项设置，例如财政总预算会计开设“一般公共预算本级收入”总账科目，下设“税收收入——增值税”“税收收入——消费税”“非税收入——政府性基金收入”等明细科目。各事业单位会计开设“财政拨款收入”总账账户，下设“基本支出——一般公共服务——气象事务——气象事业机构”“基本支出——教育——职业教育——中等职业教育”“项目支出——教育——普通教育——高中教育”等明细科目。

（2）支出按政府预算支出科目的“款”“项”设置，例如事业单位预算会计开设“事业支出”总账科目，下设“财政拨款支出——基本支出——工资福利支出——基本工资”“财政拨款支出——基本支出——商品和服务支出——办公费”“财政拨款支出——项目支出——商品和服务支出——会议费”“其他资金支出——项目支出——其他资本性支出——大型修缮”等明细科目。

（3）往来款项按结算单位、个人名称或事项设置。

（4）财产物资按其类别或品名设置。

在后面的学习中，简化了收支类的明细科目。

2. 按会计主体性质不同，分为单位会计科目和财政总预算会计科目，如表 1－2 至表 1－4 所示

行政事业单位和各级总会计应当按照政府会计制度和财政总预算会计制度的规定设置和使用会计科目。在不影响会计处理和编制报表的前提下，单位会计可以根据实际情况自行增设或减少某些会计科目，各级总会计可以根据实际情况自行增设制度规定以外的明细科目，或者自行减少、合并制度规定的明细科目。

表 1-2 政府财务会计科目

序号	科目编号	科目名称	序号	科目编号	科目名称
一、资产类			40	2201	应付职工薪酬
1	1001	库存现金	41	2301	应付票据
2	1002	银行存款	42	2302	应付账款
3	1011	零余额账户用款额度	43	2303	应付政府补贴款
4	1021	其他货币资金	44	2304	应付利息
5	1101	短期投资	45	2305	预收账款
6	1201	财政应返还额度	46	2307	其他应付款
7	1211	应收票据	47	2401	预提费用
8	1212	应收账款	48	2501	长期借款
9	1214	预付账款	49	2502	长期应付款
10	1215	应收股利	50	2601	预计负债
11	1216	应收利息	51	2901	受托代理负债
12	1218	其他应收款	三、净资产类		
13	1219	坏账准备	52	3001	累计盈余
14	1301	在途物品	53	3101	专用基金
15	1302	库存物品	54	3201	权益法调整
16	1303	加工物品	55	3301	本期盈余
17	1401	待摊费用	56	3302	本年盈余分配
18	1501	长期股权投资	57	3401	无偿调拨净资产
19	1502	长期债券投资	58	3501	以前年度盈余调整
20	1601	固定资产	四、收入类		
21	1602	固定资产累计折旧	59	4001	财政拨款收入
22	1611	工程物资	60	4101	事业收入
23	1613	在建工程	61	4201	上级补助收入
24	1701	无形资产	62	4301	附属单位上缴收入
25	1702	无形资产累计摊销	63	4401	经营收入
26	1703	研发支出	64	4601	非同级财政拨款收入
27	1801	公共基础设施	65	4602	投资收益
28	1802	公共基础设施累计折旧	66	4603	捐赠收入
29	1811	政府储备物资	67	4604	利息收入
30	1821	文物文化资产	68	4605	租金收入
31	1831	保障性住房	69	4609	其他收入
32	1832	保障性住房累计折旧	五、费用类		
33	1891	受托代理资产	70	5001	业务活动费用
34	1901	长期待摊费用	71	5101	单位管理费用
35	1902	待处理财产损溢	72	5201	经营费用
二、负债类			73	5301	资产处置费用
36	2001	短期借款	74	5401	上缴上级费用
37	2101	应交增值税	75	5501	对附属单位补助费用
38	2102	其他应交税费	76	5801	所得税费用
39	2103	应缴财政款	77	5901	其他费用

表1-3 政府预算会计科目

序号	科目编号	科目名称	序号	科目编号	科目名称
		一、预算收入类	14	7501	对附属单位补助支出
1	6001	财政拨款预算收入	15	7601	投资支出
2	6101	事业预算收入	16	7701	债务还本支出
3	6201	上级补助预算收入	17	7901	其他支出
4	6301	附属单位上缴预算收入			**三、预算结余类**
5	6401	经营预算收入	18	8001	资金结存
6	6501	债务预算收入	19	8101	财政拨款结转
7	6601	非同级财政拨款预算收入	20	8102	财政拨款结余
8	6602	投资预算收益	21	8201	非财政拨款结转
9	6609	其他预算收入	22	8202	非财政拨款结余
		二、预算支出类	23	8301	专用结余
10	7101	行政支出	24	8401	经营结余
11	7201	事业支出	25	8501	其他结余
12	7301	经营支出	26	8701	非财政拨款结余分配
13	7401	上缴上级支出			

表 1－4 财政总预算会计科目

序号	科目编号	科目名称
		一、资产类
1	1001	国库存款
2	1003	国库现金管理存款
3	1004	其他财政存款
4	1005	财政零余额账户存款
5	1006	有价证券
6	1007	在途款
7	1011	预拨经费
8	1021	借出款项
9	1022	应收股利
10	1031	与下级往来
11	1036	其他应收款
12	1041	应收地方政府债券转贷款
13	1045	应收主权外债转贷款
14	1071	股权投资
15	1081	待发国债
		二、负债类
16	2001	应付短期政府债券
17	2011	应付国库集中支付结余
18	2012	与上级往来
19	2015	其他应付款
20	2017	应付代管资金
21	2021	应付长期政府债券
22	2022	借入款项
23	2026	应付地方政府债券转贷款
24	2027	应付主权外债转贷款
25	2045	其他负债
26	2091	已结报支出
		三、净资产类
27	3001	一般公共预算结转结余
28	3002	政府性基金预算结转结余
29	3003	国有资本经营预算结转结余
30	3005	财政专户管理资金结余
31	3007	专用基金结余
32	3031	预算稳定调节基金
33	3033	预算周转金
34	3081	资产基金
	308101	应收地方政府债券转贷款
	308102	应收主权外债转贷款
	308103	股权投资
	308104	应收股利
35	3082	待偿债净资产
	308201	应付短期政府债券
	308202	应付长期政府债券
	308203	借入款项
	308204	应付地方政府债券转贷款
	308205	应付主权外债转贷款
	308206	其他负债
		四、收入类
36	4001	一般公共预算本级收入
37	4002	政府性基金预算本级收入
38	4003	国有资本经营预算本级收入
39	4005	财政专户管理资金收入
40	4007	专用基金收入
41	4011	补助收入
42	4012	上解收入
43	4013	地区间援助收入
44	4021	调入资金
45	4031	动用预算稳定调节基金
46	4041	债务收入
47	4042	债务转贷收入
		五、支出类
48	5001	一般公共预算本级支出
49	5002	政府性基金预算本级支出
50	5003	国有资本经营预算本级支出
51	5005	财政专户管理资金支出
52	5007	专用基金支出
53	5011	补助支出
54	5012	上解支出
55	5013	地区间援助支出
56	5021	调出资金
57	5031	安排预算稳定调节基金
58	5041	债务还本支出
59	5042	债务转贷支出

第二章
单位资产的核算

学习目标

□ 了解行政事业单位资产的内容
□ 了解货币资金和用款额度的管理
□ 掌握存货、固定资产的计价
□ 掌握行政事业单位各项资产业务的账务处理

资产是指行政事业单位占有或使用的能以货币计量的经济资源，包括各种资产、债权和其他权利。单位资产包括流动资产和非流动资产。

单位资产内容见图 2 –1，行政事业单位资产内容有所区别，如结构示意图所示，标注下划线的资产属于事业单位资产，未标注的为行政单位和事业单位同有的资产。

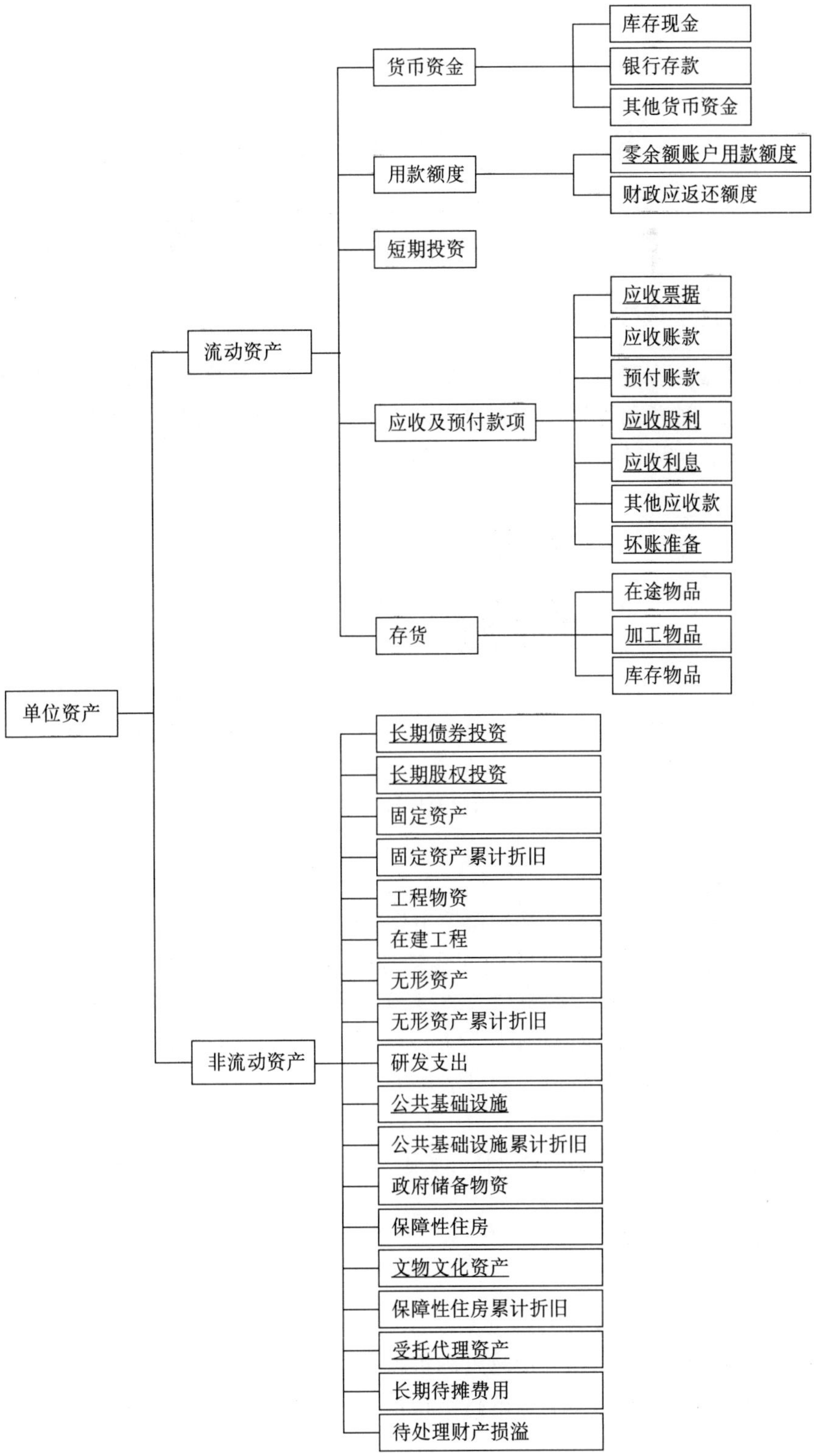

图 2－1　行政事业单位资产结构示意图

第一节　货币资金的核算

一、库存现金的管理与核算

单位的现金是指库存现金，即存放于单位内部，用于满足单位日常开支的货币资金。现金是流动性最强的一种货币性资产，可以立即投入到流通领域，既可随时用于购买物品，支付费用，偿还债务，也可随时存入银行。因此，对于现金的核算以及管理十分重要。

［扫一扫］

货币资金关联示意图

（一）现金日常管理

现金管理包括现金的实物管理、现金的使用管理、现金的限额管理和现金的内部控制制度等。

1. 现金的实物管理

对库存在单位的现金，应切实做好保管工作，防止遗失、被盗和毁损。首先应该建立健全现金管理的各种制度。其次应该明确现金管理的主要责任人，各单位的现金应由出纳保管，出纳应是第一责任人。对主要责任人要进行资金安全教育，提高其安全意识。同时可采取一些配套相关的安全措施，如使用保险柜，安装防盗门、防盗窗、报警器，配备保安人员，配备防火设施，减少库存数量，逐日清点等。

2. 现金的使用管理

国务院发布的《现金管理暂行条例》对现金的支付范围做了明确规定，各单位可以在下列范围内使用现金：

（1）个人的工资、津贴。

（2）个人的劳务报酬。

（3）结算起点以下的零星支出。

（4）向个人收购农副产品和其他物资的价款。

（5）根据国家的规定颁发给个人的科学技术、文化艺术、体育等各类奖金。

（6）各种劳保福利费。

（7）出差人员必须携带的差旅费。

（8）中国人民银行确定需要支付现金的其他支出。

3. 现金的库存限额管理

现金库存限额，是指为了保证单位日常零星开支的需要，允许单位留用的库存现金的最高数额。日常零星开支所需现金的最高库存限额由行政事业单位提出申请，开户银行根据行政事业单位的实际情况予以核定，一般为3～5天的日常零星开支需要量。边远和交通不便利地区的单位，库存限额可适当放宽，但不得超过15天的正常需要量。

4. 现金的内部控制

现金的流动性最强，诱惑力也最大，最容易被人挪用和侵吞。因此，任何单位都必须建立健全内部控制制度加强现金管理。内部控制一般包括以下内容：

（1）岗位分设，互相监督。为了保证现金的安全，防止各种错误、欺诈的发生，现金的收付、结算、审核、登记等工作不得由一人监管，即会计与出纳要分开，互相牵制。

（2）不准坐支现金。以本单位收入的现金直接用于自身的支付，叫作坐支。按照银行制度规定，单位每天收入的现金，必须当天送存银行，不能直接支用。

（3）建立现金的各种会计处理规程和制度。财务人员要严格遵守已经建立的各种现金处理规程和制度，包括现金凭证的传递、账簿登记的程序、规则，原始凭证的复核制度、收据或发票的编号或销号制度，现金日记账的日清月结制度等。

（4）严密现金收付手续。收入现金必须开给交款人正式收据，出纳员付出现金后，应当在原始单据上加盖“现金付讫”戳记，并在当天入账，不准以借据抵现金入账。

（5）定期不定期对现金进行清查，做到日清月结。

（二）库存现金的核算

为了反映单位库存现金的收支和结存情况，应设置“库存现金”（资产类）账户。本账户借方记现金增加数，贷方记现金的减少数。借方余额反映库存现金数额。本账户应当设置“受托代理资产”明细，核算单位受托代理、代管的现金。

各单位应设置现金日记账，出纳人员根据原始凭证逐笔顺序登记。每日业务终了，应计算当日现金收入合计数、现金支出合计数和结余数，并将结余数与实际库存数核对，做到账款相符。

【例2-1】 某事业单位2月份发生如下现金收支业务：

（1）从银行提取现金1 000元。

财务会计记：

借：库存现金	1 000	
贷：银行存款		1 000

（2）本单位某部门交来变卖废品收入现金300元。

财务会计记：

借：库存现金	300	
贷：其他收入		300

同时，预算会计记：

借：资金结存——货币资金	300	
贷：其他预算收入		300

（3）本单位收到受托代理、代管现金900元。

财务会计记：

借：库存现金——受托代理资产 900

贷：受托代理负债 900

（4）肖建预借差旅费3 000元。

财务会计记：

借：其他应收款——肖建 3 000

贷：库存现金 3 000

（5）单位行政部门用现金购买办公用品200元。

财务会计记：

借：单位管理费用 200

贷：库存现金 200

同时，预算会计记：

借：事业支出 200

贷：资金结存——货币资金 200

知识链接

单位对于纳入部门预算管理的现金收支业务，在采用财务会计核算的同时应当进行预算会计核算，对于其他业务，仅需进行财务会计核算。此处的“现金”指现金及现金等价物，包括国库直接支付的财政拨款资金、国库授权支付的零余额账户用款额度、银行存款、库存现金及现金等价物。

二、银行存款的管理与核算

（一）银行存款的管理

银行存款是指单位存入银行或其他金融机构账户上的货币资金，我国行政事业单位银行存款包括人民币存款和外币存款两种。

单位的货币资金，除不超过库存现金限额的少量现金外，其余都必须存入银行。货币资金的收付，除国家规定可以用现金办理的结算外，其余都必须通过银行办理转账结算。因此，各单位应按规定在银行开立存款户。

各单位在办理银行存款开户时，应按银行规定填写“开户申请表”，经上级主管部门或同级财政机关审查同意后，连同盖有单位公章和有权支配款项的个人名章的印鉴卡片一并送开户银行，再经银行审查同意后方可开户。

各单位在银行开户后，即可通过银行与其他单位办理结算。各开户单位通过银行存款户办理资金收付时，必须切实遵守银行规定的下述管理原则：

（1）原则上应由单位财务部门在银行开立存款账户，单位内部其他非独立核算部门不得另设账户。

（2）单位要本着相对集中、利于管理的原则开立账户，防止和杜绝开户过多、过滥的现象。

（3）银行存款户只供本单位使用，不准出租、出借、套用或转让给其他单位或个人使用。

（4）银行存款户必须有足够的资金保证支付，加强支票管理，不准签发空头支票和其他远期支付凭证。

（5）重视与银行的对账工作，认真及时地与银行寄送的对账单进行核对，保证账账相符、账款相符。如果银行存款日记账余额与银行对账单的余额不符，要及时与银行核对清楚，查明原因。

（二）银行存款核算使用的会计账户

为了总括反映单位银行存款的收支和结存情况，应设置“银行存款”（资产类）账户。借方登记存款的增加数额，贷方登记存款的减少数额，期末余额在借方，表示银行存款的实有数额。“银行存款”总账与“库存现金”总账一样，应由不从事出纳工作的会计人员负责登记，根据银行存款收付记账凭证逐笔登记。本账户应当设置“受托代理资产”明细，核算单位受托代理、代管的银行存款。

为了随时掌握银行存款的收支和结存情况，单位应按开户银行、其他金融机构、存款种类及货币种类分别设置“银行存款日记账”，由出纳员根据审核无误的收付凭证逐日逐笔序时登记。每日终了应结出余额，月末结出本月收入、付出的合计数和月末结存数，并且和银行核对账目。银行存款日记账一般可采用订本式账页，其格式内容与现金日记账基本相同。

（三）银行存款核算的账务处理

【例 2－2】 某事业单位发生如下银行存款收支业务：

（1）收到上级拨来补助款 20 万元。

财务会计记：

借：银行存款	200 000	
贷：上级补助收入		200 000

同时，预算会计记：

借：资金结存——货币资金	200 000	
贷：上级补助预算收入		200 000

（2）将现金 500 元存入银行。

财务会计记：

借：银行存款	500	
贷：库存现金		500

（3）开出转账支票购买科研试制用品计 2 000 元，直接发放使用。

财务会计记：

借：业务活动费用	2 000	
贷：银行存款		2 000

同时，预算会计记：

借：事业支出	2 000	
贷：资金结存——货币资金		2 000

三、零余额账户用款额度和财政应返还额度的核算

（一）零余额账户用款额度的核算

单位为办理财政授权支付业务需要设置“零余额账户用款额度”（资产类）账户，该账户是用来核算实行国库集中支付的行政事业单位根据财政部门批复的用款计划收到和支用的零余额账户用款额度。零余额账户实行用款额度管理，只能用于财政部门授权给行政事业单位支付额度内的支付，并与国库单一账户以及预算外资金财政专户的资金清算。该账户每日发生的支付，于当日营业终了前由代理银行在财政部门批准的用数额度内与国库单一账户清算；营业中单笔支付额 5 000 万元人民币以上的（含 5 000 万元），应及时与国库单一账户清算。预算单位零余额账户可以办理转账、提取现金等结算业务，可以向本单位按账户管理规定保留的相应账户划拨工会经费、住房公积金及提租补贴，以及经财政部门批准的特殊款项，不得违反规定向本单位其他账户和上级主管单位、所属下级单位账户划拨资金。

年末，根据代理银行提供的对账单作注销额度的相关账务处理，借记“财政应返还额度——财政授权支付”，贷记“零余额账户用款额度”。年末，单位本年度财政授权支付预算指标数大于零余额账户用款额度下达数的，根据未下达的用款额度，借记“财政应返还额度——财政授权支付”，贷记“财政拨款收入”。

下年初，单位根据代理银行提供的上年度注销额度恢复到账通知书作恢复额度的相关账务处理，借记“零余额账户用款额度”，贷记“财政应返还额度——财政授权支付”账户。单位收到财政部门批复的上年未下达零余额账户用款额度，借记“零余额账户用款额度”，贷记“财政应返还额度——财政授权支付”账户。

本账户期末借方余额，反映单位尚未支用的零余额账户用款额度。年末注销单位零余额账户用款额度后，本账户应无余额。

【例 2-3】 某事业单位办理如下财政授权支付业务：

（1）收到《财政授权支付用款额度到账通知书》，确定授权支付额度为 20 万元。

财务会计记：

借：零余额账户用款额度　　200 000

　　贷：财政拨款收入　　200 000

同时，预算会计记：

借：资金结存——零余额账户用款额度　　200 000

　　贷：财政拨款预算收入　　200 000

（2）填写《财政资金授权支付凭证》，购买打印纸一批，价款 1 000 元，货已验收入库。

财务会计记：

借：库存物品　　1 000

　　贷：零余额账户用款额度　　1 000

同时，预算会计记：

借：事业支出　　1 000

　　贷：资金结存——零余额账户用款额度　　1 000

（3）从零余额账户提取现金 3 000 元。

财务会计记：

借：库存现金　　3 000

　　贷：零余额账户用款额度　　3 000

同时，预算会计记：

借：资金结存——货币资金　　3 000

　　贷：资金结存——零余额账户用款额度　　3 000

（二）财政应返还额度的核算

单位对年终结余资金作账务处理应设置“财政应返还额度”（资产类）账户，用来核算实行国库集中支付的单位应收财政返还的资金额度，即反映结转下年使用的用款额度，包括可以使用的以前年度财政直接支付资金额度和财政应返还的财政授权支付资金额度。本账户应当设置“财政直接支付”“财政授权支付”两个明细账户，进行明细核算。本账户期末借方余额，反映单位应收财政返还的资金额度。

“财政应返还额度”的主要账务处理如下：

1. 财政直接支付

年末，单位根据本年度财政直接支付预算指标数大于当年财政直接支付实际发生数的差额，借记“财政应返还额度——财政直接支付”，贷记“财政拨款收入”。单位使用以前年度财政直接支付额度支付款项时，借记“业务活动费用”“单位管理费用”等，贷记“财政应返还额度——财政直接支付”。

2. 财政授权支付

年末，根据代理银行提供的对账单作注销额度的相关账务处理，借记“财政应返还额度——财政授权支付”，贷记“零余额账户用款额度”。年末，单位本年度财政授权支付预算指标数大于零余额账户用款额度下达数的，根据未下达的用款额度，借记“财政应返还额度——财政授权支付”，贷记“财政拨款收入”。

下年初，单位根据代理银行提供的上年度注销额度恢复到账通知书作恢复额度的相关账务处理，借记“零余额账户用款额度”，贷记“财政应返还额度——财政授权支付”。单位收到财政部门批复的上年未下达零余额账户用款额度，借记“零余额账户用款额度”，贷记“财政应返还额度——财政授权支付”。

【例 2-4】 某行政单位办理以下财政应返还额度业务（财政直接支付方式）：

（1）年终，本年度财政直接支付预算指标数为 66 万元，财政直接支付实际支出数 60 万元，尚未使用的财政直接支付预算指标数 6 万元。

财务会计记：

借：财政应返还额度——财政直接支付　　60 000

　　贷：财政拨款收入　　60 000

同时，预算会计记：

借：资金结存——财政应返还额度　　60 000

　　贷：财政拨款预算收入　　60 000

（2）次年，使用上年财政直接支付额度 3 000 元支付业务资料印刷费。

财务会计记：

借：业务活动费用　　3 000
　　贷：财政应返还额度——财政直接支付　　3 000

同时，预算会计记：

借：行政支出　　3 000
　　贷：资金结存——财政应返还额度　　3 000

【例2-5】某行政单位办理如下财政应返还额度业务（财政授权支付方式）：

本年年末，依据代理银行提供的对账单，将15万元零余额账户用款额度予以注销。另外，本年度政授权支付预算指标数大于零余额账账户用款额下达数，未下达的用款额度为20万元。次年年初，该单位收到代理银行提供的额度恢复到账通知书及财政部门批复的上年末未下达零余额账户用款额度。

（1）年末，根据代理行提供的对账单注销财政授权支付额度。

财务会计记：

借：财政应返还额度——财政授权支付　　150 000
　　贷：零余额账户用款额度　　150 000

同时，预算会计记：

借：资金结存——财政应返还额度　　150 000
　　贷：资金结存——零余额账户用款额度　　150 000

（2）年末，根据未下达的用款额度。

财务会计记：

借：财政应返还额度——财政授权支付　　200 000
　　贷：财政拨款收入　　200 000

同时，预算会计记：

借：资金结存——财政应返还额度　　200 000
　　贷：财政拨款预算收入　　200 000

（3）下年初，根据代理行提供的到账通知书恢复财政授权支付额度。

财务会计记：

借：零余额账户用款额度　　150 000
　　贷：财政应返还额度——财政授权支付　　150 000

同时，预算会计记：

借：资金结存——零余额账户用款额度　　150 000
　　贷：资金结存—— 财政应返还额度　　150 000

（4）下年初，收到财政部门批复的上年末未下达零余额账户用款额度。

财务会计记：

借：零余额账户用款额度　　200 000
　　贷：财政应返还额度——财政授权支付　　200 000

同时，预算会计记：

借：资金结存——零余额账户用款额度　　200 000
　　贷：资金结存——财政应返还额度　　200 000

四、其他货币资金的核算

（一）其他货币资金核算的内容

其他货币资金是指单位除库存现金和银行存款以外的其他货币资金，包括单位的外埠存款、银行本票存款、银行汇票存款、信用卡存款等各种其他货币资金。本账户应当设置“外埠存款”“银行本票存款”“银行汇票存款”“信用卡存款”等明细账，进行明细核算。

（二）其他货币资金核算使用的主要账户

为了反映单位其他货币资金的收支和结存情况，应设置“其他货币资金”（资产类）账户。本账户借方记其他货币资金的增加数，贷方记减少数。借方余额反映单位实际持有的其他货币资金。

单位应当加强对其他货币资金的管理，及时办理结算，对于逾期尚未办理结算的银行汇票、银行本票等，应当按照规定及时转回，并按照规定进行相应账务处理。

（三）其他货币资金核算的账务处理

【例 2-6】 某事业单位发生如下其他货币资金收支业务：

（1）因业务需要在异地开立了银行账户，将款项 5 万元委托本地银行汇往异地账户。

财务会计记：

借：其他货币资金——外埠存款	50 000	
贷：银行存款		50 000

（2）在异地采购了一批专用材料，已验收入库，支付的款项为 4.5 万元。

财务会计记：

借：库存物品	45 000	
贷：其他货币资金——外埠存款		45 000

同时，预算会计记：

借：事业支出	45 000	
贷：资金结存——货币资金		45 000

（3）将多余的外埠存款转回本地银行。

财务会计记：

借：银行存款	5 000	
贷：其他货币资金——外埠存款		5 000

第二节　应收及预付款项的核算

一、应收票据的核算

（一）应收票据核算的内容

应收票据是指事业单位因开展经营活动销售产品、提供有偿服务等采用商业汇票方式结算而收到的商业汇票。商业汇票是由出票人签发的、指定付款人在一定日期支付一定金额给收款人或持票人的票据。

商业汇票按承兑人不同，分为商业承兑汇票和银行承兑汇票。按是否计息划分，可分为带息票据和不带息票据。

（二）应收票据核算使用的主要账户

为了核算事业单位因从事经营活动销售产品而收到的商业汇票，应设置“应收票据”（资产类）账户。借方登记收到应收票据的金额，贷方登记到期收回的票面金额和已办贴现的票面金额，借方余额表示期末持有的应收票据的票面金额。

事业单位还应设置“应收票据备查簿”，逐笔登记每一笔应收票据的种类、号数、出票日期、交易合同号、付款人、承兑人、背书人的姓名或单位名称、到期日期和利率、贴现日期、贴现率和贴现净额，以及收款日期和收回金额等资料。应收票据到期结清票款后，应在备查账簿内逐笔注销。

注意：应收票据的入账价值。不论票据是否带息，应收票据应于收到或签发并经承兑时，以其票面金额入账。

（三）应收票据核算的账务处理

应收票据核算的主要经济业务有收到票据、到期收款、贴现等。

1. 收到应收票据

事业单位收到应收票据，借记“应收票据”账户，贷记“经营收入”“应交增值税”等账户。

【例 2－7】 某事业单位附属的非独立核算的校办工厂销售一批产品给康利公司，货已发出，价款 5 万元，增值税款为 6 500 元。按合同约定两个月后付款，康利公司交给该事业单位两个月到期商业承兑汇票，面值为 56 500 元。

财务会计记：

借：应收票据	56 500	
贷：经营收入		50 000

应交增值税——应交税金（销项税额） 6 500

2. 票据到期收回款项

按应收票据到期收回的票面金额，借记“银行存款”账户，贷记“应收票据”账户。

【例2-8】 前例中的票据在两个月后到期，收回款项56 500元，存入银行。

财务会计记：

借：银行存款 56 500

贷：应收票据 56 500

同时，预算会计记：

借：资金结存——货币资金 56 500

贷：经营预算收入 56 500

二、应收账款的核算

（一）应收账款核算的内容

1. 应收账款的概念

应收账款是指事业单位提供服务、销售产品等应收取的款项，以及单位因出租资产、出售物资等应收而未收取的款项。

2. 应收账款的计价

一般而言，单位赊销商品或提供劳务等，应按买卖成交时的实际金额入账。但在具体计算应收账款的入账金额时，应考虑折扣因素：

（1）商业折扣。所谓商业折扣是指单位可以从价目单上规定的价格扣减一定百分比数额的折扣方式，如10%、15%、20%等，即打九折就是按原价扣减10%，打八五折是按原价扣减15%，打八折是按原价扣减20%。应收账款按照扣减后的净额入账。

（2）现金折扣。所谓现金折扣，是指单位为了鼓励客户在一定时期内早日付款而给予的一种折扣优待。这种折扣的条件，通常写成：2/10、1/20、N/30即10天内付款有2%折扣，20天内付款有1%折扣，30天内全价付款，它使单位应收账款的实际数额因客户付款的是否及时而异。可见，在现金折扣的情况下，应收账款入账金额的确认有两种处理方法：总价法和净价法，在我国会计实务中，采用的是总价法。

（二）应收账款核算使用的主要账户

为了反映单位应收账款的发生、收回和结存情况，应设置“应收账款”（资产类）账户。该账户的借方登记单位应收的款项，贷方登记已收回的款项，期末余额在借方，反映尚未收回的各种应收账款，本账户应按不同的债务人设置明细账，进行明细核算。

（三）应收账款核算的账务处理

1. 应收账款收回后不需上缴财政

单位发生应收账款时，按照应收未收金额，借记“应收账款”，贷记“事业收入”“经营收入”“租金收入”“其他收入”“应交增值税”等账户。收回应收账款时，按照实际收到的金额，借记“银行存款”等，贷记“应收账款”。

2. 应收账款收回后需上缴财政

单位出租资产发生应收未收租金款项、出售物资发生应收未收款项时，按照应收未收金额，借记“应收账款”，贷记“应缴财政款”“应交增值税”等账户。收回应收账款时，按照实际收到的金额，借记“银行存款”等，贷记“应收账款”。

【例 2－9】 某事业单位 5 月 4 日向顺誉公司提供劳务取得收入 10 000 元。规定的现金折扣条件是 2/10、1/20、N/30，5 月 4 日凭劳务结算凭证，应作会计分录为：

财务会计记：

借：应收账款——顺誉公司	10 000	
贷：经营收入		10 000

【例 2－10】 前例若 5 月 10 日顺誉公司付款，收到款项 9 800 元（10 000－10 000×2%）。

财务会计记：

借：银行存款	9 800	
经营收入	200	
贷：应收账款——顺誉公司		10 000

同时，预算会计记：

借：资金结存——货币资金	9 800	
贷：经营预算收入		9 800

事业单位应当于每年年末，对收回后不需上缴财政的应收账款进行全面检查，如发生不能收回的现象，应当计提坏账准备。单位应当于每年年末，对收回后应当上缴财政的应收账款进行全面检查，并进行相应处理。

小测试：

如何确认应收账款的入账金额？

三、预付账款的核算

（一）预付账款核算的内容

预付账款是单位按照购货、服务合同或协议规定预付给供应单位（或个人）的款项，以及按照合同规定向承包工程的施工企业预付的备料款和工程款。

（二）预付账款核算使用的主要账户

为了反映和监督预付款项的支付和结算情况，单位应设置“预付账款”（资产类）账户。借方登记本单位向供应单位等预付的款项，贷方登记本单位收到所购物品等时应结转的预付款项，期末余额一般在借方，反映单位实际预付但尚未结算的款项。该账户有时也会出现贷方余额，反映单位预付款小于收到的货款，其性质属于应付账款。本账户应当按照供应单位（或个人）及具体项目设置明细账，进行明细核算。

对于预付账款不多的单位，可以不设此账户，而将预付的货款记入“应收账款”账户的借方。

（三）预付账款核算的账务处理

1. 支付预付账款

单位按购货、服务合同或协议规定预付款项时，借记“预付账款”账户，贷记“银行存款”等账户。

【例2-11】 某事业单位订购兼容爱普生（EPSON）T013 墨盒200个，每个单价20元，计价4 000元，按合同规定需预付价款的20%即800元订金，不考虑相关税费。

财务会计记：

借：预付账款　　800

　　贷：银行存款　　800

同时，预算会计记：

借：事业支出　　800

　　贷：资金结存——货币资金　　800

2. 收到预定货物

单位收到所购资产或服务时，借记“库存物品”“固定资产”“无形资产”“业务活动费用”“应交增值税”等相关账户，贷记“预付账款”账户，按照实际补付的金额，贷记“银行存款”等账户。

【例2-12】 前例中，某事业单位所定墨盒到货，发票账单同时到达，价款为4 000元，用银行存款补付货款为3 200元。

财务会计记：

借：库存物品　　4 000

　　贷：预付账款　　800

　　　　银行存款　　3 200

同时，预算会计记：

借：事业支出　　3 200

　　贷：资金结存——货币资金　　3 200

如果预付账款大于发票账单列明的金额，退回多付的货款时，借记“银行存款”等账户，贷记“预付账款”账户。

单位应当于每年年末，对预付账款进行全面检查。如果有确凿证据表明预付账款不再符合预付款项性质，或者因供应单位破产、撤销等原因可能无法收到所购货物、服务的，应当先将其转入其他应收款，再按照规定进行处理。将预付账款账面余额转入其他应收款时，借记“其他应收款”，贷记“预付账款”。

小测试：

如果使用“应收账款”核算预付账款，例2-11、例2-12如何核算？

四、其他应收款的核算

（一）其他应收款核算的内容

其他应收款是指单位除财政应返还额度、应收票据、应收账款、预付账款、应收股利、应收利息以外的其他应收及暂付款项。包括：职工预借的差旅费、拨付给内部有关部门的备用金、应向职工收取的各种垫付款项、支付的可以收回的订金或押金等。其他应收款应按实际发生额入账。

（二）其他应收款核算使用的主要账户

为了反映和监督其他应收款的发生和结存情况，单位应设置“其他应收款”（资产类）账户，借方登记发生的各种其他应收款，贷方登记单位收回数，期末余额通常在借方，反映应收未收的其他应收款。

（三）其他应收款核算的账务处理

1. 发生其他应收款

单位发生各种其他应收款时，借记“其他应收款”账户，贷记有关账户。

【例 2 -13】 职工程成预借差旅费 1 000 元。

财务会计记：

借：其他应收款——程成　　1 000

　　贷：库存现金　　1 000

【例 2 -14】 核拨定额备用金给本单位总务部门 2 000 元。

财务会计记：

借：其他应收款——备用金　　2 000

　　贷：库存现金　　2 000

2. 其他应收款的结算

其他应收款在结算时，借记有关账户，贷记“其他应收款”账户。

【例 2 -15】 承前例 2 -13 程成出差回来报销差旅费 880 元，交回现金 120 元。

财务会计记：

借：业务活动费用　　880

　　库存现金　　120

　　贷：其他应收款——程成　　1 000

同时，预算会计记：

借：事业支出　　880

　　贷：资金结存——货币资金　　880

事业单位应当于每年年末，对其他应收款进行全面检查，如发生不能收回的迹象，应当计提坏账准备。

小测试：

你知道如何报销差旅费吗?

五、坏账准备的核算

（一）坏账准备核算的内容

坏账是指单位无法收回或收回的可能性极小的应收款项。按政府会计准则规定，事业单位应计提坏账准备。坏账准备核算的是事业单位对收回后不需上缴财政的应收账款和其他应收款提取的坏账准备。

事业单位应当于每年年末，对收回后不需上缴财政的应收账款和其他应收款进行全面检查，分析其可收回性，对预计可能产生的坏账损失计提坏账准备、确认坏账损失。

（二）坏账准备核算使用的主要账户

事业单位对坏账损失的核算，采用备抵法。备抵法是指采用一定的方法按期（至少每年末）估计坏账损失，提取坏账准备并转作当期费用。实际发生坏账时，直接冲减已计提坏账准备，同时转销相应的应收账款余额的一种处理方法。

在备抵法下，每期末要估计坏账损失，需要设置“坏账准备”（资产类）账户，它是应收账款和其他应收款等的备抵账户。借方登记实际发生的不能收回的应收款项的损失金额和冲销金额，贷方登记提取的坏账准备金额。本账户期末一般为贷方余额，反映事业单位提取的坏账准备金额。

事业单位可以采用应收款项余额百分比法、账龄分析法、个别认定法等方法计提坏账准备。坏账准备计提方法一经确定，不得随意变更。如需变更，应当按照规定报经批准，并在财务报表附注中予以说明。

当期应补提或冲减的坏账准备金额的计算公式如下：

当期应补提或冲减的坏账准备＝按照期末应收账款和其他应收款计算应计提的坏账准备金额－本科目期末贷方余额（或＋本科目期末借方余额）

（三）坏账准备核算的账务处理

1. 提取坏账准备

事业单位提取坏账准备时，借记“其他费用”，贷记“坏账准备”账户；冲减坏账准备时，借记“坏账准备”，贷记“其他费用”账户。

【例2－16】 某事业单位上年末应收账款的余额为60万元，提取坏账准备的比例为5‰。

财务会计记：

提取坏账准备金额＝600 000×5‰＝3 000（元）

借：其他费用——坏账损失	3 000	
贷：坏账准备		3 000

2. 发生坏账损失

对于账龄超过规定年限并确认无法收回的应收账款、其他应收款，应当按照有关规定报经批准后，按照无法收回的金额，借记“坏账准备”，贷记“应收账款”“其他应收款”账户。

【例2－17】 承上例，本年发生坏账损失2 000元，经批准予以核销。

财务会计记：

借：坏账准备	2 000	
贷：应收账款		2 000

3. 已核销的应收款项在以后期间又收回

已核销的应收账款、其他应收款在以后期间又收回的，按照实际收回金额，借记“应收账款”“其他应收款”，贷记“坏账准备”账户；同时，借记“银行存款”等账户，贷记

“应收账款”“其他应收款”账户。

【例2-18】 承上例，本年已核销的应收账款2 000元在以后期间又收回。

财务会计记：

借：应收账款　　2 000
　　贷：坏账准备　　2 000
借：银行存款　　2 000
　　贷：应收账款　　2 000

同时，预算会计记：

借：资金结存——货币资金　　2 000
　　贷：非财政拨款结余　　2 000

第三节　存货的核算

一、存货核算的内容

存货是指单位在开展业务活动及其他活动中为耗用或出售而储存的资产，如材料、产品、包装物和低值易耗品等，以及未达到固定资产标准的用具、装具、动植物等。

存货同时满足下列条件的，应当予以确认：

（1）与该存货相关的服务潜力很可能实现或者经济利益很可能流入单位会计主体；

（2）该存货的成本或者价值能够可靠地计量。

二、存货核算使用的主要账户

单位存货的核算应设置的会计账户有：在途物品、库存物品、加工物品等。

（一）在途物品账户的设置

在途物品用来核算单位采购材料等物资时货款已付或已开出商业汇票但尚未验收入库的在途物品的采购成本。借方登记单位已采购但尚未验收入库的在途物品的采购成本，贷方登记当所购材料等物品到达验收入库时由该账户转出的物品采购成本。期末一般为借方余额，反映单位在途物品的采购成本。本账户可按照供应单位和物品种类进行明细核算。

（二）库存物品账户的设置

库存物品用来核算单位在开展业务活动及其他活动中为耗用或出售而储存的各种材料、产品、包装物、低值易耗品，以及达不到固定资产标准的用具、装具、动植物等的成本。已完成的测绘、地质勘查、设计成果等的成本，也通过本账户核算。

单位的库存物品的核算，由会计部门和材料管理部门配合进行。会计部门为了反映和监督材料的收入、发出和结存情况，应设置“库存物品”（资产类）账户。借方登记增加的库存物品的成本，贷方登记发出、领用、对外销售、盘亏、毁损等各种原因而减少的库存物品的成本，期末余额在借方，反映库存物品的实际成本。本账户应当按照库存物品的种类、规格、保管地点等进行明细核算。

保管部门则按材料的品种规格等分设明细账进行明细核算。材料明细账的格式采用数量金额式，既提供数量指标，又提供金额指标。会计部门的总账和保管部门的明细账定期核对，以便从金额和数量两个方面来加强对材料的控制。

单位随买随用的零星办公用品，可以在购进时直接列作费用，不通过本账户核算。单位控制的政府储备物资，应当通过“政府储备物资”账户核算，不通过本账户核算。单位受托存储保管的物资和受托转赠的物资，应当通过“受托代理资产”账户核算，不通过本账户核算。单位为在建工程购买和使用的材料物资，应当通过“工程物资”账户核算，不通过本账户核算。

（三）加工物品账户的设置

加工物品用来核算单位自制或委托外单位加工的各种物品的实际成本。未完成的测绘、地质勘查、设计成果的实际成本，也通过本账户核算。本账户应当设置“自制物品”“委托加工物品”两个一级明细科目，并按照物品类别、品种、项目等设置明细账，进行明细核算。本账户“自制物品”一级明细科目下应当设置“直接材料”“直接人工”“其他直接费用”等二级明细科目归集自制物品发生的直接材料、直接人工（专门从事物品制造人员的人工费）等直接费用；对于自制物品发生的间接费用，应当在本科目“自制物品”一级明细科目下单独设置“间接费用”二级明细科目予以归集，期末，再按照一定的分配标准和方法，分配计入有关物品的成本。本账户期末一般为借方余额，反映单位自制或委托外单位加工但尚未完工的各种物品的实际成本。

三、存货取得的核算

（一）存货取得入账价格的确认

1. 购入的存货

单位购入的存货，其成本包括购买价款、相关税费、运输费、装卸费、保险费以及使得存货达到目前场所和状态所发生的归属于存货成本的其他支出。

2. 自行加工的存货

单位自行加工的存货，其成本包括耗用的直接材料费用、发生的直接人工费用和按照一定方法分配的与存货加工有关的间接费用。

3. 委托加工的存货

单位委托加工的存货，其成本包括委托加工前存货成本、委托加工的成本以及使存货达到目前场所和状态所发生的归属于存货成本的其他支出。

注意：下列各项应当在发生时确认为当期费用，不计入存货成本：

（1）非正常消耗的直接材料、直接人工和间接费用；

（2）仓储费用（不包括在加工过程中为达到下一个加工阶段所必需的费用）；

（3）不能归属于使存货达到目前场所和状态所发生的其他支出。

（二）存货取得的账务处理

1. 购入的存货

购入存货时，根据原始单据验收无误后，在原始单据上加盖“验收合格”戳记和验收人的签章，并填制“入库单”，其中一份由材料管理员据以登记材料明细账，一份连同购入的原始单据一并送会计部门报账。会计部门对材料管理部门送来的凭证单据审核无误后，据以作材料增加的账务处理。

属于一般纳税人的单位购进存货并已验收入库的，按照采购材料专用发票上注明的增值税额，借记“应交增值税——应交税金（进项税额）”账户，按专用发票上记载的应计入的采购成本金额，借记“库存物品”账户，贷记“银行存款”“应付账款”等账户。如果购入材料等物资时，结算凭证收到而货未到，款已付或已开出商业汇票，借记“在途物品”“应交增值税——应交税费（进项税额）”等账户，贷记“银行存款”“应付票据”等账户，等物资到达验收入库时，借记“库存物品”，贷记“在途物品”。

【例 2－19】 某事业单位附属的非独立核算的校办工厂（一般纳税人），购入生产用甲材料 5 000 千克，单价 100 元，增值税款为 65 000 元，款项已通过银行付讫，材料已验收入库。

财务会计记：

借：库存物品——甲材料	500 000	
应交增值税——应交税费（进项税额）	65 000	
贷：银行存款		565 000

同时，预算会计记：

借：经营支出	565 000	
贷：资金结存——货币资金		565 000

2. 自行加工的存货

（1）为自制物品领用材料等，按照材料成本，借记“加工物品——自制物品（直接材料）”，贷记“库存物品”账户。

（2）专门从事物品制造的人员发生的直接人工费用，按照实际发生的金额，借记“加工物品——自制物品（直接人工）”，贷记“应付职工薪酬”账户。

（3）为自制物品发生的其他直接费用，按照实际发生的金额，借记“加工物品——自制物品（其他直接费用），贷记“零余额账户用款额度”“银行存款”等账户。

（4）为自制物品发生的间接费用，按照实际发生的金额，借记“加工物品——自制物品（间接费用），贷记“银行存款”“应付职工薪酬”等账户。

间接费用一般按照生产人员工资、生产人员工时、机器工时、耗用材料的数量或成本、直接费用（直接材料和直接人工）或产品产量等进行分配。单位可根据具体情况自行选择间接费用的分配方法。分配方法一经确定，不得随意变更。

(5) 已经制造完成并验收入库的物品，按照所发生的实际成本（包括耗用的直接材料费用、直接人工费用、其他直接费用和分配的间接费用），借记“库存物品”，贷记“加工物品——自制物品”账户。

【例 2-20】 某事业单位附属的非独立核算的校办工厂自行生产加工甲产品，领用 B 材料一批，计价 9 000 元。

财务会计记：

借：加工物品——自制物品（直接材料） 9 000

贷：库存物品——B 材料 9 000

【例 2-21】 甲产品完工验收入库，共 300 件，成本共计 1.2 万元。

财务会计记：

借：库存物品——甲产品 12 000

贷：加工物品——自制物品 12 000

3. 委托加工的存货

(1) 发给外单位加工的材料等，按照其实际成本，借记“加工物品——委托加工物品”，贷记“库存物品”账户。

(2) 支付加工费、运输费等费用，按照实际支付的金额，借记“加工物品——委托加工物品”，贷记“零余额账户用款额度”“银行存款”等账户。

(3) 委托加工完成的材料等验收入库，按照加工前发出材料的成本和加工、运输成本等，借记“库存物品”等账户，贷记“加工物品——委托加工物品”。

【例 2-22】 某事业单位附属的非独立核算的校办工厂发生委托加工存货业务如下：

①与受托方签订委托加工合同后，向受托方发出委托加工物资 10 000 元。

财务会计记：

借：加工物品——委托加工物品 10 000

贷：库存物品 10 000

②受托方加工完成时，委托方向受托方支付加工费、运杂费 800 元。

财务会计记：

借：加工物品——委托加工物品 800

贷：银行存款 800

同时，预算会计记：

借：经营支出 800

贷：资金结存——货币资金 800

③委托加工物资运抵仓库，办理入库，共计成本 10 800 元。

财务会计记：

借：库存物品 10 800

贷：加工物品——委托加工物品 10 800

四、存货发出的核算

（一）存货出库入账价格的确认

单位应当根据实际情况采用先进先出法、加权平均法或者个别计价法确定发出存货的实际成本。计价方法一经确定，不得随意变更。

对于性质和用途相似的存货，应当采用相同的成本计价方法确定发出存货的成本。对于不能替代使用的存货、为特定项目专门购入或加工的存货，通常采用个别计价法确定发出存货的成本。

（二）存货发出的账务处理

对于已发出的存货，应当将其成本结转为当期费用或者计入相关资产成本。单位开展业务活动等领用、按照规定自主出售发出或加工发出库存物品，按照领用、出售等发出物品的实际成本，借记“业务活动费用”“单位管理费用”“经营费用”“加工物品”等账户，贷记“库存物品”账户。存货发出时，由领料部门填写“领料单”“出库单”等，写明存货名称、规格、数量和用途，向存货管理部门领料。存货管理部门发出存货后，在相关单据上加盖“付讫”戳记，并登记相关存货的明细账。

【例 2－23】 某事业单位内业务部门领用库存的甲材料一批，采用加权平均法计算其发出成本为 5 000 元。

财务会计记：

借：业务活动费用	5 000	
贷：库存物品——甲材料		5 000

五、存货清查的核算

为了如实反映存货库存情况，各单位的存货应定期进行清查盘点。存货清查后，如果实存数与账面数一致，账实相符，不必进行账务处理。如果实存数与账面数不一致，出现了盘盈、盘亏或者报废、毁损，应当先记入“待处理财产损溢”账户，按照规定报经批准后及时进行后续账务处理。

1. 盘盈的存货

盘盈的存货其成本按照有关凭据注明的金额确定；没有相关凭据、但按照规定经过资产评估的，其成本按照评估价值确定；没有相关凭据、也未经过评估的，其成本按照重置成本确定。如无法采用上述方法确定盘盈的存货成本的，按照名义金额入账。

盘盈的存货，转入待处理财产时，按照确定的入账成本，借记“库存物品”等账户，贷记“待处理财产损溢”。报经批准后处理时，对于盘盈的流动资产，借记“待处理财产损溢”，贷记“单位管理费用”［事业单位］或“业务活动费用”［行政单位］账户。

【例 2－24】 某事业单位在资产清查时盘盈甲材料 2 千克，价值 1 000 元，经批准予核销。

清查时，财务会计记：

借：库存物品——甲材料	1 000	
贷：待处理财产损溢		1 000

报经批准予以核销时，财务会计记：

借：待处理财产损溢	1 000	
贷：单位管理费用		1 000

2. 盘亏或者毁损、报废的存货

转入待处理财产时，按照待处理存货的账面余额，借记“待处理财产损溢”账户，贷记“库存物品”等账户。报经批准后处理时，借记“资产处置费用”，贷记“待处理财产损溢”，并将毁损存货处置收入扣除相关处置税费后的差额按规定作应缴款项处理（差额为净收益时）或计入当期费用（差额为净损失时）。

属于增值税一般纳税人的单位，若因非正常原因导致的库存物品盘亏或毁损，还应当将与该库存物品相关的增值税进项税额转出，按照其增值税进项税额，借记“待处理财产损溢”，贷记“应交增值税——应交税费（进项税额转出）”。

【例 2－25】 某事业单位在资产清查时盘亏自用丙材料 4 千克，价值 2 400 元，经查属于正常损耗，经批准予以核销。

清查时，财务会计记：

借：待处理财产损溢　　2 400

　　贷：库存物品——丙材料　　2 400

报经批准予以核销时，财务会计记：

借：资产处置费用　　2 400

　　贷：待处理财产损溢　　2 400

小测试：

你知道怎样进行存货的清查吗？

第四节　对外投资的核算

对外投资是指政府会计主体按规定以货币资金、实物资产、无形资产等方式形成的债权或股权投资。投资分为短期投资和长期投资。

一、短期投资核算

（一）短期投资核算的主要内容

短期投资，是指事业单位按照规定取得的、持有时间不超过 1 年（含 1 年）的投资。

（二）短期投资核算使用的主要账户

为了核算事业单位按照规定取得的、持有时间不超过 1 年（含 1 年）的投资，事业单位应设置“短期投资”（资产类）账户。借方登记短期投资取得时的实际成本，包括买价、税金、手续费等相关税费，贷方登记到期的债券成本或出售的有价证券的成本。余额在借方，反映事业单位持有短期投资的成本。本账户应当按照投资的种类等进行明细核算。

（三）短期投资核算的账务处理

（1）取得短期投资时，按照确定的投资成本，借记“短期投资”，贷记“银行存款”等账户。收到取得投资时实际支付价款中包含的已到付息期但尚未领取的利息，按照实际收到的金额，借记“银行存款”，贷记“短期投资”。

（2）收到短期投资持有期间的利息，按照实际收到的金额，借记“银行存款”，贷记“投资收益”。

（3）出售短期投资或到期收回短期投资本息，按照实际收到的金额，借记“银行存款”，按照出售或收回短期投资的账面余额，贷记“短期投资”，按照其差额，借记或贷记“投资收益”。

【例 2－26】 某事业单位购入 20××年 1 月 1 日政府发行的一年期债券，债券面值 10 万元，年利率为 3%，无相关税费。

购入时，财务会计记：

借：短期投资	100 000	
贷：银行存款		100 000

同时，预算会计记：

借：投资支出	100 000	
贷：资金结存——货币资金		100 000

【例 2－27】 承上例，20××年 12 月 31 日收到债券利息 3 000 元。

财务会计记：

借：银行存款	3 000	
贷：投资收益		3 000

同时，预算会计记：

借：资金结存——货币资金	3 000	
贷：投资预算收益		3 000

【例 2－28】 某事业单位到期收回 20××年 3 月 1 日发行的一年期国债，收到款项共计 11 700 元，该债券账面投资成本为 9 000 元。

财务会计记：

借：银行存款	11 700（实际收到的金额）	
贷：短期投资		9 000（账面余额）
投资收益		2 700（贷差）

同时，预算会计记：

借：资金结存——货币资金	11 700	
贷：投资支出		9 000
投资预算收益		2 700

二、长期投资核算

长期投资，是指单位取得的除短期投资以外的债权和股权性质的投资。长期投资分为长期债权投资和长期股权投资。

（一）长期债券投资的核算

1. 长期债券投资核算的内容

长期债券投资是指事业单位按照规定取得的、持有时间超过1年（不含1年）的债券投资。

2. 长期债券投资核算使用的主要账户

事业单位核算按照规定取得的、持有时间超过1年（不含1年）的债券投资，应当设置“长期债券投资”（资产类）账户。借方登记取得长期债券投资的价值，贷方登记到期收回的本金及出售时收回的本息。本账户应当设置“成本”和“应计利息”明细账户，并按照债券投资的种类进行明细核算。余额一般在借方，反映事业单位持有的长期债券投资的价值。

3. 长期债券投资的账务处理

（1）长期债券投资在取得时，应当按照其实际成本作为投资成本。取得的长期债券投资，借记“长期债券投资——成本”，按照支付的价款中包含的已到付息期但尚未领取的利息，借记“应收利息”，贷记“银行存款”等账户。

实际收到取得债券时所支付价款中包含的已到付息期、但尚未领取的利息时，借“银行存款”科目，贷记“应收利息”科目。

（2）长期债券投资持有期间，按期以债券票面金额与票面利率计算确认利息收入时，如为到期一次还本付息的债券投资，借记“长期债券投资——应计利息”，贷记“投资收益”；如为分期付息、到期一次还本的债券投资，借记“应收利息”，贷记“投资收益”。收到分期支付的利息时，按照实收的金额，借记“银行存款”等账户，贷记“应收利息”。

（3）到期收回长期债券投资，按照实际收到的金额，借记“银行存款”，按照长期债券投资的账面余额，贷记“长期债券投资”，按照相关应收利息金额，贷记“应收利息”，按照其差额，贷记“投资收益”。

（4）对外出售长期债券投资，按照实际收到的金额，借记“银行存款”，按照长期债券投资的账面余额，贷记“长期债券投资”，按照已记入“应收利息”科目、但尚未收取的金额，贷记“应收利息”，按照其差额，贷记或借记“投资收益”。

【例2－29】 某事业单位购入20××年1月1日政府发行的两年期债券，债券面值10万元，年利率为5%，无相关税费，用银行存款支付，债券到期一次还本付息，每年年末计提利息。到期时，实际收到金额为11万元，款项已存入银行。

①取得长期债券投资时：

财务会计记：

借：长期债券投资——成本	100 000	
贷：银行存款		100 000

同时，预算会计记：

借：投资支出	100 000	
贷：资金结存——货币资金		100 000

②第一年年末计提利息时：

财务会计记：

借：长期债券投资——应计利息　　5 000
　　贷：投资收益　　5 000

③到期收回本息时：

财务会计记：

借：银行存款　　110 000
　　贷：长期债券投资——成本　　100 000
　　　　　　　　　——应计利息　　5 000
　　　　投资收益　　5 000

同时，预算会计记：

借：资金结存——货币资金　　110 000
　　贷：其他结余　　100 000
　　　　投资预算收益　　10 000

（二）长期股权投资的核算

1. 长期股权投资核算的内容

长期股权投资是指事业单位按照规定取得的，持有时间超过 1 年（不含 1 年）的股权性质的投资。

2. 长期股权投资核算使用的主要账户

事业单位核算按照规定取得的、持有时间超过 1 年（不含 1 年）的股权性质的投资，应当设置“长期股权投资”（资产类）账户。借方主要登记取得长期股权投资的价值以及权益法下享有的被投资单位实现的净利润，贷方主要登记处置长期股权投资的价值、权益法下承担被投资单位发生净亏损的份额以及权益法下被投资单位宣告分派现金股利或利润时享有的份额。本账户应当按照被投资单位和长期股权投资取得方式等进行明细核算。**长期股权**投资采用权益法核算的，还应当按照“成本”“损益调整”“其他权益变动”设置明细账户，进行明细核算。余额一般在借方，反映事业单位持有的长期股权投资的价值。

3. 取得长期股权投资的账务处理

长期股权投资在取得时，应当按照其实际成本作为初始投资成本。

（1）以现金取得的长期股权投资，按照确定的投资成本，借记“长期股权投资”（成本法）或“长期股权投资——成本”（权益法），按照支付的价款中包含的已宣告但尚未发放的现金股利，借记“应收股利”，按照实际支付的全部价款，贷记“银行存款”。实际收到取得投资时所支付价款中包含的已宣告但尚未发放的现金股利时，借记“银行存款”，贷记“应收股利”。

【例 2－30】 某事业单位以银行存款 57 万元进行一项长期股权投资，支付的价款中包含的已宣告但尚未发放的现金股利 3 万元，该事业单位拥有其 60% 的份额，能决定被投资单位的财务和经营政策，后续计量采用权益法。

购入时，财务会计记：

借：长期股权投资——成本　　540 000
　　应收股利　　30 000
　　贷：银行存款　　570 000

同时，预算会计记：

借：投资支出　　570 000

　　贷：资金结存——货币资金　　570 000

【例 2-31】 接上例，收到取得投资时支付的价款中包含的已宣告、但尚未发放的现金股利 3 万元。

财务会计记：

借：银行存款　　30 000

　　贷：应收股利　　30 000

同时，预算会计记：

借：资金结存——货币资金　　30 000

　　贷：投资支出　　30 000

（2）以现金以外的其他资产置换取得的长期股权投资，其成本按照换出资产的评估价值加上支付的补价或减去收到的补价，加上换入长期股权投资发生的其他相关支出确定。

【例 2-32】 某事业单位以一批库存物品进行一项长期股权投资，库存物品账面余额为 13 万元，库存物品评估价值为 16 万元，以银行存款支付补价 1 万元，该事业单位无权决定被投资单位的财务和经营政策，后续计量采用成本法。

财务会计记：

借：长期股权投资　　170 000

　　贷：银行存款　　10 000

　　　　库存物品　　130 000

　　　　其他收入　　30 000

同时，预算会计记：

借：其他支出　　10 000

　　贷：资金结存——货币资金　　10 000

4. 持有期间长期股权投资的主要账务处理

长期股权投资在持有期间，通常应当采用权益法进行核算。事业单位无权决定被投资单位的财务和经营政策或无权参与被投资单位的财务和经营政策决策的，应当采用成本法进行核算。

成本法，是指投资按照投资成本计量的方法。**权益法**，是指投资最初以投资成本计量，以后根据事业单位在被投资单位所享有的所有者权益份额的变动对投资的账面余额进行调整的方法。

（1）成本法。在成本法下，长期股权投资的账面余额通常保持不变，但追加或收回投资时，应当相应调整其账面余额。

被投资单位宣告发放现金股利或利润时，按照应收的金额，借记“应收股利”，贷记“投资收益”。收到现金股利或利润时，按照实际收到的金额，借记“银行存款”，贷记“应收股利”。

【例 2-33】 某事业单位以银行存款 50 万元进行一项长期股权投资，该事业单位无权决定被投资单位的财务和经营政策，后续计量采用成本法，在持有期间被投资单位宣告发放的现金股利 30 万元，本单位享有 10% 的份额，即分得现金股利 3 万元，款已收到存入银行。

被投资单位宣告发放的现金股利时，财务会计记：

借：应收股利　　30 000

　　贷：投资收益　　30 000

收到现金股利存入银行时，财务会计记：

借：银行存款　　30 000

　　贷：应收股利　　30 000

同时，预算会计记：

借：资金结存——货币资金　　30 000

　　贷：投资预算收益　　30 000

（2）权益法。

①被投资单位实现净利润的，按照应享有的份额，借记“长期股权投资——损益调整”，贷记“投资收益”。

被投资单位发生净亏损的，按照应分担的份额，借记“投资收益”，贷记“长期股权投资——损益调整”，但以长期股权投资的账面余额减记至零为限。发生亏损的被投资单位以后年度又实现净利润的，按照收益分享额弥补未确认的亏损分担额等后的金额，借记“长期股权投资——损益调整”，贷记“投资收益”。

②被投资单位宣告分派现金股利或利润的，按照应享有的份额，借记“应收股利”账户，贷记“长期股权投资——损益调整”。

③被投资单位发生除净损益和利润分配以外的所有者权益变动的，按照应享有或应分担的份额，借记或贷记“权益法调整”账户，贷记或借记“长期股权投资——其他权益变动”。

【例 2-34】 某事业单位以银行存款 120 万元进行一项长期股权投资，拥有其 60% 的份额，能决定被投资单位的财务和经营政策，后续计量采用权益法，被投资单位当年实现净利润 100 万元，被投资单位宣告发放现金股利 30 万元，一个月后收到被投资单位发放的现金股利并存入银行。

被投资单位实现净利润时，财务会计记：

借：长期股权投资——损益调整　　600 000

　　贷：投资收益　　600 000

被投资单位宣告发放现金股利时，财务会计记：

借：应收股利　　180 000

　　贷：长期股权投资——损益调整　　180 000

收到现金股利存入银行时，财务会计记：

借：银行存款　　180 000

　　贷：应收股利　　180 000

同时，预算会计记：

借：资金结存——货币资金　　180 000

　　贷：投资预算收益　　180 000

5. 处置长期股权投资的主要账务处理

（1）按照规定报经批准出售（转让）长期股权投资时，应当区分长期股权投资取得方式分别进行处理。

处置以现金取得的长期股权投资，按照实际取得的价款，借记“银行存款”等，按照被处置长期股权投资的账面余额，贷记“长期股权投资”，按照尚未领取的现金股利或利润，贷记“应收股利”，按照发生的相关税费等支出，贷记“银行存款”等账户，按照借贷方差额，借记或贷记“投资收益”。

（2）处置以现金以外的其他资产取得的长期股权投资，按照被处置长期股权投资的账面余额，借记“资产处置费用”，贷记“长期股权投资”；同时，按照实际取得的价款，借记“银行存款”，按照尚未领取的现金股利或利润，贷记“应收股利”科目，按照发生的相关税费等支出，贷记“银行存款”等，按照贷方差额，贷记“应缴财政款”。按照规定将处置时取得的投资收益纳入本单位预算管理的，应当按照所取得价款大于被处置长期股权投资账面余额、应收股利账面余额和相关税费支出合计的差额，贷记“投资收益”。

（3）采用权益法核算的长期股权投资的处置，除进行上述账务处理外，还应结转原直接计入净资产的相关金额，借记或贷记“权益法调整”，贷记或借记“投资收益”。

【例 2－35】 某事业单位以银行存款 50 万元进行一项长期股权投资，该事业单位无权决定被投资单位的财务和经营政策，后续计量采用成本法，现不再继续投资，将其持有的全部股份转让，获得转让价款 70 万元，款已收到存入银行。

财务会计记：

借：银行存款	700 000	
贷：长期股权投资		500 000
投资收益		200 000

同时，预算会计记：

借：资金结存——货币资金	700 000	
贷：投资支出		500 000
投资预算收益		200 000

小测试：

事业单位对长期股权投资的核算在成本法下和权益法下有何不同？

第五节　固定资产的核算

一、固定资产的定义和标准

固定资产，是指行政事业单位为满足自身开展业务活动或其他活动需要而控制的，使用年限超过 1 年（不含 1 年）、单位价值在规定标准以上，并在使用过程中基本保持原有物质

形态的资产，一般包括房屋及构筑物、专用设备、通用设备等。

单位价值虽未达到规定标准，但是使用年限超过 1 年（不含 1 年）的大批同类物资，如图书、家具、用具、装具等，应当确认为固定资产。

一般情况下，固定资产同时满足下列条件的，应当予以确认：**一是**与该固定资产相关的服务潜力很可能实现或者经济利益很可能流入政府会计主体；**二是**该固定资产的成本或者价值能够可靠地计量。

二、固定资产的分类

单位的固定资产是单位开展业务及其他活动的重要物质条件，其种类繁多、规格不一，为了加强固定资产管理，正确进行固定资产核算，必须对固定资产进行科学、合理的分类。单位固定资产按其性质和使用情况，一般分为以下六类：

（1）房屋和建筑物。是指单位拥有占有权和使用权的房屋、建筑物及其附属设施。其中，房屋包括办公用房、业务用房、库房、职工宿舍用房、职工食堂、锅炉房等；建筑物包括道路、围墙、水塔等；附属设施包括房屋、建筑物内的电梯、通信线路、水气管道等。

（2）专用设备。是指单位根据业务工作的实际需要购置的各种具有专门性能和专门用途的设备，如学校的教学仪器、科研单位的科研仪器、医院的医疗器械等。

（3）通用设备。是指单位用于业务工作的通用设备，如办公用的家具、交通工具等。

（4）文物和陈列品。是指博物馆、展览馆、纪念馆等文化事业单位的各种文物或陈列品，如古物、字画、纪念品等。

（5）图书档案。是指专业图书馆、文化馆贮藏的书籍，以及单位贮藏的统一管理使用的业务用书，如图书馆（室）、阅览室的图书等。

（6）家具、用具、装具及动植物。

三、固定资产的入账价值

固定资产在取得时应当按照成本进行初始计量。

（1）单位外购的固定资产，其成本包括购买价款、相关税费以及固定资产交付使用前所发生的可归属于该项资产的运输费、装卸费、安装费和专业人员服务费等。

以一笔款项购入多项没有单独标价的固定资产，应当按照各项固定资产同类或类似资产市场价格的比例对总成本进行分配，分别确定各项固定资产的成本。

（2）单位自行建造的固定资产，其成本包括该项资产至交付使用前所发生的全部必要支出。

在原有固定资产基础上进行改建、扩建、修缮后的固定资产，其成本按照原固定资产账面价值加上改建、扩建、修缮发生的支出，再扣除固定资产被替换部分的账面价值后的金额确定。

为建造固定资产借入的专门借款的利息，属于建设期间发生的，计入在建工程成本；不属于建设期间发生的，计入当期费用。

已交付使用但尚未办理竣工决算手续的固定资产，应当按照估计价值入账，待办理竣工决算后再按实际成本调整原来的暂估价值。

（3）单位通过置换取得的固定资产，其成本按照换出资产的评估价值加上支付的补价或减去收到的补价，加上换入固定资产发生的其他相关支出确定。

（4）单位接受捐赠的固定资产，其成本按照有关凭据注明的金额加上相关税费、运输费等确定；没有相关凭据可供取得，但按规定经过资产评估的，其成本按照评估价值加上相关税费、运输费等确定；没有相关凭据可供取得、也未经资产评估的，其成本比照同类或类似资产的市场价格加上相关税费、运输费等确定；没有相关凭据且未经资产评估、同类或类似资产的市场价格也无法可靠取得的，按照名义金额入账，相关税费、运输费等计入当期费用。

如受赠的系旧的固定资产，在确定其初始入账成本时应当考虑该项资产的新旧程度。

（5）单位无偿调入的固定资产，其成本按照调出方账面价值加上相关税费、运输费等确定。

（6）单位盘盈的固定资产，按规定经过资产评估的，其成本按照评估价值确定；未经资产评估的，其成本按照重置成本确定。

（7）单位融资租赁取得的固定资产，其成本按照政府会计准相关规定确定。

知识链接

1. 固定资产的各组成部分具有不同使用年限或者以不同方式为政府会计主体实现服务潜力或提供经济利益，适用不同折旧率或折旧方法且可以分别确定各自原价的，应当分别将各组成部分确认为单项固定资产。

2. 应用软件构成相关硬件不可缺少的组成部分的，应当将该软件的价值包括在所属的硬件价值中，一并确认为固定资产；不构成相关硬件不可缺少的组成部分的，应当将该软件确认为无形资产。

3. 购建房屋及构筑物时，不能分清购建成本中的房屋及构筑物部分与土地使用权部分的，应当全部确认为固定资产；能够分清购建成本中的房屋及构筑物部分与土地使用权部分的，应当将其中的房屋及构筑物部分确认为固定资产，将其中的土地使用权部分确认为无形资产。

四、固定资产核算使用的账户

固定资产核算使用的主要账户是“固定资产”账户。“固定资产”账户核算固定资产原值。借方登记增加的固定资产价值，贷方登记减少的固定资产价值，期末余额在借方，反映单位现有固定资产的原值。

为了反映固定资产明细资料，单位应设置“固定资产登记簿”和“固定资产卡片”，按固定资产类别、使用部门和每项固定资产进行明细核算。

以借入、临时租入和经营租入方式取得的固定资产，不通过“固定资产”账户核算，应当设置备查簿进行登记。

采用融资租赁方式取得的固定资产，通过“固定资产”账户核算，并设置“融资租入固定资产”明细账户。

五、固定资产取得的核算

固定资产增加的来源有多种方式，如购置、自行建造、无偿调入、接受捐赠、融资租入等。

（一）购置固定资产的核算

购入不需安装的固定资产验收合格时，按照确定的固定资产成本，借记“固定资产”等，贷记“财政拨款收入”“零余额账户用款额度”“应付账款”“银行存款”等账户。

购入需要安装的固定资产，在安装完毕交付使用前通过“在建工程”账户核算，安装完毕交付使用时再转入“固定资产”账户。

【例2-36】 某事业单位购买2台不需要安装的精密仪器，价款合计2万元，增值税为2 600元，以银行存款支付。

财务会计记：

借：固定资产	20 000	
应交增值税——应交税金（进项税额）	2 600	
贷：银行存款		22 600

同时，预算会计记：

借：事业支出	22 600	
贷：资金结存——货币资金		22 600

（二）接受捐赠固定资产的核算

接受捐赠的固定资产，按照确定的固定资产成本，借记“固定资产”（不需安装）或“在建工程”（需安装），按照发生的相关税费、运输费等，贷记“零余额账户用款额度”“银行存款”等账户，按照其差额，贷记“捐赠收入”账户。接受捐赠的固定资产按照名义金额入账的，按照名义金额，借记本账户，贷记“捐赠收入”账户；按照发生的相关税费、运输费等，借记“其他费用”账户，贷记“零余额账户用款额度”“银行存款”等账户。

无偿调入的固定资产，按照确定的固定资产成本，借记“固定资产”（不需安装）或“在建工程”（需安装）账户，按照发生的相关税费、运输费等，贷记“零余额账户用款额度”“银行存款”等账户，按照其差额，贷记“无偿调拨净资产”账户。

【例2-37】 某事业单位接受捐赠10台电脑，根据其发票等单据确定价值为10万元，接受该项设备时发生运杂费1 000元。同时，无偿调入一批图书，价值3万元。

接受捐赠时，财务会计记：

借：固定资产	100 000	
贷：银行存款		1 000
捐赠收入		99 000

同时，预算会计记：

借：其他支出	1 000	
贷：资金结存——货币资金		1 000

无偿调入图书时，财务会计记：

借：固定资产	30 000	
贷：无偿调拨净资产		30 000

【例2-38】 某事业单位接受捐赠的办公桌10张，没有附相关凭据，无法取得其可靠

的评估价值和市场价格，经批准以名义金额入账，接受该项捐赠时发生运杂费100元，转账支付。

财务会计记：

借：固定资产　　1

　贷：捐赠收入　　1

借：其他费用　　100

　贷：银行存款　　100

同时，预算会计记：

借：其他支出　　100

　贷：资金结存——货币资金　　100

（三）融资租入固定资产的核算

融资租入的固定资产，按照确定的成本，借记“固定资产”（不需安装）或“在建工程”（需安装），按照租赁协议或者合同确定的租赁付款额，贷记“长期应付款”账户，按照支付的运输费、途中保险费、安装调试费等金额，贷记“财政拨款收入”“零余额账户用款额度”“银行存款”等账户。

定期支付租金时，按照实际支付金额，借记“长期应付款”，贷记“财政拨款收入”“零余额账户用款额度”“银行存款”等账户。

【例2-39】 某事业单位以融资方式租入专用设备一台，按租赁协议规定，设备的价款为30万元，分三期平均支付。发生运输费2 000元，途中保险费1 000元，安装调试费7 000元，以银行存款支付。设备安装调试完毕已交付使用。

（1）租入时，财务会计记：

借：固定资产——融资租入固定资产　　310 000

　贷：长期应付款——应付融资租赁费　　300 000

　　银行存款　　10 000

同时，预算会计记：

借：事业支出　　10 000

　贷：资金结存——货币资金　　10 000

（2）每期支付租金时，财务会计记：

借：长期应付款——应付融资租赁费　　100 000

　贷：银行存款　　100 000

同时，预算会计记：

借：事业支出　　100 000

　贷：资金结存——货币资金　　100 000

六、固定资产折旧、后续支出的核算

（一）固定资产折旧的核算

折旧，是指在固定资产的预计使用年限内，按照确定的方法对应计的折旧额进行系统分摊。固定资产应计的折旧额为其成本，计提固定资产折旧时不考虑预计净残值。单位应当对暂估入账的固定资产计提折旧，实际成本确定后不需调整原已计提的折旧额。

下列各项固定资产不计提折旧：（1）文物和陈列品；（2）动植物；（3）图书、档案；（4）单独计价入账的土地；（5）以名义金额计量的固定资产。

行政事业单位计提折旧的原则如下：

1. 单位应当根据相关规定以及固定资产的性质和使用情况，合理确定固定资产的使用年限。固定资产的使用年限一经确定，不得随意变更。

政府会计主体确定固定资产使用年限，应当考虑下列因素：（1）预计实现服务潜力或提供经济利益的期限；（2）预计有形损耗和无形损耗；（3）法律或者类似规定对资产使用的限制。

2. 政府会计主体一般应当采用年限平均法或者工作量法计提固定资产折旧。在确定固定资产的折旧方法时，应当考虑与固定资产相关的服务潜力或经济利益的预期实现方式。固定资产折旧方法一经确定，不得随意变更。

3. 固定资产应当按月计提折旧，并根据用途计入当期费用或者相关资产成本。当月增加的固定资产，当月开始计提折旧；当月减少的固定资产，当月不再计提折旧。

4. 固定资产提足折旧后，无论能否继续使用，均不再计提折旧；提前报废的固定资产，也不再补提折旧。已提足折旧的固定资产，可以继续使用的，应当继续使用，规范实物管理。

5. 固定资产因改建、扩建或修缮等原因而延长其使用年限的，应当按照重新确定的固定资产的成本以及重新确定的折旧年限计算折旧额。

单位应设置“固定资产累计折旧”账户，用来核算固定资产提取的折旧额。

单位计提融资租入固定资产折旧时，应当采用与自有固定资产相一致的折旧政策。能够合理确定租赁期届满时将会取得租入固定资产所有权的，应当在租入固定资产尚可使用年限内计提折旧；无法合理确定租赁期届满时能够取得租入固定资产所有权的，应当在租赁期与租入固定资产尚可使用年限两者中较短的期间内计提折旧。

按月计提固定资产折旧时，按照应计提折旧金额，贷记“固定资产累计折旧”，借记“业务活动费用”“单位管理费用”“经营费用”“加工物品”“在建工程”等账户。

经批准处置或处理固定资产时，按照所处置或处理固定资产的账面价值，借记“资产处置费用”“无偿调拨净资产”“待处理财产损溢”等账户，按照已计提折旧，借记“固定资产累计折旧”账户，按照固定资产的账面余额，贷记“固定资产”。

本账户期末贷方余额，反映单位计提的固定资产折旧累计数。

【例2－40】 20××年1月3日某事业单位购入某项业务需用的设备一台，总价值12万元，预计使用年限为10年，采用年限平均法计提折旧，每月计提折旧时账务处理如下：

年折旧额＝120 000/10＝12 000（元）

月折旧额＝12 000/12＝1 000（元）

购进当月不做账务处理。以后月份计提折旧时：

借：业务活动费用	1 000	
贷：固定资产累计折旧		1 000

（二）固定资产后续支出的核算

1. 符合固定资产确认条件的后续支出，通常情况下将固定资产转入改建、扩建时，借记“在建工程”“固定资产累计折旧”等账户，贷记“固定资产”。

为增加固定资产使用效能或延长其使用年限而发生的改建、扩建等后续支出，借记“在建工程”，贷记“财政拨款收入”“零余额账户用款额度”“银行存款”等账户。

固定资产改建、扩建等完成交付使用时，按照在建工程成本，借记“固定资产”，贷记“在建工程”。

2. 不符合固定资产确认条件的后续支出，为保证固定资产正常使用发生的日常维修等支出，借记“业务活动费用”“单位管理费用”等账户，贷记“财政拨款收入”“零余额账户用款额度”“银行存款”等账户。

【例 2－41】 20××年 1 月 3 日某事业单位对某项专用设备进行维修，发生维修费 1 000 元，以银行存款支付。

财务会计记：

借：业务活动费用　　1 000
　贷：银行存款　　1 000

同时，预算会计记：

借：事业支出　　1 000
　贷：资金结存——货币资金　　1 000

七、固定资产处置、清查的核算

固定资产减少的形式有多种，主要有出售、转让、对外捐赠、无偿调出及对外投资等。按照规定报经批准处置固定资产，应当分别以下情况处理：

（一）报经批准出售、转让的固定资产

按照被出售、转让固定资产的账面价值，借记“资产处置费用”，按照固定资产已计提的折旧，借记“固定资产累计折旧”，按照固定资产账面余额，贷记“固定资产”；同时，按照收到的价款，借记“银行存款”等账户，按照处置过程中发生的相关费用，贷记“银行存款”等账户，按照其差额，贷记“应缴财政款”。

【例 2－42】 某事业单位经批准将一台不需用的计算机出售，该计算机原价为 15 000 元，已提折旧 4 000 元，双方协定售价为 12 000 元，已通过银行收回价款。

（1）转销被处置资产账面价值时，财务会计记：

借：资产处置费用　　11 000
　　固定资产累计折旧　　4 000
　贷：固定资产　　15 000

（2）处置过程中取得收入时，财务会计记：

借：银行存款　　12 000
　贷：应缴财政款　　12 000

（二）报经批准对外捐赠的固定资产

按照固定资产已计提的折旧，借记“固定资产累计折旧”，按照被处置固定资产账面余额，贷记“固定资产”，按照捐赠过程中发生的归属于捐出方的相关费用，贷记“银行存

款”等账户，按照其差额，借记“资产处置费用”。

【例2-43】 某事业单位经批准将一台不需用的计算机对外捐赠，该计算机原价为15 000元，已提折旧4 000元，捐赠过程中发生的归属于捐出方的相关费用300元，以现金支付。

（1）转销被处置资产账面价值时，财务会计记：

借：资产处置费用　　11 000
　　固定资产累计折旧　　4 000
　　贷：固定资产　　15 000

（2）捐赠过程中发生的归属于捐出方的相关费用时，财务会计记：

借：资产处置费用　　300
　　贷：库存现金　　300

同时，预算会计记：

借：其他支出　　300
　　贷：资金结存——货币资金　　300

（三）固定资产清查的核算

单位应当定期对固定资产进行清查盘点，每年至少盘点一次。对于发生的固定资产盘盈、盘亏或毁损、报废，应当先记入“待处理财产损溢”科目，按照规定报经批准后及时进行后续账务处理。

1. 盘盈的固定资产的核算

按确定的入账成本，借记“固定资产”，贷记“待处理财产损溢”账户。

【例2-44】 某事业单位在资产清查中盘盈办公桌2张，其重置单价为800元。

清查时，财务会计记：

借：固定资产　　1 600
　　贷：待处理财产损溢　　1 600

报经批准后，财务会计记：

借：待处理财产损溢　　1 600
　　贷：以前年度盈余调整　　1 600

2. 盘亏、毁损或报废的固定资产

按照待处理固定资产的账面价值，借记“待处理财产损溢”，按照已计提折旧，借记“固定资产累计折旧”科目，按照固定资产的账面余额，贷记“固定资产”。

【例2-45】 某事业单位盘亏打印机一台，价值5 000元，已提折旧500元。

清查时，财务会计记：

借：待处理财产损溢　　4 500
　　固定资产累计折旧　　500
　　贷：固定资产　　5 000

报经批准后，财务会计记：

借：资产处置费用　　4 500
　　贷：待处理财产损溢　　4 500

【例2-46】 某事业单位经批准报废一辆汽车，原值10万元，已提折旧8万元，在清理过程中，用现金支付清理费用300元，取得残值变价收入2 000元已存入银行。

（1）转销被处置资产账面价值时，财务会计记：

借：待处理财产损溢——待处理财产价值	20 000	
固定资产累计折旧	80 000	
贷：固定资产		100 000

（2）报经批准后，财务会计记：

借：资产处置费用	20 000	
贷：待处理财产损溢——待处理财产价值		20 000

（3）处置过程中取得收入时，财务会计记：

借：银行存款	2 000	
贷：待处理财产损溢——处理净收入		2 000

（4）处置过程中发生相关费用时，财务会计记：

借：待处理财产损溢——处理净收入	300	
贷：库存现金		300

（5）将处置资产的收付差额转入“应缴财政款”账户，财务会计记：

借：待处理财产损溢——处理净收入	1 700	
贷：应缴财政款		1 700

第六节　在建工程的核算

一、在建工程的概念

在建工程指单位已经发生必要支出，但尚未完工交付使用的各种建筑建设工程和设备安装工程。单位固定资产的新建、改建、扩建，或者技术改造、设备更新和大修理工程等尚未完工建设项目实施过程中的各项资产，都应当归入在建工程。单位在建的信息系统项目工程、公共基础设施项目工程、保障性住房项目工程，也通过在建工程核算。

二、在建工程的管理

单位要按规定加强对在建工程的管理，具体包括：

1. 加强在建工程各项资产的管理

在建工程项目一般实施周期较长，且工程环境比较复杂。所以，应对在建工程各项资产登记造册，明确管理责任，定期清查盘点。

2. 及时办理在建工程转固定资产手续

当单位在建工程达到预定可使用状态时，应当全面核算在建工程成本，并按规定及时办理在建工程转固定资产手续。已经达到预定可使用状态但尚未办理竣工决算手续的在建工程，应当按照估计值计入固定资产，待确定实际成本后再进行调整。

三、在建工程核算使用的主要账户

单位应当设置“在建工程”（资产类）账户，对单位在建的建设项目工程的实际成本进行核算。该账户借方登记发生的工程成本或设备安装成本费用，贷方登记工程或设备完工交付使用结转固定资产的成本。期末借方余额，反映单位尚未完工的在建工程发生的实际成本。本账户应当设置“建筑安装工程投资”“设备投资”等明细账户，并按照具体项目进行明细核算。

四、在建工程的主要账务处理

（一）建筑安装工程投资

1. 将固定资产转入改建、扩建或修缮等时

按照固定资产的账面价值，借记本账户，按照已计提的折旧或摊销借记“固定资产累计折旧”等账户，按照固定资产的原值，贷记“固定资产”账户。

固定资产等资产改建、扩建过程中涉及替换（或拆除）原资产的某些组成部分的，按照被替换（或拆除）部分的账面价值，借记“待处理财产损溢”账户，贷记本账户。

【例 2－47】 某学校对图书馆进行维修改造，该工程已列入项目预算并审批。该房屋原价 200 万元，已提折旧 80 万元。

将仓库用房转入在建工程时，财务会计记：

借：在建工程——建筑安装工程投资	1 200 000	
固定资产累计折旧	800 000	
贷：固定资产		2 000 000

2. 对于发包建筑安装工程

根据建筑安装工程价款结算账单与施工企业结算工程价款时，按照应承付的工程价款，借记本账户，按照预付工程款余额，贷记“预付账款”账户，按照其差额，贷记“财政拨款收入”“零余额账户用款额度”“银行存款”“应付账款”等账户。

【例 2－48】 上述工程发包工程预付工程款时，使用财政补助收入并通过单位零余额账户预付给施工单位工程价款，共计 20 万元。

财务会计记：

借：预付账款——预付工程款	200 000	
贷：零余额账户用款额度		200 000

同时，预算会计记：

借：事业支出	200 000	
贷：资金结存——零余额账户用款额度		200 000

【例 2－49】 上述工程按照进度结算工程款时，需支付工程价款共计 60 万元，使用财政补助收入并通过单位零余额账户支付给施工单位。

财务会计记：

借：在建工程 ——建筑安装工程投资	600 000	

贷：预付账款——预付工程款　　200 000

零余额账户用款额度　　400 000

同时，预算会计记：

借：事业支出　　400 000

贷：资金结存——零余额账户用款额度　　400 000

3. 自行施工的小型建筑安装工程

按照发生的各项支出金额，借记本账户，贷记“工程物资”“零余额账户用款额度”“银行存款”“应付职工薪酬”等账户。

【例2-50】 接上例，领用工程物资10 000元。

财务会计记：

借：在建工程　　10 000

贷：工程物资　　10 000

【例2-51】 接上例，需支付建筑安装工程人员报酬5 000元。

财务会计记：

借：在建工程　　5 000

贷：应付职工薪酬　　5 000

4. 工程竣工，办妥竣工验收交接手续交付使用时

按照建筑安装工程成本，借记“固定资产”，贷记“在建工程”。

【例2-52】 上述库房维修改造完工，验收交付使用。

入账成本=2 000 000-800 000+600 000+10 000+5 000=1 815 000（元）

借：固定资产——房屋及构筑物　　1 815 000

贷：在建工程——建筑安装工程投资　　1 815 000

（二）设备投资

1. 购入设备时

按照购入成本，借记本账户，贷记“财政拨款收入”“零余额账户用款额度”“银行存款”等账户；采用预付款方式购入设备的，有关预付款的账务处理参照本账户有关“建筑安装工程投资”明细账户的规定。

【例2-53】 某事业单位购入需要安装的专用设备一台，价款7万元，增值税9 100元，已用银行存款支付。

财务会计记：

借：在建工程——设备投资　　70 000

应交增值税——应交税金（进项税额）　　9 100

贷：银行存款　　79 100

同时，预算会计记：

借：事业支出　　79 100

贷：资金结存——货币资金　　79 100

【例2-54】 仓库领用安装材料2 000元。

财务会计记：

借：在建工程——设备投资　　2 000

　　贷：库存物品　　2 000

2. 设备安装完毕，办妥竣工验收交接手续交付使用时

按照设备投资成本，借记“固定资产”，贷记本账户。

将不需要安装的设备和达不到固定资产标准的工具、器具交付使用时，按照相关设备、工具、器具的实际成本，借记“固定资产”、“库存物品”账户，贷记“在建工程”。

【例 2－55】 接前例，该设备已安装完工验收交付使用。

借：固定资产——专用设备　　72 000

　　贷：在建工程 ——设备投资　　72 000

第七节　无形资产的核算

一、无形资产核算的概念

无形资产是指没有实物形态的可辨认非货币性资产，如专利权、商标权、著作权、土地使用权、非专利技术等。单位购入的不构成相关硬件不可缺少组成部分的软件，应当确认为无形资产。

单位自创商誉及内部产生的品牌、报刊名等，不应确认为无形资产。非大批量购入、单价小于 1 000 元的无形资产，可以于购买的当期将其成本直接计入当期费用。

二、无形资产的核算

（一）无形资产核算使用的主要账户

单位应设置“无形资产”（资产类）账户，用来核算单位的专利权、商标权、著作权、土地使用权、非专利技术等各种无形资产的价值。该账户借方登记按各种方式取得的无形资产的成本，贷方登记无形资产摊销的金额和转出的成本。期末余额在借方，反映尚未摊销的无形资产价值。该账户按无形资产的类别、项目等设置明细账，进行无形资产的明细核算。

（二）无形资产核算的账务处理

1. 取得无形资产的核算

（1）外购的无形资产，按照确定的成本，其成本包括购买价款、相关税费以及可归属于该项资产达到预定用途前所发生的其他支出。借记“无形资产”，贷记“财政拨款收入”“零余额账户用款额度”“应付账款”“银行存款”等账户。

（2）委托软件公司开发软件，视同外购无形资产进行处理。

【例 2－56】 某事业单位购入一项专利权，价值 20 万元，用银行存款支付，会计分录为：

财务会计记：

借：无形资产——专利权　200 000

贷：银行存款　200 000

同时，预算会计记：

借：事业支出　200 000

贷：资金结存——货币资金　200 000

（3）自行研究开发形成的无形资产。政府会计主体自行研究开发项目的支出，应当区分研究阶段支出与开发阶段支出。

单位自行开发形成的无形资产，其成本包括自该项目进入开发阶段后至达到预定用途前所发生的支出总额，借记“无形资产”，贷记“研发支出——开发支出”。

自行研究开发项目尚未进入开发阶段，或者确实无法区分研究阶段支出和开发阶段支出，但按照法律程序已申请取得无形资产的，按照依法取得时发生的注册费、聘请律师费等费用，借记“无形资产”，贷记“财政拨款收入”“零余额账户用款额度”“银行存款”等账户；按照依法取得前所发生的研究开发支出，借记“业务活动费用”等账户，贷记“研发支出”账户。

【例2－57】 某事业单位自行开发一项专利权，在申请专利前已支出研发费用8万元。按照法律程序已申请取得无形资产时，发生相关注册费1万元，后续发生开发支出共计15万元，用银行存款支付，最终达到了预定用途。会计分录为：

在申请专利前已支出研发费用时，财务会计记：

借：研发支出——研究支出　80 000

贷：银行存款　80 000

同时，预算会计记：

借：事业支出　80 000

贷：资金结存——货币资金　80 000

期末转入当期费用，财务会计记：

借：业务活动费用　80 000

贷：研发支出——研究支出　80 000

按照法律程序已申请取得无形资产，发生相关注册费及后续开发支出，财务会计记：

借：研发支出——开发支出　160 000

贷：银行存款　160 000

同时，预算会计记：

借：事业支出　160 000

贷：资金结存——货币资金　160 000

最终达到了预定用途，财务会计记：

借：无形资产　160 000

贷：研发支出——开发支出　160 000

2. 无形资产摊销的核算

摊销，是指在无形资产使用年限内，按照确定的方法对应摊销金额进行系统分摊。

对于使用年限有限的无形资产，单位应当按照以下原则确定无形资产的摊销年限：

（1）法律规定了有效年限的，按照法律规定的有效年限作为摊销年限；

（2）法律没有规定有效年限的，按照相关合同或单位申请书中的受益年限作为摊销年限；

（3）法律没有规定有效年限、相关合同或单位申请书也没有规定受益年限的，应当根据无形资产为政府会计主体带来服务潜力或经济利益的实际情况，预计其使用年限。

各种无形资产应合理摊销。按月对无形资产进行摊销时，按照应摊销金额，借记“业务活动费用”“单位管理费用”“加工物品”“在建工程”等科目，贷记“无形资产累计摊销”。

【例2－58】 某行政单位有一个业务活动所需的软件，该软件每月的摊销为1 000元。每月摊销时的会计分录为：

借：业务活动费用　　1 000

　　贷：无形资产累计摊销　　1 000

3. 无形资产处置及盘点的核算

单位对无形资产处置的账务处理参照“固定资产”科目相关规定进行账务处理。单位应当定期对无形资产进行清查盘点，每年至少盘点一次。单位资产清查盘点过程中发现的无形资产盘盈、盘亏等，参照“固定资产”科目相关规定进行账务处理。

第八节　其他资产的核算

一、公共基础设施的核算

公共基础设施，是指单位为满足社会公共需求而控制的，同时具有以下特征的有形资产：（1）是一个有形资产系统或网络的组成部分；（2）具有特定用途；（3）一般不可移动。

公共基础设施主要包括市政基础设施（如城市道路、桥梁、隧道、公交场站、路灯、广场、公园绿地、室外公共健身器材，以及环卫、排水、供水、供电、供气、供热、污水处理、垃圾处理系统等）、交通基础设施（如公路、航道、港口等）、水利基础设施（如大坝、堤防、水闸、泵站、渠道等）和其他公共基础设施。

为了对公共基础设施的取得和处置情况进行核算，单位应设置“公共基础设施”（资产类）账户，取得时，记入借方，处置时，记入贷方，期末借方余额，反映单位公共基础设施的原值。该账户应当按照公共基础设施的类别、项目等进行明细核算。

（一）取得公共基础设施时，应当按照其成本入账

（1）自行建造的公共基础设施完工交付使用时，借记“公共基础设施”，贷记“在建工程”。已交付使用但尚未办理竣工决算手续的公共基础设施，按照估计价值入账，待办理竣工决算后再按照实际成本调整原来的暂估价值。

（2）接受捐赠的公共基础设施，按照确定的成本，借记“公共基础设施”，按照发生的相关费用，贷记“财政拨款收入”“零余额账户用款额度”“银行存款”等账户，按照其差额，贷记“捐赠收入”。接受捐赠的公共基础设施成本无法可靠取得的，按照发生的相关税费等金额，借记“其他费用”，贷记“财政拨款收入”“零余额账户用款额度”“银行存款”等账户。

（3）外购的公共基础设施，按照确定的成本，借记“公共基础设施”，贷记“财政拨款收入”“零余额账户用款额度”“银行存款”等账户。

（4）对于成本无法可靠取得的公共基础设施，单位应当设置备查簿进行登记，待成本能够可靠确定后按照规定及时入账。

【例2－59】 201×年6月1日，某行政单位建造一批公路护栏，该批护栏成本为40万元，用财政拨款支付。同年9月1日完工，交付使用。

发生成本时，财务会计记：

借：在建工程	400 000	
贷：财政拨款收入		400 000

同时，预算会计记：

借：行政支出	400 000	
贷：财政拨款预算收入		400 000

交付使用时，财务会计记：

借：公共基础设施	400 000	
贷：在建工程		400 000

（二）与公共基础设施有关的后续支出

将公共基础设施转入改建、扩建时，按照公共基础设施的账面价值，借记“在建工程”，按照公共基础设施已计提折旧，借记“公共基础设施累计折旧（摊销）”，按照公共基础设施的账面余额，贷记“公共基础设施”。

为增加公共基础设施使用效能或延长其使用年限而发生的改建、扩建等后续支出，借记“在建工程”，贷记“财政拨款收入”“零余额账户用款额度”“银行存款”等账户。

公共基础设施改建、扩建完成，竣工验收交付使用时，按照在建工程成本，借记“公共基础设施”，贷记“在建工程”。

为保证公共基础设施正常使用发生的日常维修等支出，借记“业务活动费用”“单位管理费用”等账户，贷记“财政拨款收入”“零余额账户用款额度”“银行存款”等账户。

（三）按照规定报经批准处置公共基础设施的处理

（1）报经批准对外捐赠公共基础设施，按照公共基础设施已计提的折旧或摊销，借记“公共基础设施累计折旧（摊销）”，按照被处置公共基础设施账面余额，贷记“公共基础设施”，按照捐赠过程中发生的归属于捐出方的相关费用，贷记“银行存款”等账户，按照其差额，借记“资产处置费用”。

（2）报经批准无偿调出公共基础设施，按照公共基础设施已计提的折旧或摊销，借记“公共基础设施累计折旧（摊销）”，按照被处置公共基础设施账面余额，贷记“公共基础设施”，按照其差额，借记“无偿调拨净资产”；同时，按照无偿调出过程中发生的归属于调出方的相关费用，借记“资产处置费用”，贷记“银行存款”等账户。

（四）单位应当定期对公共基础设施进行清查盘点

对于发生的公共基础设施盘盈、盘亏、毁损或报废，应当先记入“待处理财产损溢”，按照规定报经批准后及时进行后续账务处理。

1. 盘盈的公共基础设施

其成本按照有关凭据注明的金额确定；没有相关凭据、但按照规定经过资产评估的，其成本按照评估价值确定；没有相关凭据、也未经过评估的，其成本按照重置成本确定。盘盈的公共基础设施成本无法可靠取得的，单位应当设置备查簿进行登记，待成本确定后按照规定及时入账。

盘盈的公共基础设施，按照确定的入账成本，借记“公共基础设施”，贷记“待处理财产损溢”。

2. 盘亏、毁损或报废的公共基础设施

按照待处置公共基础设施的账面价值，借记“待处理财产损溢”科目，按照已计提折旧或摊销，借记“公共基础设施累计折旧（摊销）”科目，按照公共基础设施的账面余额，贷记“公共基础设施”。

上述（二）、（三）、（四）点具体账务处理的举例可参照第五节固定资产中相应的例题。

二、政府储备物资的核算

政府储备物资，是指单位为满足实施国家安全与发展战略、进行抗灾救灾、应对公共突发事件等特定公共需求而控制的，同时具有下列特征的有形资产：

（1）在应对可能发生的特定事件或情形时动用；

（2）其购入、存储保管、更新（轮换）、动用等由政府及相关部门发布的专门管理制度规范。

政府储备物资包括战略及能源物资、抢险抗灾救灾物资、农产品、医药物资和其他重要商品物资，通常情况下由政府会计主体委托承储单位存储。直接储存管理的各项政府应急或救灾储备物资等，包括应急期间需要的处置突发事件的专业应急物资、在突发事件发生后用于救济的基本生活物资及人民生产、生活息息相关的重要物资三大类。强有力的应急物资保障，是有效应对各类突发事件的物质基础。因此，各级政府及职能部门应加强对应急储备物资的购置、储备和监督检查管理。

对政府储备物资不负有行政管理职责，但接受委托具体负责执行其存储保管等工作的单位，其受托代储的政府储备物资应当通过“受托代理资产”科目核算，不通过本科目核算。

为了对政府储备物资的取得和发出情况进行核算，单位应设置“政府储备物资”（资产类）账户，取得政府储备物资时，记入借方，发出时，记入贷方，期末借方余额，反映单位管理的政府储备物资的实际成本。该账户应当按照政府储备物资的种类、品种、存放地点等进行明细核算。

（2）将受托转赠物资交付受赠人时，按照转赠物资的成本，借记“受托代理负债”，贷记“受托代理资产”。

（3）转赠物资的委托人取消了对捐赠物资的转赠要求，且不再收回捐赠物资的，应当将转赠物资转为单位的存货、固定资产等。按照转赠物资的成本，借记“受托代理负债”科目，贷记本科目；同时，借记“库存物品”“固定资产”等账户，贷记“其他收入”。

【例 2－64】 某行政单位接受委托人委托转赠的 5 台电脑给福利院，电脑成本共计 10 000 元，运费 200 元由行政单位承担。

受委托人委托转赠电脑时，财务会计记：

借：受托代理资产	10 000	
贷：受托代理负债		10 000

支付运费时，财务会计记：

借：其他费用	200	
贷：银行存款		200

同时，预算会计记：

借：其他支出	200	
贷：资金结存——货币资金		200

将受托转赠物资交付受赠人时，财务会计记：

借：受托代理负债	10 000	
贷：受托代理资产		10 000

（二）受托存储保管物资

（1）接受委托人委托存储保管的物资，其成本按照有关凭据注明的金额确定。接受委托储存的物资验收入库，按照确定的成本，借记“受托代理资产”，贷记“受托代理负债”。

（2）发生由受托单位承担的与受托存储保管的物资相关的运输费、保管费等费用时，按照实际发生的费用金额，借记“其他费用”等科目，贷记“银行存款”。

（3）根据委托人要求交付或发出受托存储保管的物资时，按照发出物资的成本，借记“受托代理负债”，贷记“受托代理资产”。

（三）罚没物资

（1）取得罚没物资时，其成本按照有关凭据注明的金额确定。罚没物资验收（入库），按照确定的成本，借记“受托代理资产”，贷记“受托代理负债”。罚没物资成本无法可靠确定的，单位应当设置备查簿进行登记。

（2）按照规定处置或移交罚没物资时，按照罚没物资的成本，借记“受托代理负债”科目，贷记“受托代理资产”。处置时取得款项的，按照实际取得的款项金额，借记“银行存款”等科目，贷记“应缴财政款”等科目。

单位受托代理的其他实物资产，参照本科目有关受托转赠物资、受托存储保管物资的规定进行账务处理。

六、长期待摊费用的核算

长期待摊费用，是指单位已经支出，但应由本期和以后各期负担的分摊期限在 1 年以上（不含 1 年）的各项费用，如以经营租赁方式租入的固定资产发生的改良支出等。本科目应当按照费用项目进行明细核算。

（一）发生长期待摊费用时

按照支出金额，借记本科目，贷记“财政拨款收入”“零余额账户用款额度”“银行存款”等账户。

【例 2－65】 某事业单位以经营租赁方式租入的专用固定资产发生了改良支出，共计 10 万元，以财政拨款支付。

财务会计记：

借：长期待摊费用　　100 000

　贷：财政拨款收入　　100 000

同时，预算会计记：

借：事业支出　　100 000

　贷：财政拨款预算收入　　100 000

（二）按照受益期间摊销长期待摊费用时

按照摊销金额，借记“业务活动费用”“单位管理费用”“经营费用”等账户，贷记本科目。

【例 2－66】 上述改良支出按尚可使用年限 5 年摊销，平均每年摊销 20 000 元。

财务会计记：

借：业务活动费用　　20 000

　贷：长期待摊费用　　20 000

（三）如果某项长期待摊费用已经不能使单位受益，应当将其摊余金额一次全部转入当期费用

按照摊销金额，借记“业务活动费用”“单位管理费用”“经营费用”等账户，贷记本科目。

第三章
单位负债的核算

学习目标

- □ 了解单位负债的内容
- □ 明确借入款项、应付票据和应付账款的核算方法
- □ 掌握单位各项负债的核算内容
- □ 掌握单位各类涉税业务的核算方法
- □ 了解应缴财政款的收缴改革情况

负债是行政事业单位过去的经济业务或者事项形成的，预期会导致经济资源流出行政事业单位的现时义务。现时义务是指政府会计主体在现行条件下已承担的义务。行政事业单位的负债包括借入款项、应付和暂存款项及各种应缴款项等。

行政事业单位负债内容如图3－1所示，标注下划线的负债属于事业单位负债，未标注的为行政单位和事业单位同有的负债。

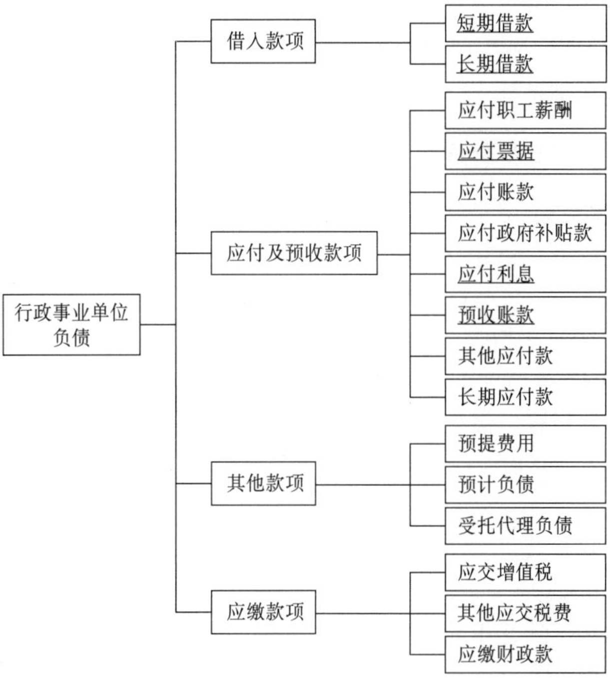

图3－1　行政事业单位负债结构示意图

第一节　借入款项的核算

一、借入款项核算的内容

借入款项是事业单位经批准向银行或其他金融机构等借入的有偿使用的各种借款。事业单位的借入款项，无论用于哪个方面，只要借入了这项资金，就构成了一项负债。归还借入款项时，除了归还借入的本金，还应支付利息。借入款项在1年以下（含1年）的为短期借款，借入款项时间在1年以上的为长期借款。

二、借入款项核算使用的主要账户

为了反映和监督借入款项的借入和归还情况，事业单位财务会计应根据借款的时间长短对借入款项设置"短期借款"和"长期借款"账户。

"短期借款"账户贷方反映借入款项的本金，借方反映偿还的借入款项本金，期末贷方余额反映尚未偿还的借入款项本金。"短期借款"账户按照债权人和借款种类进行明细核算。

"长期借款"账户，核算事业单位借入的期限超过1年（不含1年）的各种借款，贷方反映借入款项的本金，借方反映偿还的借入款项本金，期末贷方余额反映尚未偿还的借入款项本金。"长期借款"账户应按照贷款单位和贷款种类进行明细核算。对于基建项目借款，还应按具体项目进行明细核算。

三、借入款项核算的账务处理

（一）短期借款的核算

事业单位借入款项时，借记"银行存款"等账户，贷记"短期借款"账户；归还借款时，借记"短期借款"账户，贷记"银行存款"账户；支付借款利息，借记"其他费用"账户，贷记"银行存款"账户。

【例3-1】 某事业单位3月1日从银行借入3个月的短期借款20万元，年利率为4.86%，到期一次还本付息。借款用于事业单位专业活动。

（1）3月1日借入款项时，会计分录为：

借：银行存款	200 000	
贷：短期借款		200 000

同时，预算会计记：

借：资金结存——货币资金	200 000	
贷：债务预算收入		200 000

（2）7月1日归还借入本金，并支付3个月的利息2 430元。

借：短期借款　　200 000
　　其他费用　　2 430
　　贷：银行存款　　202 430

同时，预算会计记：

借：债务还本支出　　200 000
　　其他支出　　2 430
　　贷：资金结存——货币资金　　202 430

【例 3-2】 某事业单位 1 月 1 日向银行借入期限为 1 年的借款 40 万元，利率为 5.4%，在每季末支付利息。借款用于该事业单位从事产品生产。

（1）1 月 1 日取得借款时：

借：银行存款　　400 000
　　贷：短期借款　　400 000

同时，预算会计记：

借：资金结存——货币资金　　400 000
　　贷：债务预算收入　　400 000

（2）每月计提利息时：

借：其他费用　　1 800
　　贷：应付利息　　1 800

每季季末支付利息时：

借：其他费用　　1 800
　　应付利息　　3 600
　　贷：银行存款　　5 400

同时，预算会计记：

借：其他支出　　5 400
　　贷：资金结存——货币资金　　5 400

（3）到期归还本金和最后一个季度的利息时：

借：短期借款　　400 000
　　其他费用　　1 800
　　应付利息　　3 600
　　贷：银行存款　　405 400

同时，预算会计记：

借：债务还本支出　　400 000
　　其他支出　　5 400
　　贷：资金结存——货币资金　　405 400

（二）长期借款的核算

事业单位借入时间在 1 年以上的借款时，借记“银行存款”账户，贷记“长期借款”账户，归还借款时，借记“长期借款”账户，贷记“银行存款”账户，支付借款利息时，分不同的情况分别计入“其他费用——利息支出”和“在建工程”等账户。长期借款应当设置“本金”和“应计利息”明细科目，并应按照贷款单位和贷款种类进行明细核算。

长期借款的利息支出应根据借款的用途分别处理：

1. 属于工程项目建设期间发生的利息，计入工程成本，按照计算确定的应支付的利息金额，借记“在建工程”账户，贷记“应付利息”账户。

2. 属于工程项目完工交付使用后发生的利息，计入当前费用，按照计算确定的应支付的利息金额，借记“其他费用”账户，贷记“应付利息”账户。

【例3-3】 某事业单位向银行借入期限为3年的借款60万元，利率为5.65%，借款期限为3年，到期还本付息，每年计算的利息为3.39万元。

（1）取得借款时：

借：银行存款	600 000	
贷：长期借款——本金		600 000

同时，预算会计记：

借：资金结存——货币资金	600 000	
贷：债务预算收入		600 000

（2）第一年应计利息的账务处理：

借：其他费用	33 900	
贷：长期借款——应计利息		33 900

（3）第二年应计利息的账务处理：

借：其他费用	33 900	
贷：长期借款——应计利息		33 900

（4）第三年应计利息的账务处理：

借：其他费用	33 900	
贷：长期借款——应计利息		33 900

（5）到期还本付息的账务处理：

借：长期借款——本金	600 000	
长期借款——应计利息	101 700	
贷：银行存款		701 700

同时，预算会计记：

借：债务还本支出	600 000	
其他支出	101 700	
贷：资金结存——货币资金		701 700

第二节　应付和预收款项的核算

应付和预收款项，是行政事业单位负债的主要内容，包括应付票据、应付账款、预收账款、应付职工薪酬、应付政府补贴款、应付利息、其他应付款、长期应付款等。

一、应付票据的核算

（一）应付票据核算的内容

应付票据，是指事业单位因购买材料、物资等而开出、承兑的商业汇票，包括银行承兑汇票和商业承兑汇票。按国家有关规定，单位之间只有在商品交易的情况下，才能使用商业汇票结算方式。

（二）应付票据核算账户的设置

为了反映事业单位由于商品交易而开出、承兑的商业汇票的实际情况，事业单位财务会计核算中应设置“应付票据”账户。该账户的贷方发生额，反映单位因购买材料、商品等而开出、承兑的商业汇票；其借方发生额，反映已支付的商业汇票；期末贷方余额，反映尚未到期支付的商业汇票。该账户应按照债权人进行明细核算。

各单位应设置“应付票据备查簿”，详细登记每一项应付票据的种类、号数、签发日期、到期日、票面金额、收款人姓名或单位名称，以及付款人日期和金额等详细资料。应付票据到期结清票款后，应在备查簿内逐笔注销。

（三）应付票据的账务处理

单位开出、承兑汇票或以汇票抵付货款，借记“库存物品”“应付账款”等账户，贷记“应付票据”账户。支付银行承兑汇票的手续费，借记“经营费用”账户（实行成本核算单位）、“单位管理费用”（非成本核算单位）账户，贷记“银行存款”账户。收到银行支付本息通知时，借记“应付票据”和“经营费用”“单位管理费用”账户，贷记“银行存款”账户。

开出并承兑的商业汇票如果不能如期支付，应在票据到期并未签发新的票据时，将“应付票据”账面余额转入“应付账款”账户。

在采用银行承兑汇票方式下，如果对方（销售方）已经将应收票据向银行贴现，在付款期满时，如果无力付款，由银行代为扣款或作为逾期借款处理，借记“应付票据”账户，贷记“银行存款”或“短期借款”账户。

【例3－4】 某实行成本核算的事业单位采用商业承兑汇票结算方式向A公司购入一批材料，根据发票账单，购入材料的价款为2万元，增值税款为2 600元，材料已验收入库。单位开出两个月到期的商业承兑汇票。

（1）开出承兑的商业汇票时：

借：库存物品	20 000	
应交增值税——应交税金（进项税额）	2 600	
贷：应付票据——A公司		22 600

（2）票据到期还款时：

借：应付票据——A公司	22 600	
贷：银行存款		22 600

同时，预算会计记：

借：经营支出 22 600
　　贷：资金结存——货币资金 22 600

（3）若票据到期不能如期支付票款时：

借：应付票据——A 公司 22 600
　　贷：应付账款 22 600

二、应付账款的核算

（一）应付账款核算的内容

应付账款指因购买物资、接受服务、开展工程建设等而应付的偿还期限在1年以内（含1年）的款项。由于取得物资与支付货款在时间上不一致而产生的负债。应付账款入账时间的确定，应区别情况处理：在货物和发票账单同时到达的情况下，一般待货物验收入库后，才按发票账单登记应付账款；在物资和发票账单不是同时到达的情况下，在实际中，采用在月份终了将所购物资用应付债务估计入账的方法。

（二）应付账款核算使用的会计账户

为了总括反映单位因购买物资、接受服务等而产生的应付账款及偿还情况，行政事业单位财务会计应设置“应付账款”账户，该账户贷方反映单位应支付的款项，其借方反映已支付或已转销或转作商业汇票结算方式的款项，期末贷方余额，反映尚未支付的应付账款。“应付账款”账户应按照供应单位设置明细账债权人进行明细核算。

（三）应付账款核算的账务处理

【例3-5】 某实行成本核算的事业单位发生如下经济业务：

（1）4月16日购入材料一批，增值税专用发票上注明材料价款15万元，增值税额为19 500万元。材料已验收入库，货款未付。其会计处理为：

借：库存物品 150 000
　　应交增值税——应交税金（进项税额） 19 500
　　贷：应付账款 169 500

（2）4月27日购入价值为5万元的材料一批，同时向对方支付增值税6 500元，材料已验收入库，款项未付。但对方开具的增值税专用发票尚未收到。该单位暂不作会计处理，月末仍未收到发票，暂估材料价值为6万元。

月末暂估材料价时会计处理为：

借：库存物品 60 000
　　贷：应付账款 60 000

下月初作红字冲销分录：

借：库存物品 [60 000]
　　贷：应付账款 [60 000]

5月2日，收到对方转来的支票时：

借：库存物品 50 000

应交增值税——应交税金（进项税额）　　6 500

贷：应付账款　　56 500

（3）5 月 10 日，该事业单位支付 4 月 16 日的应付款。其会计处理为：

借：应付账款　　169 500

贷：银行存款　　169 500

同时，预算会计记：

借：事业支出　　169 500

贷：资金结存——货币资金　　169 500

（4）5 月 20 日，该单位开出一张商业汇票抵付 4 月 27 日购入材料款。其会计处理为：

借：应付账款　　56 500

贷：应付票据　　56 500

【例 3－6】 某行政单位收到所购物资 8 万元，增值税税率 13%，物品验收入库，款项未付。7 日后通过代理银行从单位零余额账户支付。其会计处理为：

借：库存物品　　90 400

贷：应付账款　　90 400

7 日后从单位零余额账户支付。

借：应付账款　　90 400

贷：零余额账户用款额度　　90 400

同时，预算会计记：

借：行政支出　　90 400

贷：货币资金——零余额账户用款额度　　90 400

三、预收账款的核算

（一）预收账款核算的主要内容

预收账款，是指事业单位按照合同规定向购货单位或接受劳务单位预收的款项。事业单位按合同规定，要向购货单位或接受劳务单位预收部分或全部款项。这些预收款项需要事业单位在一定时间内以交付货物或提供劳务来予以偿付。预收款时，构成事业单位一项负债，如预收货款、租金、报刊杂志订阅费等。在事业单位按照合同如期交货或提供劳务以后，预收账款才转为收入，债务才得以解除。

（二）预收账款核算使用的会计账户

为了核算事业单位按合同预收的款项，事业单位财务会计应设置“预收账款”账户，本账户贷方反映预收的货款和补付的货款，其借方反映应收的货款和退回多收的货款，期末贷方余额反映尚未结清的预收款项，借方余额反映应收的款项。本账户应按购买单位设置明细账。

（三）预收账款核算的账务处理

从付款方预收款项时，按照实际预收的金额，借记“银行存款”等账户，贷记“预收账款”账户；确认有关收入时，按照预收账款账面余额，借记“预收账款”账户，贷记有关收入账户。收到付款方补付的款项，借记“银行存款”账户，贷记“预收账款”账户；退回多收的款项，作相反会计分录。

【例3-7】 某事业单位按合同规定对外提供劳务，预收对方账款3万元。一个月后向对方提供劳务，结算价款3.5万元，不足部分由对方单位用转账支票补付。

（1）预收账款时：

借：银行存款　　30 000

　　贷：预收账款　　30 000

同时，预算会计记：

借：资金结存——货币资金　　93 600

　　贷：经营预算收入　　93 600

（2）提供劳务时：

借：预收账款　　30 000

　　贷：经营收入　　30 000

（3）收到对方补付款时：

借：银行存款　　5 000

　　贷：预收账款　　5 000

同时，预算会计记：

借：资金结存——货币资金　　5 000

　　贷：经营预算收入　　5 000

四、应付职工薪酬的核算

（一）应付职工薪酬核算的主要内容

应付职工薪酬，是指行政事业单位按有关规定支付给职工及为职工支付的各种薪酬，包括基本工作、国家统一规定的津贴补贴、绩效工资、改革性补贴、社会保险费、住房公积金等。

（二）应付职工薪酬核算使用的会计账户

为了核算行政事业单位计算、支付或为职工支付的各种薪酬，行政事业单位财务会计应设置“应付职工薪酬”账户，该账户贷方反映应付给职工的薪酬，借方反映已支付给职工的薪酬或代职工扣缴的税费等，期末贷方余额，反映行政事业单位应付未付的职工薪酬。本账户应当根据国家有关规定按照“基本工资”（含离退休费）、“国家统一规定的津贴补贴”“规范津贴补贴”（绩效工资）、“改革性补贴”“社会保险费”“住房公积金”“其他个人收入”等进行明细核算。

（三）应付职工薪酬的账务处理

1. 计算确认当期应付职工薪酬，借记“业务活动费用”“单位管理费用”“经营费用”等账户，贷记本账户

【例3-8】 某行政事业单位发放本月在职职工工资，工资汇总如下：本月应付工资总额368 400元，其中：基本工资247 200元，各种津贴补贴121 200元，扣职工医疗保险费

8 104 元，失业保险费 1 843 元，住房公积金 21 500 元，个人所得税 941 元。实发工资总额 336 012 元。

借：业务活动费用——工资福利费用　　368 400
　贷：应付职工薪酬——基本工资　　247 200
　　　　　　　　——国家统一规定的津贴补贴　　121 200

2. 向职工支付工资、津贴补贴等薪酬，借记本账户，贷记“财政拨款收入”“零余额账户用款额度”“银行存款”等账户

【例 3－9】 承上例，该单位通过财政直接支付方式发放工资及津贴补贴给职工。

借：应付职工薪酬——基本工资　　214 812
　　　　　　　——国家统一规定的津贴补贴　　121 200
　贷：财政拨款收入　　336 012

同时，预算会计记：

借：事业支出　　336 012
　贷：财政拨款预算收入　　336 012

3. 按税法规定代扣代缴个人所得税，借记本账户，贷记“其他应交税费——应交个人所得税”等账户

【例 3－10】 承前例，代扣职工个人所得税。

借：应付职工薪酬——基本工资　　941
　贷：其他应交税费——应交个人所得税　　941

4. 按照国家有关规定缴税和缴纳社会保险费、住房公积金，借记本账户，贷记“财政拨款收入”“零余额账户用款额度”“银行存款”等账户

【例 3－11】 承前例，为职工缴税和缴纳医疗保险费、失业保险费、住房公积金。

借：其他应交税费——应交个人所得税　　941
　　应付职工薪酬——医疗保险费　　8 104
　　　　　　　——失业保险费　　1 843
　　　　　　　——住房公积金　　21 500
　贷：财政拨款收入　　32 388

同时，预算会计记：

借：事业支出　　32 388
　贷：财政拨款预算收入　　32 388

5. 从应付职工薪酬中支付其他款项，借记本账户，贷记“财政拨款收入”“零余额账户用款额度”“银行存款”等账户

【例 3－12】 某事业单位发放给职工业绩考核奖金 6 000 元，以银行存款支付。

借：应付职工薪酬——其他个人收入　　6 000
　贷：银行存款　　6 000

同时，预算会计记：

借：事业支出　　6 000
　贷：资金结存——货币资金　　6 000

五、应付政府补贴款的核算

应付政府补贴款是指负责发放政府补贴的行政单位，按照规定应当支付给政府补贴接受者的各种政府补贴款。

为了核算行政单位支付给政府补贴接受者的政府补贴款，行政单位财务会计应设置“应付政府补贴款”账户，该账户贷方反映发生应付的政府补贴款，借方反映支付的政府补贴款，期末贷方余额，反映行政单位应付未付的政府补贴款。该账户按照支付的政府补贴种类进行明细核算，行政单位还应当根据需要按照补贴接受者进行明细核算，或者建立备查簿对补贴接受者予以登记。

当发生应付政府补贴时，按照依规定计算确定的应付政府补贴金额，借记：“业务活动费用”账户，贷记本账户。当支付应付政府补贴时，按照支付金额，借记本账户，贷记：“零余额账户用款额度”“银行存款”等账户。

【例 3－13】 某行政单位按规定确认应付政府补贴款发放给职工 3 万元。

借：业务活动费用　　30 000
　　贷：应付政府补贴款　　30 000

【例 3－14】 承上例，通过银行存款支付政府补贴款 3 万元。

借：应付政府补贴款　　30 000
　　贷：银行存款　　30 000

同时，预算会计记：

借：行政支出　　30 000
　　贷：资金结存——货币资金　　30 000

六、应付利息的核算

应付利息，是指事业单位按照合同约定应支付的借款利息，包括短期借款、分期付息到期还本的长期借款等应支付的利息。

为了核算事业单位支付的借款利息，事业单位财务会计应设置“应付利息”账户，该账户贷方反映发生计提的借款利息，借方反映支付的利息，期末贷方余额，反映事业单位应付未付的利息。该账户应当按照债权人等进行明细核算。

为建造固定资产、公共基础设施等借入的专门借款的利息，属于建设期间发生的按期计提利息费用时，按照计算确定的金额，借记“在建工程”账户，贷记本账户；不属于建设期间发生的，按期计提利息费用时，按照计算确定的金额，借记“其他费用”账户，贷记本账户。对于其他借款，按期计提利息费用时，按照计算确定的金额，借记“其他费用”账户，贷记本账户。实际支付应付利息时，按照支付的金额，借记本账户，贷记“银行存款”等账户。

【例 3－15】 某事业单位改造一条道路，向银行贷款 30 万元，期限为 2 年，年利率 5.6%。

（1）计提利息时：

借：在建工程　　16 800
　　贷：应付利息　　16 800

（2）实际支付利息时：

借：应付利息　　16 800

　　贷：银行存款　　16 800

同时，预算会计记：

借：其他支出　　16 800

　　贷：资金结存——货币资金　　16 800

七、其他应付款的核算

（一）其他应付款核算的主要内容

单位除应付票据、应付账款、应付职工薪酬、应付政府补贴款、应付利息、预收账款、应交增值税、其他应交税费、应缴财政款以外，其他各项偿还期限在1年以内（含1年）的应付及暂收款项，如收取的押金、存入保证金、已经报销但尚未偿还银行的本单位公务卡欠款等，这便是其他应付款核算的内容。

（二）其他应付款核算使用的会计账户

为了总括反映单位其他应付款的应付、暂收及支付情况，行政事业单位财务会计应设置“其他应付款”账户，该账户贷方反映应付或暂收其他单位或个人的款项，借方反映已经偿还给其他单位和个人的款项，期末贷方余额，反映尚未偿还其他单位或个人的款项。该账户应按应付、暂收款项的类别以及债权人等进行明细核算。

（三）其他应付款核算的账务处理

单位发生的各种应付、暂收款项，借记“银行存款”“业务活动费用”“单位管理费用”等账户，贷记“其他应付款”账户；支付时，借记“其他应付款”账户，贷记“银行存款”账户。

【例3-16】 某事业单位按规定标准提取当月社会保险费6 200元。

借：单位管理费用　　6 200

　　贷：其他应付款——社会保险费　　6 200

【例3-17】 单位将提取的社会保险费6 200元，交到社会保险部门。

借：其他应付款——社会保险费　　6 200

　　贷：银行存款　　6 200

同时，预算会计记：

借：事业支出　　6 200

　　贷：资金结存——货币资金　　6 200

【例3-18】 某行政单位出借A公司一台设备，收到A公司支付的押金5 000元，存入银行。

借：银行存款　　5 000

　　贷：其他应付款——A公司　　5 000

八、长期应付款的核算

长期应付款是指单位发生的偿还期限超过 1 年（不含 1 年）的应付款项，如以融资租赁方式取得固定资产应付的租赁费、跨年度应设置分期付款购入固定资产的价款等。

单位应设置“长期应付款”账户，发生长期应付款时，借记“固定资产”“在建工程”等账户，贷记本账户。支付长期应付款时，借记本账户，贷记“财政拨款收入”“零余额账户用款额度”“银行存款”等账户。期末贷方余额，反映单位尚未支付的长期应付款。该账户按照长期应付款的类别以及债权人进行明细核算（具体核算实例见第二章第五节固定资产的核算）。

第三节　应缴款项的核算

应缴款项，是指单位应缴未缴的各项款项，包括应当上缴国库或者财政专户的款项、应缴税费以及其他按国家规定应上缴的款项。

一、应交增值税的核算

（一）应交增值税核算的主要内容

增值税是对在我国境内销售货物或加工、修理修配劳务、销售服务、无形资产、不动产以及进口货物的单位和个人，以其实现的增值额为征税对象征收的一种税。我国一般纳税人实行以票扣税的方法，对从事货物销售或进口，以及提供应税劳务的纳税人，要根据货物或应税劳务销售额，或进口货物金额，按规定的税率计算销项税额，从中扣除上一环节已纳增值税款（即进项税额），其余额即为纳税人应缴纳的增值税税款。

（二）应交增值税核算使用的会计账户

为了核算单位按照税法规定计算应缴纳的增值税，行政事业单位财务会计应设置“应交增值税”账户，属于增值税一般纳税人的单位，应当在“应交增值税”账户下设置“应交税金”“未交税金”“预交税金”“待抵扣进项税额”“待认证进项税额”“待转销项税额”“简易计税”“转让金融商品应交增值税”“代扣代交增值税”等明细核算。

“应交税金”明细账户下还应当设置“进项税额”“已交税金”“转出未交增值税”“减免税款”“销项税额”“进项税额转出”“转出多交增值税”等专栏。其中：

(1)“进项税额”专栏，记录单位购进货物、加工修理修配劳务、服务、无形资产或不动产而支付或负担的、准予从当期销项税额中抵扣的增值税额；

(2)“已交税金”专栏，记录单位当月已缴纳的应交增值税；

(3)“转出未交增值税”和“转出多交增值税”专栏，分别记录一般纳税人月度终了转出当月应交未交或多交的增值税额；

（4）“减免税款”专栏，记录单位按照现行增值税制度规定准予减免的增值税额；

（5）“销项税额”专栏，记录单位销售货物、加工修理修配劳务、服务、无形资产或不动产应收取的增值税额；

（6）“进项税额转出”专栏，记录单位购进货物、加工修理修配劳务、服务、无形资产或不动产等发生非正常损失以及其他原因而不应从销项税额中抵扣、按照规定转出的进项税额。

属于增值税小规模纳税人的单位，只需在“应交增值税”账户下设置“转让金融商品应交增值税”“代扣代交增值税”明细核算。

（三）应交增值税核算的账务处理

1. 一般纳税人应交增值税的主要账务处理

（1）单位购买用于增值税应税项目的资产或服务等时，借记“业务活动费用”“在途物资”“库存物品”“工程物资”“在建工程”“固定资产”“无形资产”等账户，按照当月已认证的可抵扣增值税额，借记本账户（应交税金——进项税额），按照当月未认证的可抵扣增值税额，借记本账户（待认证进项税额），按照应付或实际支付的金额，贷记“应付账款”“应付票据”“银行存款”“零余额账户用款额度”等账户。

【例3－19】 某事业单位采购一批材料，专用发票上注明的价款78 000元，增值税税额为10 140元，材料已验收入库，款项已通过银行存款支付。

借：库存物品	78 000	
应交增值税——应交税金（进项税额）	10 140	
贷：银行存款		88 140

同时，预算会计记：

借：经营支出	88 140	
贷：资金结存——货币资金		88 140

（2）单位购进资产或服务等，用于简易计税方法计税项目、免征增值税项目、集体福利或个人消费等，其进项税额按照现行增值税制度规定不得从销项税额中抵扣，应作进项税额转出处理。

【例3－20】 若上例购入的材料有一半发生用途改变，用于维修职工食堂。则财务会计记：

借：单位管理费用	6 240	
贷：应交增值税——应交税金（进项税额转出）		6 240

【例3－21】 某事业单位培训中心购进一批业务学习用品发给职工，取得增值税专用发票注明价款4万元，增值税税额5 200元。货到已验收入库，并以银行存款支付。

财务会计记：

借：库存物品	40 000	
应交增值税——待认证进项税额	5 200	
贷：银行存款		45 200

同时，预算会计记：

借：事业支出	45 200	

贷：资金结存——货币资金 45 200

职工领用物品时：

借：应交增值税——应交税金（进项税额） 5 200
　　贷：应交增值税——待认证进项税额 5 200
借：业务活动费用 5 200
　　贷：应交增值税——应交税金（进项税额转出） 5 200

（3）单位取得应税项目为不动产或者不动产在建工程，其进项税额按照现行增值税制度规定自取得之日起分两年从销项税额中抵扣的，应当按照取得成本，借记“固定资产”“在建工程”等科目，按照当期可抵扣的增值税额，借记本科目（应交税金——进项税额），按照以后期间可抵扣的增值税额，借记本科目（待抵扣进项税额），按照应付或实际支付的金额，贷记“应付账款”“应付票据”“银行存款”“零余额账户用款额度”等科目。尚未抵扣的进项税额待以后期间允许抵扣时，按照允许抵扣的金额，借记本科目（应交税金——进项税额），贷记本科目（待抵扣进项税额）。

【例 3－22】 某实行成本核算的事业单位购进一栋楼房用于研制新产品销售，取得增值税专用发票，注明价款 1 000 万元，增值税税额 90 万元，价税款已用银行存款支付。

财务会计记：

借：固定资产 10 000 000
　　应交增值税——应交税金（进项税额） 900 000
　　贷：银行存款 10 900 000

同时，预算会计记：

借：经营支出 10 900 000
　　贷：资金结存——货币资金 10 900 000

（4）单位销售货物或提供应税服务时，应当按照应收或已收的金额，借记“应收账款”“应收票据”“银行存款”等账户，按照确认的收入金额，贷记“经营收入”“事业收入”等科目，按照现行增值税制度规定计算的销项税额，贷记本科目（应交税金——销项税额）或本账户。发生销售退回的，应根据按照规定开具的红字增值税专用发票做相反的会计分录。

【例 3－23】 某事业单位销售产品一批，开出专用发票价款 14 万元，税额 18 200 万元，货款已收到。

借：银行存款 158 200
　　贷：经营收入 140 000
　　　　应交增值税——应交税金（销项税额） 18 200

同时，预算会计记：

借：资金结存——货币资金 158 200
　　贷：经营预算收入 158 200

（5）单位缴纳当月应交增值税时，借记本账户（应交税金——已交税金），贷记“银行存款”“零余额账户用款额度”等账户。

【例 3－24】 单位缴纳本月应交增值税金 7 680 元（销项税与进项税之差）。

借：应交增值税——应交税金（已交税金） 7 680

贷：银行存款 7 680

同时，预算会计记：

借：经营支出 7 680

贷：资金结存——货币资金 7 680

该账户期末贷方余额，反映单位应交未交的增值税，期末如为借方余额，反映单位尚未抵扣或多交的增值税。

2. 小规模纳税人应交增值税的账务处理

（1）购入非自用材料时，借记“在途物资”“库存物品（价税合计）”等账户，按照应付或实际支付的金额，贷记“应付账款”“应付票据”“银行存款”等账户。

【例 3－25】 某事业单位购进原材料一批，价款 4.2 万元，增值税 5 460 元，材料已验收入库，款项用银行存款支付。

借：库存物品 47 460

贷：银行存款 47 460

同时，预算会计记：

借：经营支出 47 460

贷：资金结存——货币资金 47 460

（2）销售应税产品或提供应税服务时，借记“银行存款”“应收账款”“应收票据”等账户，按照确认的收入金额，贷记“经营收入”“事业收入”等账户，采用简易计税方法计算的增值税税额，贷记本账户。

【例 3－26】 某事业单位销售产品一批，全部价款 63 860 元，货款已经收到，存入银行。

不含税销售额＝65 920÷（1＋3%）＝64 000（元）

应交增值税税额＝64 000×3%＝1 920（元）

借：银行存款 65 920

贷：经营收入 64 000

应交增值税 1 920

同时，预算会计记：

借：资金结存——货币资金 65 920

贷：经营预算收入 65 920

（3）缴纳增值税时，借记本账户，贷记“银行存款”等账户。

【例 3－27】 单位缴纳本月应交增值税金 1 920 元。

借：应交增值税 1 920

贷：银行存款 1 920

同时，预算会计记：

借：经营支出 1 920

贷：资金结存——货币资金 1 920

二、其他应交税费的核算

（一）其他应交税费核算的主要内容

其他应交税费是指按照税法等规定计算应缴纳的除增值税以外的各种税费，包括城市维护建设税、教育费附加、地方教育费附加、车船税、房产税、城镇土地使用税、企业所得税、单位代扣代缴的个人所得税等，这些应交税费，在尚未缴纳前形成单位的一项流动负债。单位应缴纳的印花税，直接通过“业务活动费用”“单位管理费用”“经营费用”等账户核算，不通过“其他应交税费”核算。

（二）其他应交税费核算使用的会计账户

为了总括反映单位计算应缴纳的各种税费情况，行政事业单位财务会计应设置“其他应交税费”账户，该账户贷方反映应交的各种税费，借方反映已交的税费，期末贷方余额，反映应交未交的税费。该账户应按照缴纳的税费种类进行明细核算。

（三）其他应交税费核算的账务处理

（1）单位发生城市维护建设税、教育费附加、地方教育费附加、车船税、房产税、城市土地使用税等纳税义务的，按照税法规定计算的应交税费，借记“业务活动费用”“单位管理费用”“经营费用”等账户，贷记本账户（应交城市维护建设税、应交教育费附加、应交地方教育费附加、应交车船税、应交房产税、应交城镇土地使用税等）。

【例 3－28】 某事业单位（一般纳税人）当月应纳增值税额 10 540 元，计算缴纳城市维护建设税 737.80 元、教育费附加 316.20 元和地方教育费附加 210.80 元。

借：经营费用　　　　1 264.80

　　贷：其他应交税费——应交城市维护建设税　　　　737.80

　　　　　　　　　　——应交教育费附加　　　　316.20

　　　　　　　　　　——应交地方教育费附加　　　　210.80

（2）单位按照税法规定计算应代扣代缴职工的个人所得税，借记“应付职工薪酬”账户，贷记本账户（应交个人所得税）。

【例 3－29】 某行政单位发工资，代扣职工个人所得税 4.6 万元。

借：应付职工薪酬——基本工资　　　　46 000

　　贷：其他应交税费——应交个人所得税　　　　46 000

（3）单位按照税法规定计算的应交所得税额，借记“所得税费用”账户，贷记本账户（单位应交所得税）。

【例 3－30】 某事业单位本期按照税法计算的缴纳所得税税额 63 500 元。

借：所得税费用　　　　63 500

　　贷：其他应交税费——单位应交所得税　　　　63 500

（4）单位实际缴纳各种税费时，借记本账户（“应交城市维护建设税”“应交教育费附加”“应交地方教育费附加”“应交车船税”“应交房产税”“应交城镇土地使用税”“应交个人所得税”“单位应交所得税”），贷记“财政拨款收入”“零余额账户用款额度”“银行存款”等账户。

【例 3－31】 某事业单位以银行存款 6.35 万元，缴纳本期的所得税。

借：其他应交税费——单位应交所得税　　63 500
　贷：银行存款　　63 500

同时，预算会计记：

借：非财政拨款结余　　63 500
　贷：资金结存　　63 500

三、应缴财政款的核算

（一）应缴财政款核算的主要内容

应缴财政款是单位取得或应收的按照规定应当上缴财政的款项，包括应缴国库的款项和应缴财政专户款。应缴财政款项，属于国家财政资金，应及时足额缴入国库。单位按照国家税法等有关规定应当缴纳的各种税费，通过“应交增值税”“其他应交税费”核算，不通过“应缴财政款”核算。

（二）应缴财政款核算使用的会计账户

为了核算应缴财政款业务，行政事业单位财务会计应设置“应缴财政款”账户，该账户贷方反映取得或应上缴的数额，借方反映实际上缴的数额，期末贷方余额，反映应缴尚未缴纳的款项。年终，该账户应无余额，并应按照应缴财政款项的类别进行明细核算。

（三）应缴财政款核算的账务处理

单位取得或应收按照规定应缴财政的款项时，借记“银行存款”“应收账款”等账户，贷记本账户。上缴财政款项时，借记本账户，贷记“银行存款”等账户。

【例 3－32】 某单位收到应上缴国家的罚没款 4 800 元，款项已存入银行。

借：银行存款　　4 800
　贷：应缴财政款　　4 800

【例 3－33】 某单位按规定收取的行政性收费 9 000 元，存入银行。

借：银行存款　　9 000
　贷：应缴财政款　　9 000

【例 3－34】某单位变价出售书柜一批，取得收入 2 万元，存入银行。

借：银行存款　　20 000
　贷：应缴财政款　　20 000

【例 3－35】 单位根据规定，将本年度应缴预算款 33 800 元上缴财政。

借：应缴财政款　　33 800
　贷：银行存款　　33 800

第四节　其他负债的核算

一、预提费用的核算

预提费用，是指单位预先提取的已经发生、但尚未支付的费用，如预提的租金等。事业单位按规定从科研项目收入中提取的项目间接费用或管理费，也通过“预提费用”核算。事业单位计提的借款利息费用，通过“应付利息”“长期借款”核算，不通过“预提费用”核算。

为了核算单位的预提费用，行政事业单位财务会计应设置“预提费用”账户，该账户贷方反映计提费用的金额，借方反映实际支付的金额，期末贷方余额，反映单位已预提但尚未支付的各项费用。该账户应按照预提费用的种类进行明细核算。

【例3-36】 某事业单位按规定从科研项目收入中提取管理费5.6万元。

（1）按规定提取时：

借：单位管理费用　　56 000
　　贷：预提费用——管理费　　56 000

同时，预算会计记：

借：非财政拨款结转　　56 000
　　贷：非财政拨款结余　　56 000

（2）实际使用时：

借：预提费用——管理费　　56 000
　　贷：库存现金　　56 000

同时，预算会计记：

借：事业支出　　56 000
　　贷：资金结存——货币资金　　56 000

【例3-37】 某行政单位租用一台仪器，租用时间为1年，每月租金4 000元，每季度支付一次。

（1）每月计提租金时：

借：业务活动费用　　4 000
　　贷：预提费用——租金　　4 000

（2）每季度支付时：

借：预提费用——租金　　12 000
　　贷：银行存款　　12 000

同时，预算会计记：

借：行政支出　　12 000
　　贷：资金结存——货币资金　　12 000

二、预计负债的核算

预计负债，是指单位对因或有事项所产生的现实义务而确认的负债，如对未决诉讼等确认的负债。

为了核算单位发生的预计负债，行政事业单位财务会计应设置“预计负债”账户，该账户贷方反映确认预计负债的金额，借方反映实际偿付的金额，期末贷方余额，反映单位已确认但尚未支付的预计负债金额。该账户应按照预计负债的项目进行明细核算。

【例 3－38】 某事业单位因承担连带责任，诉讼尚未判决，该单位确认一项负债 60 万元。

（1）确认预计负债时：

借：业务活动费用　　600 000

　　贷：预计负债——未决诉讼　　600 000

（2）实际偿付时：

借：预计负债——未决诉讼　　600 000

　　贷：银行存款　　600 000

同时，预算会计记：

借：事业支出　　12 000

　　贷：资金结存——货币资金　　12 000

三、受托代理负债的核算

受托代理负债，是指单位接受委托，取得受托代理资产时形成的负债。为了核算单位发生的受托代理负债，行政事业单位财务会计应设置“受托代理负债”账户，该账户贷方反映收到受托代理、代管资产的金额，借方反映支付受托代理、代管资产的金额，期末贷方余额，反映单位尚未清偿的受托代理负债金额。该账户应按照委托人等进行明细核算。

[扫一扫]

受托代理业务

【例 3－39】 某行政单位 7 月 12 日接受某单位委托代管款项，共计 10 万元，存入银行，7 月 25 日，代管期满退回该笔款项。

（1）7 月 12 日收到时：

借：银行存款　　100 000

　　贷：受托代理负债　　100 000

（2）7 月 25 日实际偿付时：

借：受托代理负债　　100 000

　　贷：银行存款　　100 000

第四章
单位财务收入和预算收入的核算

学习目标
- □ 理解单位收入概念和具体内容
- □ 能够正确区分单位各类收入
- □ 理解并区分财政拨款的三种方式
- □ 掌握单位各类收入进行核算

第一节　单位收入概述

行政事业收入的主要内容如图 4－1 所示，标注下划线的收入属于事业单位收入，未标注的为行政单位和事业单位同有的收入。

收入是指报告期内导致行政事业单位净资产增加的、含有服务潜力或者经济利益的经济资源的流入。

一、单位收入的内容

行政事业单位的收入是开展业务活动及其他活动而取得的。行政事业单位一般不从事物质资料的生产，事业单位的收入是指因完成国家规定的科学、教育、文化、卫生等事业任务而发生消耗，因而可以获得政府的财政补助收入或上级补助收入，因开展有偿服务的业务活动和经营活动而取得事业收入和经营收入，补偿其费用支出。

行政事业单位的收入是依法取得的，具有非偿还性。收入会引起货币资金的流入，其他资产的增加或负债的减少，或者资产增加、负债减少兼而有之，并非所有的资产流入都是收入。例如向银行借款，就不能视为收入，这种资产流入具有偿还性，应当作为负债处理，而不作为收入处理。

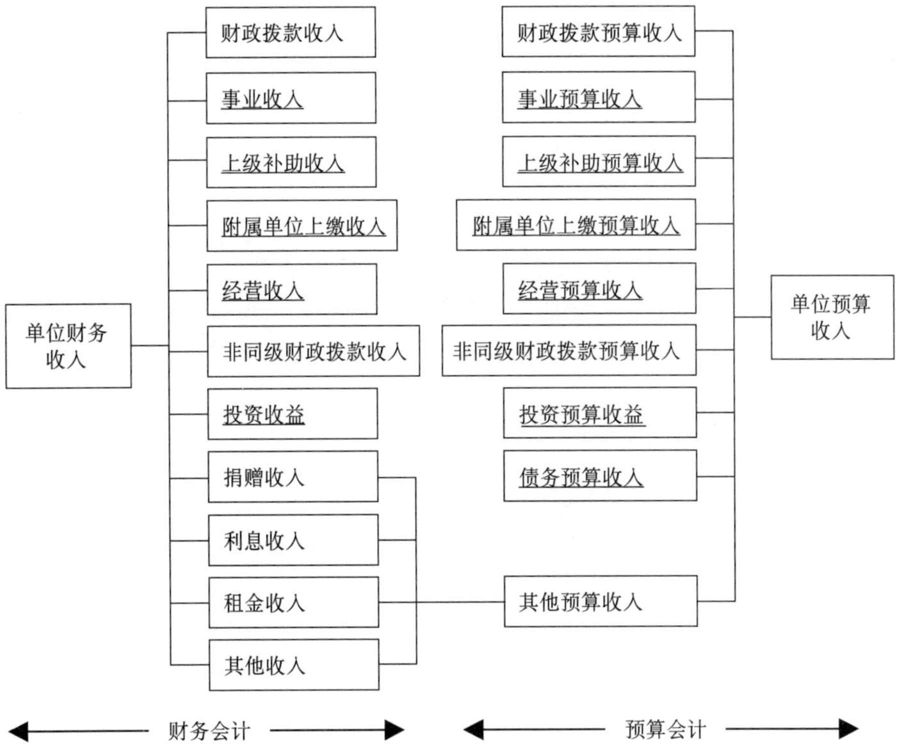

图 4－1　行政事业收入结构示意图

（一）单位财务收入的内容

（1）财政拨款收入，是指行政事业单位从同级政府财政部门取得的各类财政拨款。

（2）非同级财政拨款收入，是指行政事业单位从非同级政府财政部门取得的经费拨款。

（3）事业收入，是指事业单位开展专业业务活动及辅助活动所取得的收入。

（4）经营收入，是指事业单位在专业及辅助活动之外开展非独立核算经营活动取得的收入。

（5）上级补助收入，是指事业单位从主管部门或上级单位取得的非财政拨款收入。

（6）附属单位上缴收入，是指事业单位取得的附属独立核算单位按照有关规定上缴的收入。

（7）投资收益，是指事业单位股权投资和债券投资所实现的收益或发生的损失。

（8）捐赠收入，是指行政事业单位接受其他单位或者个人捐赠取得的收入。

（9）利息收入，是指行政事业单位取得的银行存款利息收入。

（10）租金收入，是指行政事业单位经批准利用国有资产出租取得并按照规定纳入本单位预算管理的租金收入。

（11）其他收入，是指单位除以上各项收入以外的收入。

（二）单位预算收入的内容

为了满足行政事业单位在一个会计信息系统中同时进行财务会计和预算会计核算的需

要，政府会计制度要求单位进行“平行记账”，即对于纳入预算管理的现金收支，在采用财务会计核算的同时进行预算会计核算。采用预算会计核算的收入有：财政拨款预算收入、非同级财政拨款预算收入、事业预算收入、经营预算收入、上级补助预算收入、附属单位上缴预算收入、债务预算收入、投资预算收益和其他预算收入。

（三）单位财务收入与单位预算收入的平行记账

所谓平行记账，就是对纳入部门预算管理的现金收支业务，在进行财务会计核算的同时，也需进行预算会计核算。**平行记账方式能够使财务会计、预算会计两个体系更加具有系统性和完整性**。单位财务会计的收入与单位预算会计的收入存在对应关系需要平行记账的科目见二维码。

[扫一扫]

财务收入与预算收入平行记账

二、单位收入的管理

1. 收入统管

行政事业单位的各项收入应全部纳入单位预算，由单位财务部门统一核算，统一管理，统筹安排使用。

2. 正确划分各项收入，依法缴纳各种税费

行政事业单位应正确划清各类收入的界限，包括财政拨款收入与非同级财政拨款收入的划分，事业收入与经营收入的划分，经营收入与附属单位上缴收入的划分。各行政事业单位根据国家有关规定和本单位的实际情况编制收入预算，对组织的收入分类处理，按规定应上缴预算的收入要及时上缴国库，应上缴财政专户的收入要及时缴入财政专户，不能直接作为事业收入处理。对经营服务性收入，要依法缴纳各项税费。

3. 充分利用现有条件积极组织收入，提高经费自给率和自我发展能力

有条件的事业单位要按市场经济的要求，充分利用现有的人、财、物等资源和设备，拓宽服务领域，扩大财源，增强自我发展能力。

4. 保证收入的合法性与合理性

行政事业单位的各种收费项目和收费标准，必须按规定程序报经国家有关部门批准，做到取之有道，用之合理，严禁乱收、滥用。

三、单位收入的确认

行政事业单位应当根据业务性质合理确定收入的实现。行政事业单位的预算收入采用收付实现制核算，在实际收到款项时予以确认；财务收入采用权责发生制核算，在提供服务或者发出商品，同时收讫价款或者取得收款权利时予以确认。由于财务会计和预算会计采用不同的核算基础，就会导致核算的结果出现预算收入与财务收入的差异。对于长期项目的收

入，应当根据年度完成进度予以合理确认。单位取得收入为实物时，应当根据有关凭据确认其价值；没有凭据可供确认的，参照其市场价格确定。

第二节 拨款收入的核算

一、财政拨款收入和财政拨款预算收入的平行核算

（一）财政拨款收入的管理

财政拨款收入来源于国家预算资金，是国家对发展各项事业的投入，是行政事业单位开展业务活动的经常性资金来源。为加强预算资金的管理，各单位应在每个季度开始前，根据批复的单位预算，编制季度分月用款计划，由主管部门报财政部门核定，作为领拨经费的依据。在申请当期财政拨款时，各预算单位根据财政部门批复的用款计划，报送用款申请，财政部门审核受理，通过一定方式支付财政资金。

过去我国财政拨款收入的领拨方式分为两种，即划拨资金和限额拨款。自从实行国库集中支付制度改革后，目前有实拨资金、财政直接支付和财政授权支付三种方式并存。由于三种方式的内涵、程序不同，会计核算具体方法也有所区别。

（二）财政拨款收入的方式、程序及核算

为了核算行政事业单位从财政部门取得的各类财政拨款，单位财务会计应设置“财政拨款收入”账户。贷方记实际收到的财政拨款收入数；借方记财政拨款收入的缴回数；平时贷方余额反映财政拨款收入的合计数。期末将本账户余额转入“本期盈余”账户，结转后本账户无余额。“财政拨款收入”账户按照公共财政预算拨款、政府性基金预算拨款等种类进行明细核算。

行政事业单位在进行预算会计核算时，应设置“财政拨款预算收入”账户。贷方记实际收到的财政拨款收入的金额；借方记财政拨款收入的转出金额；平时贷方余额反映财政拨款收入累计金额。年末将本账户累计金额转入“财政拨款结转”账户，结转后本账户无余额。

1. 实拨资金方式下财政拨款收入的核算

实拨资金方式亦称划拨资金方式，是一种传统的财政资金支付方式。预算单位每月按核定的用款计划，填写“预算经费请拨单”报同级财政部门，通过国库拨付资金给主管部门并逐级转拨到基层单位，各预算单位按预算规定的用途使用，如二维码所示。目前，仅有少量财政资金采用实拨资金方式拨付。

[扫一扫]

实拨资金流程图

【例4－1】 某事业单位收到社会保障部门拨来的本月离退休费用共计7.83万元。

财务会计记：

借：银行存款　　78 300

　　贷：财政拨款收入　　78 300

同时，预算会计记：

借：资金结存——货币资金　　78 300

　　贷：财政拨款预算收入　　78 300

2. 财政直接支付方式下财政拨款收入的核算

财政直接支付，是指预算单位按照部门预算和用款计划确定的资金用途和用款进度，向国库支付中心提出支付申请，由国库支付中心开具支付凭证，通过国库单一账户体系，将资金直接支付到商品、劳务供应者或用款单位。实行财政直接支付的财政资金包括工资支出、政府采购支出以及其他按规定纳入财政直接支付的支出。

办理财政直接支付，先由一级预算单位填写“财政直接支付汇总申请书”，报财政部门国库支付执行机构审核无误后，开具“财政直接支付汇总清算额度通知单”和“财政直接支付凭证”，经财政部门国库管理机构加盖印章签发后，分别送中国人民银行和代理银行。代理银行根据“财政直接支付凭证”及时将资金从财政零余额账户直接支付给收款人或用款单位。代理银行将当日实际支付的资金，按一级预算单位分预算科目汇总，附实际支付清单与国库单一账户进行资金清算。代理银行开具“财政直接支付入账通知书”发一级预算单位和基层预算单位。“财政直接支付入账通知书”作为一级预算单位和基层预算单位收到或付出款项的凭证，具体流程如二维码直接支付和授权支付流程图所示。

【例4－2】 某行政单位购买办公用品一批，价款共计6 552元，由财政直接支付。

财务会计记：

借：业务活动费用　　6 552

　　贷：财政拨款收入——公共预算财政拨款　　6 552

同时，预算会计记：

借：行政支出　　6 552

　　贷：财政拨款预算收入——财政直接支付　　6 552

【例4－3】 某行政单位本年度财政直接支付预算指标数为30万元，财政直接支付实际支出数为28万元，尚未使用的财政直接支付预算指标数2万元。

财务会计记：

借：财政应返还额度——财政直接支付　　20 000

　　贷：财政拨款收入——公共预算财政拨款　　20 000

同时，预算会计记：

借：资金结存——财政应返还额度　　20 000

　　贷：财政拨款预算收入——财政直接支付　　20 000

【例 4 -4】 期末，某行政单位将“财政拨款收入”贷方余额 185 万元转入“本期盈余”账户。

借：财政拨款收入　　1 850 000

　　贷：本期盈余　　1 850 000

3. 财政授权支付方式下财政拨款收入的核算

预算单位根据部门预算和用款计划确定的资金用途和用款进度，按照财政部门的授权和批准的用款额度，由预算单位开具支付凭证，代理银行从单位零余额账户将资金支付到商品、劳务供应者或用款单位。实行财政授权支付的财政性资金，包括未纳入财政直接支付范围的购买支出、零星支出、特别紧急支出和经财政部门批准的其他支出。

办理财政授权支付，首先由财政国库部门根据批复的预算单位财政授权支付用款计划，分别向中国人民银行和代理银行签发下达《财政授权支付汇总清算额度通知书》《财政授权支付额度到账通知书》。代理银行收到后向相关预算单位发送《财政授权支付额度到账通知书》通知预算单位入账，登记单位零余额账户用款额度，最后由预算单位自行开具支付指令，代理银行在授权额度内进行付款，并与国库单一账户进行资金清算，具体流程如二维码所示。

[扫一扫]

直接支付和授权支付流程图

概念比较：

财政直接支付与财政授权支付的异同

相同点：

(1) 财政资金不再拨付预算单位，而直接拨付收款人账户；

(2) 财政资金在使用时才会从财政账户中支出，资金沉淀在国库存款账户中。

不同点：

(1) 签发支付令的主体不同；

(2) 具体流程不同。

【例 4 -5】 某事业单位接到代理银行转来的《财政授权支付到账通知书》，收到本月财政授权支付额度 80 万元。

财务会计记：

借：零余额账户用款额度　　800 000

　　贷：财政拨款收入　　800 000

同时，预算会计记：

借：资金结存——零余额账户用款额度　　800 000

　　贷：财政拨款预算收入　　800 000

【例 4-6】 年终，某事业单位将“财政拨款预算收入”贷方余额 2 853 852 元转入“财政拨款结转”账户。

借：财政拨款预算收入　　2 853 852
　　贷：财政拨款结转——本年收支结转　　2 853 852

想一想：

（1）国库集中支付采用哪几种支付方式？

（2）财政直接支付方式和财政授权支付方式的适用范围你能区分吗？

二、非同级财政拨款收入和非同级财政拨款预算收入的平行核算

非同级财政拨款收入，是指行政事业单位从非同级政府财政部门取得的经费拨款，包括从同级政府其他部门取得的横向转拨款、从上级或下级政府财政部门取得的经费拨款等。

为了核算行政事业单位从非同级政府财政部门取得的拨款，单位财务会计应设置“非同级财政拨款收入”账户。贷方记实际收到的金额；借方记收入的缴回数；平时贷方余额反映非同级财政拨款收入合计数。期末将本账户余额转入“本期盈余”账户，结转后本账户无余额。“非同级财政拨款收入”账户按照本级横向转拨财政款和非本级财政拨款进行明细核算，并按照收入来源进行明细核算。

行政事业单位在进行预算会计核算时，应设置“非同级财政拨款预算收入”账户。贷方记实际收到的金额；借方记收入的转出金额；平时贷方余额反映非同级财政拨款收入累计金额。年末将本账户累计金额转入“非财政拨款结转”账户，结转后本账户无余额。

【例 4-7】 某行政单位收到同级单位专项资金 5 万元，存入银行。

财务会计记：

借：银行存款　　50 000
　　贷：非同级财政拨款收入　　50 000

同时，预算会计记：

借：资金结存——货币资金　　50 000
　　贷：非同级财政拨款预算收入　　50 000

【例 4-8】 期末，某行政单位将“非同级财政拨款收入”贷方余额 5 万元转入“本期盈余”账户。

借：非同级财政拨款收入　　50 000
　　贷：本期盈余　　50 000

第三节　基本业务收入的核算

一、事业收入和事业预算收入的平行核算

事业收入，是指事业单位开展专业业务活动及辅助活动实现的收入。各事业单位业务性

质不同，事业收入的具体内容有差异，总的可以归纳为两类：

1. 事业单位开展专业活动取得的收入

如艺术表演团体的演出收入；展览馆的门票收入；学校收取的学费、培训费等收入；广播电视台的广告收入、有线电视收入和节目交换收入等。

2. 事业单位开展辅助活动取得的收入

如医院的救护车收入，学校的住宿费收入等。

为了核算事业单位开展专业活动及辅助活动所取得的收入，事业单位财务会计应设置“事业收入”账户。贷方记取得的收入数，借方记收入的退回数，平时贷方余额为事业收入的合计数。期末，将本账户余额全数转入“本期盈余”账户，结转后本账户无余额。“事业收入”账户按照事业收入的类别、来源等进行明细核算。

事业单位在进行预算会计核算时，应设置“事业预算收入”账户。贷方记实际收到的事业收入的金额；借方记事业收入的转出金额；平时贷方余额反映事业收入累计金额。年末将本账户累计金额转入“非财政拨款结转”账户，结转后本账户无余额。

【例 4-9】 某事业单位开展专业活动取得收入 6.8 万元，按 20% 上缴财政专户。

财务会计记：

借：银行存款　　68 000

　　贷：应缴财政款　　13 600

　　　　事业收入　　54 400

同时，预算会计记：

借：资金结存——货币资金　　54 400

　　贷：事业预算收入　　54 400

【例 4-10】 某事业单位将 13 600 元上缴财政专户。

借：应缴财政款　　13 600

　　贷：银行存款　　13 600

【例 4-11】 某事业单位收到财政专户核拨的一笔经费 5 万元。

财务会计记：

借：银行存款　　50 000

　　贷：事业收入　　50 000

同时，预算会计记：

借：资金结存——货币资金　　50 000

　　贷：事业预算收入　　50 000

【例 4-12】 期末，某事业单位将“事业收入”贷方余额 505.24 万元转入“本期盈余”账户。

借：事业收入　　5 052 400

　　贷：本期盈余　　5 052 400

【例 4-13】 年末，事业单位将“事业预算收入”贷方累计金额 1 235.9 万元转入“非财政拨款结转”账户。

借：事业预算收入　　12 359 000

　　贷：非财政拨款结转——本年收支结转　　12 359 000

二、经营收入和经营预算收入的平行核算

经营收入是指事业单位在开展专业业务活动及辅助活动之外开展非独立核算经营活动取得的收入。经营收入必须**具备两个特征**：一是经营活动取得的收入，而不是专业业务活动及辅助活动取得的收入；二是非独立核算经营活动取得的收入，而不是独立核算的经营活动取得的收入。

为了核算事业单位取得的非独立核算的各项收入，事业单位财务会计应设置“经营收入”账户。贷方记取得的经营收入数，借方记冲减的经营收入数，平时贷方余额反映经营收入合计数。期末，将本账户余额全数转入“本期盈余”后无余额。“经营收入”账户按照经营活动类别、项目和收入来源等进行明细核算。

事业单位在进行预算会计核算时，应设置“经营预算收入”账户。贷方记实际收到的经营收入的金额；借方记经营收入的转出金额；平时贷方余额反映经营收入累计金额。年末将本账户累计金额转入“经营结余”账户，结转后本账户无余额。

【例4－14】 某科研单位开展经营活动向博达企业销售产品100件，每件售价1 000元（不含税），该单位属于一般纳税人，适用增值税率13%，款项已存入银行。

财务会计记：

借：银行存款	113 000	
贷：经营收入		100 000
应交增值税——应交税金（销项税额）		13 000

同时，预算会计记：

借：资金结存——货币资金	113 000	
贷：经营预算收入		113 000

【例4－15】 某事业单位非独立核算的车队向外单位提供服务，取得现金收入2万元（不含税）。该单位属于一般纳税人，运输服务适用增值税率9%。

财务会计记：

借：库存现金	21 800	
贷：经营收入		20 000
应交增值税——应交税金（销项税额）		1 800

同时，预算会计记：

借：资金结存——货币资金	21 800	
贷：经营预算收入		21 800

【例4－16】 期末，某事业单位的“经营收入”贷方余额为167.2万元，进行结转。

借：经营收入	1 672 000	
贷：本期盈余		1 672 000

第四节　调剂性收入的核算

一、上级补助收入和上级补助预算收入的平行核算

上级补助收入，是指事业单位从主管部门和上级单位取得的非财政拨款收入，是事业单位的上级单位、主管部门用财政拨款收入之外的收入拨给所属单位的经费，如用自身组织的收入和集中下级单位的收入拨给事业单位的资金。

为了核算事业单位取得的非财政拨款收入，应设置“上级补助收入”账户。贷方记取得的上级补助收入数，借方记退回上级补助收入数，平时贷方余额反映上级补助收入合计数。期末，将本账户余额全数转入“本期盈余”账户，结转后本账户无余额。“上级补助收入”账户按照发放补助单位、补助项目等进行明细核算。

事业单位在进行预算会计核算时，应设置“上级补助预算收入”账户。贷方记实际收到上级补助收入的金额；借方记上级补助收入的转出金额；平时贷方余额反映上级补助收入累计金额。年末将本账户累计金额转入“非财政拨款结转”账户，结转后本账户无余额。

【例 4－17】 某事业单位收到主管部门用自身开展业务活动取得的收入拨来的专项补助款 5 万元。

财务会计记：

借：银行存款　　50 000

　　贷：上级补助收入　　50 000

同时，预算会计记：

借：资金结存——货币资金　　50 000

　　贷：上级补助预算收入　　50 000

【例 4－18】 期末，该单位“上级补助收入”账户的贷方余额为 21 万元，进行结转。

借：上级补助收入　　210 000

　　贷：本期盈余　　210 000

二、附属单位上缴收入和附属单位上缴预算收入的平行核算

附属单位上缴收入，是指事业单位取得的附属独立核算单位按照有关规定上缴的收入，附属单位一般是指事业单位所属独立核算的事业单位，如高等学校附属的中学、小学，科学院附属的研究所等。附属单位缴款包括两类：一是附属事业单位上缴的收入；二是附属的企业上缴的利润。

为了核算事业单位收到附属单位按规定缴来的款项，事业单位财务会计应设置“附属单位上缴收入”账户。贷方记收到附属独立核算单位实际上缴的款项，借方记退回数，平时贷方余额反映附属单位上缴收入合计数。期末，将本账户余额全数转入“本期盈余”账

户，结转后本账户无余额。“附属单位上缴收入”账户按照附属单位、缴款项目等进行明细核算。

事业单位在进行预算会计核算时，应设置“附属单位上缴预算收入”账户。贷方记实际收到附属单位上缴收入的金额；借方记附属单位上缴收入的转出金额；平时贷方余额反映附属单位上缴收入累计金额。年末将本账户累计金额转入“非财政拨款结转”账户，结转后本账户无余额。

【例 4－19】 某事业单位收到所属独立核算的研究所缴来的分成收入 20 万元。

财务会计记：

借：银行存款	200 000	
贷：附属单位上缴收入		200 000

同时，预算会计记：

借：资金结存——货币资金	200 000	
贷：附属单位上缴预算收入		200 000

【例 4－20】 某事业单位收到所属独立核算的招待所缴来的利润 15 万元。

财务会计记：

借：银行存款	150 000	
贷：附属单位上缴收入		150 000

同时，预算会计记：

借：资金结存——货币资金	150 000	
贷：附属单位上缴预算收入		150 000

【例 4－21】 期末，事业单位的“附属单位上缴收入”贷方余额为 35 万元，进行结转。

借：附属单位上缴收入	350 000	
贷：本期盈余		350 000

想一想：

经营收入与附属单位上缴收入有哪些区别？

第五节 投资收益和其他收入的核算

一、投资收益和投资预算收益的平行核算

投资收益是指事业单位股权投资和债券投资所实现的收益或发生的损失。投资收益大于投资损失的差额为投资净收益；反之则为投资净损失。为了核算事业单位取得的投资收益或损失，事业单位财务会计应设置“投资收益”账户。贷方记取得的投资收入数，借方记投资的损失数，平时贷方余额反映投资收入合计数。期末，将本账户余额全数转入“本期盈

余”账户，结转后本账户无余额。“投资收益”账户按照投资的种类等进行明细核算。

事业单位在进行预算会计核算时，应设置“投资预算收益”账户。贷方记实际收到投资收入的金额；借方记投资损失的金额；平时贷方余额反映投资收入的累计金额。年末将本账户累计金额转入“其他结余”账户，结转后本账户无余额。

【例4-22】 某事业单位从被投资单位分得利润3.6万元，存入银行。

财务会计记：

借：银行存款	36 000	
贷：投资收益		36 000

同时，预算会计记：

借：资金结存——货币资金	36 000	
贷：投资预算收益		36 000

【例4-23】 某事业单位转让五年期国库券，其面值为10万元，取得转让价款14万元。

财务会计记：

借：银行存款	140 000	
贷：长期债券投资		100 000
投资收益		40 000

同时，预算会计记：

借：资金结存——货币资金	140 000	
贷：投资预算收益		140 000

【例4-24】 期末，事业单位的“投资收益”贷方余额为7.6万元，进行结转。

借：投资收益	76 000	
贷：本期盈余		76 000

【例4-25】 年末，事业单位的“投资预算收益”贷方余额为17.6万元，进行转账。

借：投资预算收益	176 000	
贷：其他结余		176 000

二、利息收入和其他预算收入的平行核算

利息收入，是指行政事业单位取得的银行存款利息。为了核算行政事业单位取得的利息收入，单位财务会计应设置“利息收入”账户。贷方记取得的利息收入数，借方记收入退回数，平时贷方余额反映利息收入合计数。期末，将本账户余额全数转入“本期盈余”账户，结转后本账户无余额。

行政事业单位在进行预算会计核算时，应设置“其他预算收入”账户。本账户核算单位除财政拨款预算收入、事业预算收入、上级补助预算收入、附属单位上缴预算收入、经营预算收入、债务预算收入、非同级财政拨款预算收入、投资预算收益之外的纳入部门预算管理的现金流入，包括捐赠预算收入、利息预算收入、租金预算收入、现金盘盈收入等。贷方记实际收到利息、租金、捐赠等收入的金额；借方记利息、租金、捐赠等收入的转出金额；平时贷方余额反映利息、租金、捐赠等收入累计金额。年末将本账户累计金额转入“其他结余”账户，结转后本账户无余额。

【例 4－26】 某行政单位收到第二季度银行存款利息 1 456 元。

财务会计记：

借：银行存款 1 456

贷：利息收入 1 456

同时，预算会计记：

借：资金结存——货币资金 1 456

贷：其他预算收入 1 456

【例 4－27】 期末，行政单位的“利息收入”贷方余额为 1 456 元，进行结转。

借：利息收入 1 456

贷：本期盈余 1 456

三、租金收入和其他预算收入的平行核算

租金收入，是指行政事业单位经批准利用国有资产出租取得并按照规定纳入本单位预算管理的租金收入。为了核算行政事业单位取得的租金收入，单位财务会计应设置“租金收入”账户。贷方记取得的租金收入数，借方记收入退回数，平时贷方余额反映租金收入合计数。期末，将本账户余额全数转入“本期盈余”账户，结转后本账户无余额。“租金收入”账户按照出租国有资产类别和收入来源等进行明细核算。

【例 4－28】 某事业单位将临街的底楼出租，收到租金 12 万元。

财务会计记：

借：银行存款 120 000

贷：租金收入 120 000

同时，预算会计记：

借：资金结存——货币资金 120 000

贷：其他预算收入 120 000

【例 4－29】 期末，事业单位的“租金收入”贷方余额为 15 万元，进行结转。

借：租金收入 150 000

贷：本期盈余 150 000

四、捐赠收入和其他预算收入的平行核算

捐赠收入，是指行政事业单位接受其他单位或个人捐赠取得的收入。为了核算行政事业单位取得的捐赠收入，单位财务会计应设置“捐赠收入”账户。贷方记取得的捐赠收入数，借方记捐赠收入退回数，平时贷方余额反映捐赠收入合计数。期末，将本账户余额全数转入“本期盈余”账户，结转后本账户无余额。“捐赠收入”账户按照捐赠资产的用途和捐赠单位等进行明细核算。

【例 4－30】 某事业单位接受个人捐赠款 200 万元。

财务会计记：

借：银行存款 2 000 000

贷：捐赠收入 2 000 000

同时，预算会计记：

借：资金结存——货币资金　　2 000 000

　　贷：其他预算收入　　2 000 000

【例4-31】 某行政单位接受某公司捐赠一批被服物资，成本价为58万元（含税），发生运费3 000元。

借：库存物品　　58 000

　　贷：捐赠收入　　577 000

　　　　银行存款　　3 000

同时，预算会计记：

借：其他支出　　3 000

　　贷：资金结存——货币资金　　3 000

【例4-32】 期末，行政单位的“捐赠收入”贷方余额为58万元，进行结转。

借：捐赠收入　　580 000

　　贷：本期盈余　　580 000

五、其他收入和其他预算收入的平行核算

其他收入，是指行政事业单位取得的除财政拨款收入、非同级财政拨款收入、上级补助收入、附属单位上缴收入、事业收入、经营收入、投资收益、利息收入、租金收入、捐赠收入以外的各项收入，包括现金盘盈收入、按规定纳入单位预算管理的科技成果转化收入、行政单位收回已核销的其他应收款、无法偿付的应付及预收款项、置换换出资产评估增值等。

为了核算行政事业单位取得的其他收入，单位财务会计应设置“其他收入”账户。贷方记取得的其他收入数，借方记收入退回数，平时贷方余额反映其他收入合计数。期末，将本账户余额全数转入“本期盈余”账户，结转后本账户无余额。“其他收入”账户按照其他收入的类别、来源等进行明细核算。

【例4-33】 某事业单位出售废品，收到现金400元。

财务会计记：

借：库存现金　　400

　　贷：其他收入　　400

同时，预算会计记：

借：资金结存——货币资金　　400

　　贷：其他预算收入　　400

【例4-34】 某行政单位现金溢余200元。

盘盈时，财务会计记：

借：库存现金　　200

　　贷：待处理财产损溢　　200

同时，预算会计记：

借：资金结存——货币资金　　200

　　贷：其他预算收入　　200

无法查明原因，报经批准后转作收入。

借：待处理财产损溢　　200

贷：其他收入　　200

【例 4－35】 某事业单位无法偿付的应付账款 6 960 元。

财务会计记：

借：应付账款　　6 960

贷：其他收入　　6 960

同时，预算会计记：

借：资金结存——货币资金　　6 960

贷：其他预算收入　　6 960

【例 4－36】 期末，事业单位的“其他收入”贷方余额为 7 360 元，进行结转。

借：其他收入　　7 360

贷：本期盈余　　7 360

【例 4－37】 年末，行政单位的“其他预算收入”贷方累计金额为 60 156 元，进行转账。

借：其他预算收入　　60 156

贷：其他结余　　60 156

注：“债务预算收入”的核算，参看第三章第一节“借入款项的核算”内容。

第五章
单位费用和支出的核算

学习目标
- □ 了解行政事业单位费用和支出的概念及具体内容
- □ 掌握行政支出和事业支出的分类和管理
- □ 会对事业单位各项费用与支出进行核算

第一节　单位费用与支出概述

行政事业单位为完成行政任务和事业计划目标，在开展业务活动和其他活动过程中，必然会耗用资金和物资设备，导致现金流出，产生各项费用开支，主要内容如图5－1所示。

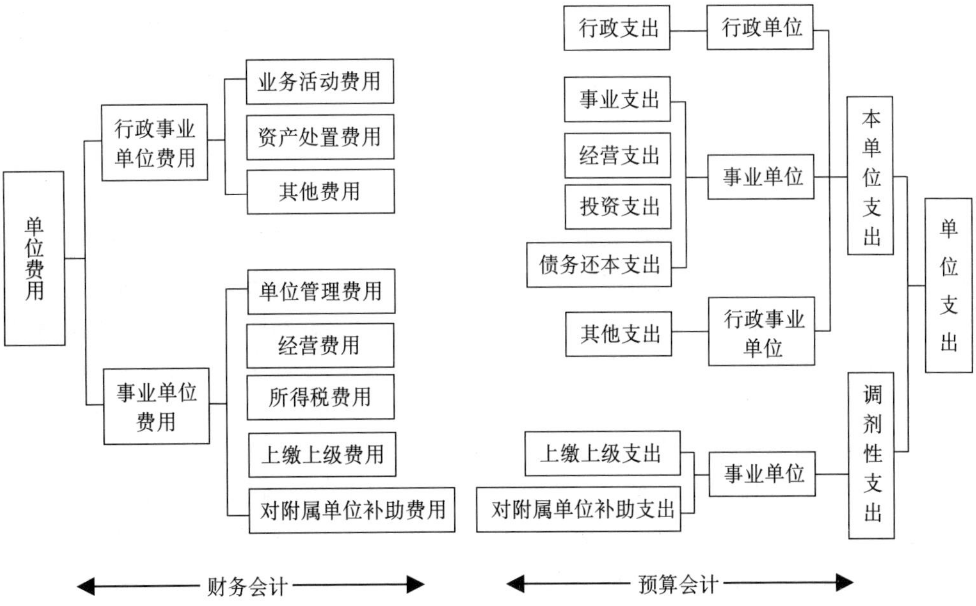

图5－1　行政事业单位费用与支出结构示意图

一、单位费用的内容

单位费用，是指报告期内导致政府会计主体净资产减少的、含有服务潜力或者经济利益的经济资源的流出。由于行政单位和事业单位的性质不同，日常发生的业务管理活动存在差异，事业单位较为复杂，因此，需要有针对性、有差别地对资金的运行进行分类管理核算。政府会计制度规定政府单位费用为业务活动费用、资产处置费用、其他费用、单位管理费用、经营费用、上缴上级费用、所得税费用和对附属单位补助费用八类，为了便于学习掌握，对行政事业单位发生的费用作如下分类：

（1）按费用发生主体的差异，分为行政事业单位同有的费用和事业单位特有的费用。其中，业务活动费用、资产处置费用和其他费用是行政单位和事业单位都会发生的，而单位管理费用、经营费用、上缴上级费用、所得税费用和对附属单位补助费用等5类属于事业单位费用。

（2）按资金是否真正耗费于本单位，分为本单位费用和调剂性费用。本单位费用是指行政事业单位在履职或开展各类活动中耗费的资金和损失，包括业务活动费用、单位管理费用、资产处置费用、其他费用、经营费用和所得税费用；调剂性费用是指在部门系统内部，调剂性分配资金进行上缴下补而出现资金的流出，包括上缴上级费用和对附属单位补助费用。

（3）按费用发生的范围不同，分为业务管理活动费用和经营活动费用。业务管理活动费用也称为非经营活动费用，是指单位在履职或开展专业活动和辅助活动过程中耗费的资金和损失，包括业务活动费用、资产处置费用、其他费用、单位管理费用等，经营活动费用是指单位在开展非独立核算经营活动中耗费的资金和损失，包括经营费用和所得税费用。

单位费用由行政事业单位的财务会计核算，通过各单位财务会计对本单位发生的各类费用进行核算汇总报告，可以准确反映政府各部门、各单位运行成本，有利于科学评价政府资源管理能力和绩效。

二、单位支出的内容

单位支出即行政事业单位预算支出，是指政府会计主体在预算年度内依法发生并纳入预算管理的现金流出。与单位费用同理，单位支出也需要分类管理核算，**一是**按支出主体分为行政单位支出（行政支出）、事业单位支出（事业支出、经营支出、投资支出和债务还本支出）和行政事业单位共有支出（其他支出）三类。**二是**按照资金是否真正耗费于本单位，将单位预算支出划分为本单位支出和调剂性支出。就本单位支出来看，行政事业单位有差异，行政单位只有行政支出和其他支出两项，而事业单位却有事业支出、经营支出、投资支出、债务还本支出和其他支出等四项。调剂性支出属于事业单位的支出项目，包括上缴上级支出和对附属单位补助支出两项。**三是**按支出的范围不同，分为业务活动支出（行政支出、事业支出、其他支出）和非业务活动支出（经营支出、投资支出和债务还本支出）。

单位支出由各行政事业单位预算会计核算，以反映政府各部门、各单位预算支出执行情况。

三、单位费用与单位支出的平行记账

根据政府会计制度对单位会计做“平行记账”的要求，对于纳入预算管理的现金收支，在采用财务会计核算的同时进行预算会计核算。上述费用和支出项目存在对应关系需要平行记账的科目见二维码。

[扫一扫]

费用与支出对应平行记账

第二节　本单位费用与支出的核算

一、业务活动费用、单位管理费用和行政（事业）支出的核算

（一）业务活动费用的内容

业务活动费用，是行政事业单位为实现其职能目标，依法履职或开展专业业务活动及其辅助活动所发生的各项费用。包括业务部门的有关开支，即支付职工工资、外部人员劳务费、领用物品、固定资产折旧、无形资产摊销、公共基础设施和保障性住房折旧、缴纳的税费、计提专用基金及其他费用。

（二）单位管理费用的内容

单位管理费用，是事业单位本级行政及后勤管理部门开展管理活动发生的各项费用，包括单位行政及后勤管理部门发生的人员经费、公用经费、资产折旧（摊销）等费用，以及由单位统一负担的离退休人员经费、工会经费、诉讼费、中介费等。

小提示：业务活动费用与单位管理费用的区别

一是会计主体有差异。行政单位和事业单位都要核算业务活动费用，而单位管理费用只有事业单位需要核算。二是费用的性质不同。业务活动费用产生于单位履职或业务活动、辅助活动中，而单位管理费用发生在行政后勤管理活动中。

（三）行政（事业）支出的内容和分类

行政支出，是行政单位履行其职责实际发生的各项现金流出。事业支出，是事业单位开展专业业务活动及其辅助活动实际发生的各项现金流出。行政（事业）支出是行政单位和

事业单位会计核算的主要对象，也是考核单位业绩的重要依据。单位应当根据合理来源渠道的收入统筹安排支出，其中，财政拨款收入必须按预算规定的用途使用，不得自行改变资金用途。

行政（事业）支出虽然发生在不同性质的单位，但是，支出的结构和具体内容大致相同，下面统一介绍这两项支出的分类。

1. 按照政府收支分类科目的要求进行分类

单位的行政（事业）支出按照《政府收支分类科目》中的“支出经济分类科目”进行分类，分为工资福利支出、商品和服务支出、对家庭和个人的补助以及其他资本性支出等，反映了单位支出的具体用途，如表5-1所示。

表5-1

科目编码		科目名称	说　明
类	款		
301		**工资福利支出**	反映单位开支的在职职工和编制外长期聘用人员的各类劳动报酬，以及为上述人员缴纳的各项社会保险费等。
	01	基本工资	反映按规定发放的基本工资。包括公务员的职务工资、级别工资；机关工人的岗位工资、技术等级工资；事业单位工作人员的岗位工资、薪级工资；各类学校毕业生试用期（见习期）工资、新参加工作工人学徒期、熟练期工资；军队（含武警）军官、文职干部的职务（专业技术等级）工资、军衔（级别）工资和军龄工资；军队士官的军衔等级工资和军龄工资等。
	02	津贴补贴	反映按规定开支的各项津贴和补贴，包括机关工作人员工作性津贴、生活性补贴、地区附加津贴、岗位津贴、机关事业单位艰苦边远地区津贴、事业单位工作人员特殊岗位津贴补贴、机关事业单位提租补贴、购房补贴、采暖补贴、物业服务补贴等。
	03	奖金	反映按规定发放的奖金，包括机关工作人员年终一次性奖金等。
	06	伙食补助费	反映单位发给职工的伙食补助费，因公负伤等住院治疗、住疗养院期间的伙食补助费。军队（含武警）人员的伙食费等。
	07	绩效工资	反映事业单位工作人员的绩效工资。
	08	机关事业单位基本养老保险缴费	反映单位为职工缴纳的基本养老保险费。由单位代扣的工作人员基本养老保险缴费，不在此科目反映。
	09	职业年金缴费	反映单位为职工实际缴纳的职业年金（含职业年金补记支出）。由单位代扣的工作人员职业年金缴费，不在此科目反映。
	10	职工基本医疗保险缴费	反映单位为职工缴纳的基本医疗保险费。
	11	公务员医疗补助缴费	反映按规定可享受公务员医疗补助单位为职工缴纳的公务员医疗补助费。

续表

科目编码		科目名称	说　明
类	款		
	12	其他社会保障缴费	反映单位为职工缴纳的失业、工伤、生育等社会保险费、残疾人就业保障金，军队（含武警）为军人缴纳的退役养老、医疗等社会保险费。生育保险和职工基本医疗保险合并实施的地区，相关缴费不在此科目反映。
	13	住房公积金	反映单位按规定为职工缴纳的住房公积金。
	14	医疗费	反映未参加医疗保险单位的医疗经费和单位按规定为职工支出的其他医疗费用。
	99	其他工资福利支出	反映上述项目未包括的工资福利支出，如各种加班工资、病假两个月以上期间的人员工资、职工探亲旅费、困难职工生活补助、编外长期聘用人员（不包括劳务派遣人员）劳务报酬及社保缴费等。
302		**商品和服务支出**	反映单位购买商品和服务的支出。不包括用于购置固定资产、战略性和应急性物资储备等资本性支出。
	01	办公费	反映单位购买日常办公用品、书报杂志等支出。
	02	印刷费	反映单位的印刷费支出。
	03	咨询费	反映单位咨询方面的支出。
	04	手续费	反映单位的各类手续费支出。
	05	水费	反映单位的水费、污水处理费等支出。
	06	电费	反映单位的电费支出。
	07	邮电费	反映单位开支的信函、包裹、货物等物品的邮寄费及电话费、电报费、传真费、网络通讯费等。
	08	取暖费	反映单位取暖用燃料费、热力费、炉具购置费、锅炉临时工工资、节煤奖以及由单位支付的未实行职工住房采暖补贴改革的在职职工和离退休人员宿舍取暖费等。
	09	物业管理费	反映单位开支的办公用房以及未实行职工住宅物业服务改革的在职职工和离退休人员宿舍等的物业管理费，包括综合治理、绿化、卫生等方面的支出。
	11	差旅费	反映单位工作人员国（境）内出差发生的城市间交通费、住宿费、伙食补助费和市内交通费。
	12	因公出国（境）费用	反映单位公务出国（境）的国际旅费、国外城市间交通费、住宿费、伙食补助费和市内交通费。
	13	维修（护）费	反映单位日常开支的固定资产（不包括车船等交通工具）修理和维护费用，网络信息系统运行与维护费用，以及按规定提取的修购基金。
	14	租赁费	反映租赁办公用房、宿舍、专用通讯网以及其他设备等方面的费用。

续表

科目编码		科目名称	说　明
类	款		
	15	会议费	反映单位在会议期间按规定开支的住宿费、伙食费、会议场地租金、交通费、文件印刷费、医药费等。
	16	培训费	反映除因公出国（境）培训费以外的，在培训期间发生的师资费、住宿费、伙食费、培训场地费、培训资料费、交通费等各类培训费用。
	17	公务接待费	反映单位按规定开支的各类公务接待（含外宾接待）费用。
	18	专用材料费	反映单位购买日常专用材料的支出。具体包括药品及医疗耗材、农用材料、兽医用品、实验室用品、专用服装、消耗性体育用品、专用工具和仪器、艺术部门专用材料和用品、广播电视台发射台发射机的电力、材料等方面支出。
	24	被装购置费	反映法院、检察院、公安、税务、海关等单位的被装购置支出。
	25	专用燃料费	反映用作业务工作设备的车、船设施等的油料支出。
	26	劳务费	反映支付给外单位和个人的劳务费用，如临时聘用人员、钟点工工资，稿费、翻译费，评审费等。
	27	委托业务费	反映因委托外单位办理业务而支付的委托业务费。
	28	工会经费	反映单位按规定提取或安排的工会经费。
	29	福利费	反映单位按规定提取的职工福利费。
	31	公务用车运行维护费	反映单位按规定保留的公务用车燃料费、维修费、过桥过路费、保险费、安全奖励费用等支出。
	39	其他交通费用	反映单位除公务用车运行维护费以外的其他交通费用。如公务交通补贴、租车费用、出租车费用、飞机、船舶等的燃料费、维修费、保险费等。
	40	税金及附加费用	反映单位提供劳务或销售产品应负担的税金及附加费用，包括消费税、城市维护建设税、资源税和教育费附加等。
	99	其他商品和服务支出	反映上述科目未包括的日常公用支出。如诉讼费、国内组织的会员费、来访费、广告宣传费以及离休人员特需费、离退休人员公用经费等。
303		对个人和家庭的补助	反映政府用于对个人和家庭的补助支出。
	01	离休费	反映机关事业单位和军队移交政府安置的离休人员的离休费、护理费以及提租补贴、购房补贴、采暖补贴、物业服务补贴等补贴。
	02	退休费	反映机关事业单位和军队移交政府安置的退休人员的退休费以及提租补贴、购房补贴、采暖补贴、物业服务补贴等补贴。

续表

科目编码		科目名称	说　明
类	款		
	03	退职（役）费	反映机关事业单位退职人员的生活补贴，一次性支付给职工或军官、军队无军籍退职职工、运动员的退职补助，一次性支付给军官、文职干部、士官、义务兵的退役费，按月支付给自主择业的军队转业干部的退役金。
	04	抚恤金	反映按规定开支的烈士遗属、牺牲病故人员遗属的一次性和定期抚恤金，伤残人员的抚恤金，离退休人员等其他人员的各项抚恤金，以及按规定开支的机关事业单位职工和离退休人员丧葬费。
	05	生活补助	反映按规定开支的优抚对象定期定量生活补助费，退役军人生活补助费，机关事业单位职工遗属生活补助，长期赡养人员补助费，由于国家实行退耕还林禁牧舍饲政策补偿给农牧民的现金、粮食支出，对农村党员、复员军人以及村干部的补助支出，人犯的伙食费、药费等。
	06	救济费	反映按规定开支的城乡贫困群众、灾民、归侨、外侨及其他人员的生活救济费。
	07	医疗费补助	反映机关事业单位和军队移交政府安置的离退休人员的医疗费，学生医疗费，优抚对象医疗补助，按国家规定资助居民参加城乡居民医疗保险（包括尚未整合的新型农村合作医疗、城乡居民基本医疗保险）的支出，对城乡贫困家庭的医疗救助支出。
	08	助学金	反映学校学生助学金、奖学金、学生贷款、出国留学（实习）人员生活费，青少年业余体校学员伙食补助费和生活费补贴，按照协议由我方负担或享受我方奖学金的来华留学生、进修生生活费等。
	09	奖励金	反映对个体私营经济的奖励、计划生育目标责任奖励、独生子女父母奖励等。
	10	个人农业生产补贴	反映对个人及新型农业经营主体（包括种粮大户、家庭农场、农业专业合作社等）发放的生产补贴支出，如国家对农民发放农业生产发展资金以及发放给残疾人的各种生产经营补贴等。
	99	其他对个人和家庭的补助	反映上述科目未包括的对个人和家庭的补助支出。
309		资本性支出（基本建设）	反映切块由发展改革部门安排的基本建设支出。
310		资本性支出	反映各单位安排的资本性支出。
	01	房屋建筑物购建	反映用于购买、自行建造办公用房、仓库、职工生活用房、教学科研用房、学生宿舍、食堂等建筑物（含附属设施，如电梯、通讯线路、水气管道等）的支出。

续表

科目编码		科目名称	说　明
类	款		
	02	办公设备购置	反映用于购置并按财务会计制度规定纳入固定资产核算范围的办公家具和办公设备的支出，以及按规定提取的修购基金。
	03	专用设备购置	反映用于购置具有专门用途、并按财务会计制度规定纳入固定资产核算范围的各类专用设备的支出。如通信设备、发电设备、交通监控设备、卫星转发器、气象设备、进出口监管设备等，以及按规定提取的修购基金。
	05	基础设施建设	反映用于农田设施、道路、铁路、桥梁、水坝和机场、车站、码头等公共基础设施建设方面的支出。
	06	大型修缮	反映按财务会计制度规定允许资本化的各类设备、建筑物、公共基础设施等大型修缮的支出。
	07	信息网络购建	反映用于信息网络和软件方面的支出。如服务器购置、软件购置、开发、应用支出等，如果购建的相关硬件、软件等不符合财务会计制度规定的固定资产确认标准的，不在此科目反映。
	08	物资储备	反映为应付战争、自然灾害或意料不到的突发事件而提前购置的具有特殊重要性的军事用品、石油、医药、粮食等战略性和应急性物质储备支出。
	13	公务用车购置	反映公务用车购置支出（含车辆购置税、牌照费）
	19	其他交通工具购置	反映除公务用车外的其他各类交通工具（如船舶、飞机等）购置支出（含车辆购置税、牌照费）。
	21	文物和陈列品购置	反映文物和陈列品购置支出。
	22	无形资产购置	反映著作权、商标权、专利权、土地使用权等无形资产购置支出。
	99	其他资本性支出	反映上述科目中未包括的资本性支出。

2. 按照部门预算的要求进行的分类

按照部门预算的要求，单位的行政（事业）支出可分为基本支出和项目支出两大类。

基本支出是行政事业单位保障其机构正常运行、完成日常工作任务所必需的资金耗费，主要包括工资福利支出、商品和服务支出、对个人和家庭的补助支出以及部分其他资本性支出。例如支付给工作人员的基本工资、社会保障缴费等；单位为完成日常工作所发生的办公费、邮电费、交通费等；为完成业务活动按规定购买复印机等办公设备等的支出，都属于单位的基本支出。

项目支出是行政事业单位为完成其特定的目标任务所发生的支出，主要包括：专项业务项目，以及大型修缮、大型购置、大型会议和其他项目。单位的项目支出一般都安排有专项资金来源。

行政事业单位要注意保持合理的支出结构。要处理好基本支出与项目支出的关系，优先保障基本支出的需要；在基本支出安排上，要处理好人员支出与公用支出的关系，严格执行国家关于工资、津贴、补贴和职工福利待遇等方面的规定，从严控制人员经费支出；在项目支出安排上，要根据轻重缓急和财力可能，进行妥善安排。同时，严格控制“三公经费”支出，把资金尽可能多地用于履职及事业发展。

（四）单位费用（支出）的管理要求

费用（支出）管理是行政事业单位财务管理的重要组成部分，也是财政部门或上级部门考核行政事业单位预算执行情况的重要内容。行政事业单位必须严格按照有关规定，采取切实可行的措施和办法，加强对费用（支出）的管理。

1. 严格按照预算确定的用途和数额支用

行政事业单位必须严格按照预算规定的用途使用资金，不得办理无预算、超预算范围的支出。同时，必须严格按照预算规定的开支标准支用，不得任意改变开支标准。对于违反财经纪律的开支，单位一律不得办理报销支付。

2. 保证单位基本支出的需要

行政事业单位应当要保证人员经费和单位日常公用经费开支的需要。对于符合预算的人员经费支出和维持单位的正常运转的基本公用经费支出切实予以落实。单位对于大型设备的购置和大型会议的召开等方面开支，应当要尽量控制和压缩。

3. 注意勤俭节约，降低行政（业务）成本

行政事业单位必须实行绩效管理，在办理各项开支时必须注意勤俭节约，既要考虑保证行政任务和事业计划的顺利完成，又要考虑合理节约地使用各项资金，努力使单位的每一笔支出都能够达到其应有的效果，以较低的成本耗费获取较大的业绩。

4. 对资金支出的薄弱环节实施重点管理

行政事业单位应当采用积极有效的措施，对难以控制的“人、会、电话等方面的支出实施重点管理。在人员经费管理方面，应当严格执行核定的编制数，不能超编；在会议费管理方面，应当健全审批制度，坚持务实、节约、高效的原则；在电话费管理方面，应当严格按照规定配备通讯工具，未经批准的单位不负担购置费及消耗费。

5. 严格项目支出管理

行政单位项目支出应当保证专款专用，不得任意改变内容或扩大使用范围。对于具有规定用途的资金，应严格按限定用途使用，不得任意挪用。应当为项目资金单独设账，反映和监督项目资金支出、进度和完成结算等情况。项目完成后，应当报送项目资金支出决算和使用效果的书面报告，接受财政部门或主管部门的检查、验收。

（五）业务活动费用、单位管理费用和行政（事业）支出的平行核算

1. 设置账户

（1）行政事业单位财务会计应设置“业务活动费用”（费用类）总账账户，对单位履职或开展业务活动发生各项费用进行核算。借方记本期发生的费用金额，贷方记当年费用冲减的金额；平时借方余额反映单位费用累计金额。期末，将本账户本期发生额转入本期盈余，结转后，本账户应无余额。

在“业务活动费用”总账账户下，应当按照项目、服务或者业务类别、支付对象等进

行明细核算，并按照成本项目进行归集。

（2）事业单位财务会计应设置“单位管理费用”（费用类）总账账户，对事业单位直接发生或摊入的各项管理活动费用进行核算。借方记本期发生的管理费用金额，贷方记当年收回或应收的金额；平时借方余额反映事业单位管理费用累计金额。期末，将本科目本期发生额转入本期盈余，借记“本期盈余”账户，贷记本账户。期末结转后，本账户应无余额。

在“单位管理费用”总账账户下，应当按照项目、费用类别、支付对象等进行明细核算。

“业务活动费用”和“单位管理费用”按成本核算需要，可分为工资福利费用、商品和服务费用、对个人和家庭的补助费用、对企业补助费用、固定资产折旧费、无形资产摊销费、公共基础设施折旧（摊销）费、保障性住房折旧费、计提专用基金等成本项目，设置明细账户进行成本归集。

（3）行政单位预算会计应设置“行政支出”（支出类）总账账户，对单位履职实际发生的现金流出数进行核算。借方记本期实际发生的行政支出数，贷方记当年支出收回数；平时借方余额反映行政支出累计数。年末，将本账户本年发生额中的财政拨款支出转入财政拨款结转，借记“财政拨款结转——本年收支结转”账户，贷记本账户下各财政拨款支出明细账户；将本账户本年发生额中的非财政专项资金支出转入非财政拨款结转，借记“非财政拨款结转——本年收支结转”账户，贷记本账户下各非财政专项资金支出明细账户；将本账户本年发生额中的其他资金支出（非财政非专项资金支出）转入其他结余，借记“其他结余”账户，贷记本账户下其他资金支出明细账户。结转后，本账户应无余额。

（4）事业单位预算会计应设置“事业支出”总账账户，借方记发生的事业支出的实际支出数，贷方记当年支出收回数；平时借方余额反映事业支出累计数。年末，将本账户本年发生额中的财政拨款支出转入财政拨款结转，借记“财政拨款结转——本年收支结转”账户，贷记本账户下各财政拨款支出明细账户；将本账户本年发生额中的非财政专项资金支出转入非财政拨款结转，借记“非财政拨款结转——本年收支结转”账户，贷记本账户下各非财政专项资金支出明细账户；将本账户本年发生额中的其他资金支出（非财政非专项资金支出）转入其他结余，借记“其他结余”账户，贷记本账户下其他资金支出明细账户。结转后，本账户应无余额。

在“行政（事业）支出”总账账户下，应当分别按照“财政拨款支出”“非财政专项资金支出”和“其他资金支出”“基本支出”和“项目支出”等层级进行明细核算，并按照《政府收支分类科目》中“支出功能分类科目”的项级科目进行明细核算；“基本支出”和“项目支出”明细账户下应当按照《政府收支分类科目》中“部门预算支出经济分类科目”的款级科目进行明细核算，同时在“项目支出”明细账户下按照具体项目进行明细核算。

上述账户明细分类及其平行记账间的关系，如二维码所示。

[扫一扫]

账户间平行对应关系分解图

2. 账务处理

（1）使用财政拨款产生的费用（支出）核算。行政事业单位使用财政拨款履职或开展业务活动，根据用途不同，分为基本支出业务和项目支出业务，按照拨款方式不同又区分为财政直接直付的支出业务和财政授权支付的支出业务。

①基本支出业务的核算。账务处理分以下两种情况：

第一，直接支付业务。包括工资支出、商品和服务支出、会议费支出、国内及境外学习考察支出、工程采购支出、拨款支出等。

【例 5－1】 某事业单位××年 1 月份采用财政授权支付方式发放工资，本单位在职在编 10 人，其中，张天怡和陈刚是单位管理人员，其余属于专业技术人员。本月应发基本工资总额 91 641.21 元，扣职工养老保险费、医疗保险费和失业保险费共 3 138 元，职业年金 1 540 元，住房公积金 4 790 元，个人所得税 817.27 元，实发 81 355.94 元。本月工资发放计算明细资料见表 5－2。

表 5－2

姓名	应发工资	三项保险金	职业年金	住房公积金	专项附加扣除	个人所得税
张天怡	10 000.00	340.00	160	300.00	1 000	96.00
陈刚	15 896.00	430.00	220	800.00	3 000	193.38
江岚	8 000.00	298.00	140	400.00	2 000	4.86
赵思伟	12 563.21	368.00	190	800.00	1 000	156.16
肖睿	5 968.00	248.00	120	350.00	0.00	7.50
程洪波	9 861.36	310.00	150	400.00	400	108.03
余利国	3 420.00	198.00	100	300.00	1 500	0.00
薛丽娟	4 310.25	218.00	110	300.00	0.00	0.00
林智铨	16 930.09	482.00	230	840.00	2 000	251.34
温志锋	4 692.30	246.00	120	300.00	400	0.00
合计	91 641.21	3 138	1 540	4 790	11 300	817.27

- 计提时，财务会计记：

借：业务活动费用——工资福利费用　　65 745.21

　　单位管理费用——工资福利费用　　25 896.00

　　贷：应付职工薪酬——基本工资　　91 641.21

- 实际发放工资并代扣款项和预扣个税时，财务会计记：

借：应付职工薪酬——基本工资　　91 641.21

　　贷：零余额账户用款额度　　81 355.94

　　　　其他应交税费——应交个人所得税　　817.27

　　　　应付职工薪酬——社会保险费　　3 138.00

——职业年金　　1 540.00
——住房公积金　　4 790.00

同时，预算会计记：

借：事业支出——财政拨款支出——基本支出——基本工资
　　81 355.94
贷：资金结存——零余额账户用款额度　　81 355.94

• 单位计提单位应为职工缴存的住房公积金 4 790 元，其中，单位管理人员 1 100 元，专业技术人员 3 690 元，财务会计记：

借：业务活动费用　　3 690
单位管理费用　　1 100
贷：应付职工薪酬——住房公积金　　4 790

• 缴税和缴纳社会保险费、职业年金、住房公积金时，财务会计记：

借：其他应交税费——应交个人所得税　　817.27
应付职工薪酬——社会保险费　　3 138.00
——职业年金　　1 540.00
——住房公积金　　4 790.00
贷：零余额账户用款额度　　10 285.27

同时，预算会计记：

借：事业支出——财政拨款支出——基本支出——基本工资
　　10 285.27
贷：资金结存——零余额账户用款额度　　10 285.27

【例 5-2】 某行政单位××年 12 月发放工资，资料如下：应付基本工资 17.5 万元，各种津贴及补贴 6.5 万元，退休费 2.3 万元。代扣职工养老保险 1.2 万元，医疗保险 4.8 万元，失业保险 1.2 万元，住房公积金 2.4 万元，扣缴个人所得税 3 000 元，实发工资 14.1 万元。

• 计提时，财务会计记：

借：业务活动费用——工资福利费用　　240 000
贷：应付职工薪酬——基本工资　　175 000
——国家统一规定的津贴补贴　　65 000

• 实际发放工资并代扣款项时，财务会计记：

借：应付职工薪酬——基本工资　　175 000
——国家统一规定的津贴补贴　　65 000
贷：财政拨款收入　　141 000
其他应交税费——应交个人所得税　　3 000
应付职工薪酬——社会保险费　　72 000
——住房公积金　　24 000

同时，预算会计记：

借：行政支出——财政拨款支出——基本支出——基本工资　　76 000
——津贴补贴　　65 000
贷：财政拨款预算收入——基本支出——人员经费　　141 000

- 实际缴税和缴纳社会保险费、住房公积金时，财务会计记：

借：其他应交税费——应交个人所得税　　3 000
　　应付职工薪酬——社会保险费　　72 000
　　　　　　　　——住房公积金　　24 000
　　贷：财政拨款收入　　99 000

同时，预算会计记：

借：行政支出——财政拨款支出——基本支出——基本工资　　99 000
　　贷：财政拨款预算收入——基本支出——人员经费　　99 000

第二，授权支付业务。是指未纳入直接支付的工资支出，工程采购支出，货物、服务采购支出管理的购买支出和零星支出。如临时人员费、非本单位在编人员的个人劳务报酬、临时人员社会保障和住房公积金支出；职工差旅费、职工预借款项；特别紧急支出等。

【例5－3】 某事业单位开出转账支票，从“零余额账户用款额度”中支付复印机修理费2 600元。

财务会计记：

借：单位管理费用——商品和服务费用　　2 600
　　贷：零余额账户用款额度　　2 600

同时，预算会计记：

借：事业支出——财政拨款支出——基本支出——维修费　　2 600
　　贷：资金结存——零余额账户用款额度　　2 600

【例5－4】 某事业单位接到代理银行通知支付水费7 200元，开出转账支票从“零余额账户用款额度”中支付。根据计算分摊由业务部门承担4 000元，行政管理及后勤部门承担3 200元。

财务会计记：

借：业务活动费用——商品和服务费用　　4 000
　　单位管理费用——商品和服务费用　　3 200
　　贷：零余额账户用款额度　　7 200

同时，预算会计记：

借：事业支出——财政拨款支出——基本支出——水费　　7 200
　　贷：资金结存——零余额账户用款额度　　7 200

【例5－5】 某事业单位购买材料（非政府采购项目），向A公司预付款5 400元，开出财政授权支付凭证，通知代理银行付款。

财务会计记：

借：预付账款——A公司　　5 400
　　贷：零余额账户用款额度　　5 400

同时，预算会计记：

借：事业支出——财政拨款支出——基本支出——专用材料费　　5 400
　　贷：资金结存——零余额账户用款额度　　5 400

【例5－6】 该事业单位内业务部门领用库存的甲材料一批，计价500元。

财务会计记：

借：业务活动费用——商品和服务费用　　500
　　贷：库存物品——甲材料　　500

【例5-7】 某行政单位开出授权凭证，通知代理银行支付电话费3 800元。

财务会计记：

借：业务活动费用——商品和服务费用　　3 800
　　贷：零余额账户用款额度　　3 800

同时，预算会计记：

借：行政支出——财政拨款支出——基本支出——邮电费　　3 800
　　贷：资金结存——零余额账户用款额度　　3 800

【例5-8】 某行政单位开出转账支票，从"零余额账户用款额度"中支付印刷费2 400元。

财务会计记：

借：业务活动费用——商品和服务费用　　2 400
　　贷：零余额账户用款额度　　2 400

同时，预算会计记：

借：行政支出——财政拨款支出——基本支出——印刷费　　2 400
　　贷：资金结存——零余额账户用款额度　　2 400

②项目支出业务的核算。项目支出业务有特定、专门的用途，应与基本支出业务分开管理与核算，不能互相混淆。另外，项目支出的业务也可以通过财政直接支付和财政授权支付进行资金结算。

【例5-9】 某事业单位对危房及附属设施进行维修，通过零余额账户付款53万元，该项支出已纳入本年项目预算。

财务会计记：

借：单位管理费用——商品和服务费用　　530 000
　　贷：零余额账户用款额度　　530 000

同时，预算会计记：

借：事业支出——财政拨款支出——项目支出——大型修缮　　530 000
　　贷：资金结存——零余额账户用款额度　　530 000

【例5-10】 某行政单位收到财政国库支付执行机构委托代理银行转来的财政直接支付入账通知书，支付召开本级政府人大会议费，共计16万元。

财务会计记：

借：业务活动费用——商品和服务费用　　160 000
　　贷：财政拨款收入　　160 000

同时，预算会计记：

借：行政支出——财政拨款支出——项目支出——会议费　　160 000
　　贷：财政拨款预算收入——项目支出——本级人大会议费　　160 000

由于费用与支出是行政事业单位日常发生得最多、最复杂的业务，是单位会计核算的主要对象，因此，需要进行总分类和明细分类核算。例如，事业单位预算会计在"事业支出"总账账户下，根据核算需要应设置明细账，按政府预算支出科目设置明细账和专栏进行明细核算。现以上述例5－1、例5－3至例5－6、例5－9为例，说明“事业支出明细账”的登记方法，见表5－3。

表5－3 **事业支出明细账**

明细科目或户名：财政拨款支出 单位：元

年		凭证号	摘要	借方	贷方	余额	人员支出		公用支出						其他资本性支出	
月	日						基本工资	津贴补贴	办公费	印刷费	水费	邮电费	维修费	专用材料费	专用设备购置费	大型修缮
			发工资	91 641.21		91 641.21	91 641.21									
			付维修费	2 600		94 241.21							2 600			
			付水费	7 200		101 441.21					7 200					
			付材料费	5 400		106 841.21								5 400		
			付修缮费	530 000		636 841.21										530 000
			合　计			636 841.21	91 641.21				7 200		2 600	5 400		530 000

对上述发生的业务，事业单位的财务会计也需要同时登记“业务活动费用”和“单位管理费用”明细账，见表5－4、表5－5。

表5－4 **业务活动费用明细账**

明细科目或户名： 单位：元

年		凭证号	摘要	借方	贷方	余额	工资福利费		商品和服务费用						其他资本性支出	
月	日						基本工资	津贴补贴	办公费	印刷费	水费	邮电费	维修费	专用材料费	专用设备购置费	大型修缮
			发工资	65 745.21		65 745.21	65 745.21									
			付水费	4 000		69 745.21					4 000					
			领用材料	500		70 245.21								500		
			合　计	70 245.21		70 245.21	65 745.21				4 000			500		

表5－5 **单位管理费用明细账**

明细科目或户名： 单位：元

年		凭证号	摘要	借方	贷方	余额	工资福利费		商品和服务费用						其他资本性支出	
月	日						基本工资	津贴补贴	办公费	印刷费	水费	邮电费	维修费	专用材料费	专用设备购置费	大型修缮
			发工资	25 896		25 896										
			付维修费	2 600		28 496							2 600			
			付水费	3 200		31 696					3 200					
			付修缮费	530 000		561 696										530 000
			合　计	561 696		561 696	91 641.21				7 200		2 600	5 400		530 000

同理，行政单位预算会计在“行政支出”总账账户下设明细账进行明细核算。财务会计在“业务活动费用”总账账户下设明细账进行明细核算。以上述例 5－2、例 5－7、例 5－8、例 5－10 为例登记“行政支出”明细账，见表 5－6、表 5－7。

表 5－6　　　　行政支出明细账

明细科目或户名：财政拨款支出　　　　单位：元

年		凭证号	摘要	借方	贷方	余额	人员支出		公用支出						其他资本性支出	
月	日						基本工资	津贴补贴	办公费	印刷费	水费	邮电费	维修费	会议费	专用设备购置费	大型修缮
			发工资	175 000		175 000	175 000									
			发津补贴	65 000		240 000		65 000								
			付邮电费	3 800		243 800						3 800				
			付印刷费	2 400		246 200				2 400						
			付会议费	160 000		406 200								160 000		
			合　计	406 200		406 200	175 000	65 000		2 400		38 000		160 000		

表 5－7　　　　业务活动费用明细账

明细科目或户名：　　　　单位：元

年		凭证号	摘要	借方	贷方	余额	工资福利费		商品和服务费用						其他资本性支出	
月	日						基本工资	津贴补贴	办公费	印刷费	水费	邮电费	维修费	会议费	专用设备购置费	大型修缮
			发工资	175 000		175 000	175 000									
			发津补贴	65 000		240 000		65 000								
			付邮电费	3 800		243 800						3 800				
			付印刷费	2 400		246 200				2 400						
			付会议费	160 000		406 200								160 000		
			合　计	406 200		406 200	175 000	65 000		2 400		38 000		160 000		

（2）使用非财政专项资金产生费用（支出）核算。非财政专项资金是指由上级单位或其他部门拨入的指定项目或用途并需单独结报的资金。单位应对收到的专项资金加强管理，**一是**必须专款专用、单独核算，不得随意改变项目内容或扩大使用范围。**二是**必须按照规定及时报送专项资金专题材料，在项目实施过程中，及时向拨款单位报送专项资金使用情况；项目完成后，应当报送专项资金支出决算和使用效果的书面报告，并接受拨款单位的检查、验收。

【例 5－11】 某事业单位在甲课题研究中发生如下经济业务：

①收到科委拨来的课题费 90 万元。

财务会计记：

借：银行存款　　900 000

　贷：事业收入——甲课题经费　　900 000

同时，预算会计记：

借：资金结存——货币资金　　900 000

　贷：事业预算收入——非同级财政拨款　　900 000

②领用一批实验用材料，计 18.7 万元。

借：业务活动费用——商品和服务费用　　187 000

　贷：库存物品　　187 000

③为研究该课题，购买专用设备一台，价值 65 万元，款通过银行支付，设备已验收交付使用。

财务会计记：

借：固定资产　　650 000

　贷：银行存款　　650 000

同时，预算会计记：

借：事业支出——非财政专项资金支出——甲课题——专用设备购置　　650 000

　贷：资金结存——货币资金　　650 000

④以现金支付课题组研究人员报销的差旅费 3 000 元。

财务会计记：

借：业务活动费用——商品和服务费用　　3 000

　贷：库存现金　　3 000

同时，预算会计记：

借：事业支出——非财政专项资金支出——甲课题——差旅费　3 000

　贷：资金结存——货币资金　　3 000

⑤开出转账支票购买课题所需办公用品，计 2 000 元。

财务会计记：

借：业务活动费用——商品和服务费用　　2 000

　贷：银行存款　　2 000

同时，预算会计记：

借：事业支出——非财政专项资金支出——甲课题——办公费　2 000

　贷：资金结存——货币资金　　2 000

⑥甲课题研究结束，全部费用为 84.2 万元，余款 5.8 万元，按规定留给单位使用。结账时，将已完工的专款支出向拨款单位报账。假设没有其他调整事项和纳税事项。

结账时，财务会计记：

借：事业收入——甲课题经费　　900 000

　贷：本期盈余　　900 000

借：本期盈余　　842 000

　贷：业务活动费用　　842 000

借：本期盈余　　58 000
　　贷：本年盈余分配　　58 000
借：本年盈余分配　　58 000
　　贷：专用基金　　58 000

结账时，预算会计记：

借：事业预算收入——非同级财政拨款　　900 000
　　贷：非财政拨款结转——本年收支结转　　900 000
借：非财政拨款结转——本年收支结转　　842 000
　　贷：事业支出——非财政专项资金支出　　842 000
借：非财政拨款结转——本年收支结转　　900 000
　　贷：非财政拨款结转——累计结转　　900 000
借：非财政拨款结转——累计结转　　842 000
　　贷：非财政拨款结转——本年收支结转　　842 000
借：非财政拨款结转——累计结转　　58 000
　　贷：非财政拨款结余——结转转入　　58 000
借：非财政拨款结余——结转转入　　58 000
　　贷：非财政拨款结余——累计结余　　58 000
借：非财政拨款结余——累计结余　　58 000
　　贷：非财政拨款结余分配　　58 000
借：非财政拨款结余分配　　58 000
　　贷：专用结余　　58 000

（3）使用其他资金产生的费用（支出）核算。其他资金是指单位取得的除财政拨款收入和非财政专项资金收入以外的事业收入、上级补助收入、附属单位上缴收入、捐赠收入、利息收入、租金收入和其他收入，单位可以用于开展专业及辅助活动。

【例 5－12】 某职业学校应付给外聘教师姚丹课酬 4 560 元，预扣个人所得税 729.60 元，实付 3 830.40 元。

计提时，财务会计记：

借：业务活动费用——商品和服务费用　　4 560
　　贷：其他应付款　　4 560

实际支付并预扣个人所得税时，财务会计记：

借：其他应付款　　4 560.00
　　贷：银行存款　　3 830.40
　　　　其他应交税费——应交个人所得税　　729.60

支付时，预算会计记：

借：事业支出——其他资金支出——基本支出——劳务费　　3 830.40
　　贷：资金结存——货币资金　　3 830.40

【例 5－13】 某事业单位接待协作单位人员，报销餐费 800 元，以现金支付。

财务会计记：

借：单位管理费用——商品和服务费用　　800

贷：库存现金 800

同时，预算会计记：

借：事业支出——其他资金支出——基本支出——公务接待费 3 000

贷：资金结存——货币资金 3 000

【例5-14】 某行政单位用现金支付职工报销的业务培训费3 000元。

财务会计记：

借：业务活动费用——商品和服务费用 3 000

贷：银行存款 3 000

同时，预算会计记：

借：行政支出——其他资金支出——基本支出——培训费 3 000

贷：资金结存——货币资金 3 000

【例5-15】 某行政单位开出转账支票，支付租赁费4.2万元。

财务会计记：

借：业务活动费用——商品和服务费用 42 000

贷：银行存款 42 000

同时，预算会计记：

借：行政支出——其他资金支出——基本支出——租赁费 42 000

贷：资金结存——货币资金 42 000

（4）计提折旧（摊销）、基金、纳税等产生的费用核算。行政事业单位按照规定可以对本单位占有的固定资产计提折旧，无形资产进行摊销，从收入中按一定比例提取专用基金，在开展业务活动中负担缴纳税金及附加等。在上述情形发生时，单位财务会计应当列入费用进行账务处理。

【例5-16】 某事业单位计提折旧的情况如下：业务部门的折旧费用为66 720元，管理部门的折旧费用为4.2万元。

财务会计记：

借：业务活动费用 66 720

单位管理费用 42 000

贷：固定资产累计折旧 108 720

【例5-17】 某行政单位一个管理软件，按月计提的无形资产摊销金额是2 378元。

财务会计记：

借：业务活动费用 2 378

贷：无形资产累计摊销 2 378

【例5-18】 某事业单位按本年取得的事业收入和主管部门规定的计提比例计算出当年应计提修购基金3.2万元。

财务会计记：

借：业务活动费用 32 000

贷：专用基金——修购基金 32 000

【例5-19】 某事业单位拥有一辆气缸容量为3升的乘用车和一辆中型商用客车（这两辆车均属行政后勤部门使用），按当地政府规定的税率计算应纳车船税共计为2 600元。

借：单位管理费用　　　　　　　　　　　　　　　　2 600
　　贷：其他应交税费——应交车船税　　　　　　　　　2 600

二、所得税费用及经营费用与经营支出的平行核算

为了更好地增强文化事业单位的自身发展能力，国家规定事业单位确保完成国家规定的各项任务的前提下，可以利用各自的知识、技术和设备等条件，开展了一些有偿服务和举办一些经营性活动，如文化事业单位可以提供音像资料和科技、文化艺术咨询，从事书画展销、戏装租赁等类项目，也可以开办一些服务性的经营项目，如开设小卖部、冷热饮食部、招待所、餐厅。取得的收入用于补充事业经费的不足，支持公共事业的发展。

事业单位在开展非独立核算的经营活动中应加强管理，努力提高经营效益，降低耗费。对经营活动中发生的各项费用支出进行正确归集核算，并把经营收入与经营支出进行配比，以真实反映事业单位的经营成果。为此，事业单位财务会计和预算会计应按经营活动的类别或项目，分别对经营费用和经营支出项目进行核算。

经营费用，是事业单位在专业业务活动及其辅助活动之外开展非独立核算经营活动发生的各项费用。事业单位财务会计应设置“经营费用”（费用类）总账账户进行核算。借方记发生的各项经营活动费用及由经营活动产生的税费，贷方记经营费用的收回数，余额在借方，平时借方余额反映单位当期经营费用累计数，期末将“经营费用”账户余额本期发生额转入本期盈余，借记“本期盈余”账户，贷记“经营费用”。期末结转后，“经营费用”账户应无余额。

“经营费用”应当按照经营活动类别、项目、支付对象等进行明细核算。为了满足成本核算需要，本账户下还可按照“工资福利费用”“商品和服务费用”“对个人和家庭的补助费用”“固定资产折旧费”“无形资产摊销费”等成本项目设置明细账户，归集能够直接计入单位经营活动或采用一定方法计算后计入单位经营活动的费用。

经营支出，是事业单位在专业业务活动及其辅助活动之外开展非独立核算经营活动中实际发生的各项现金流出。事业单位预算会计应设置“经营支出”（支出类）总账账户，借方记发生的各项经营支出，贷方记经营支出的收回数，余额在借方，平时借方余额反映单位当年经营支出累计数，年末将“经营支出”本年发生额转入经营结余，借记“经营结余”账户，贷记“经营支出”。年末结转后，“经营支出”应无余额。

“经营支出”应当按照经营活动类别、项目、《政府收支分类科目》中“支出功能分类科目”的项级科目和“部门预算支出经济分类科目”的款级科目等进行明细核算。

另外，有经营所得的事业单位应按规定及时足额计算缴纳企业所得税，并对产生的所得税费用进行核算。事业单位财务会计应设置“所得税费用”（费用类）账户，借方记按照税法规定计算的应交企业所得税金数额，贷方一般没有发生额，平时借方余额反映事业单位缴纳企业所得税形成的费用累计数，年末，将本账户本年发生额转入本期盈余，借记“本期盈余”账户，贷记本账户。年末结转后，本账户应无余额。

【例 5－20】 某事业单位附属非独立核算的招待所，××年 6 月份发生以下经济业务：

（1）计算并以现金发放招待所员工本月工资 6 960 元，其中：基本工资 4 500 元，津贴 2 460 元。

计算时，财务会计记：

借：经营费用——招待所——工资福利费用 6 960
贷：应付职工薪酬——基本工资 4 500
——国家统一规定的津贴补贴 2 460

发放时，财务会计记：

借：应付职工薪酬——基本工资 4 500
——国家统一规定的津贴补贴 2 460
贷：库存现金 6 960

同时，预算会计记：

借：经营支出——招待所——基本工资 4 500
——津贴补贴 2 460
贷：资金结存——货币资金 6 960

（2）开出转账支票，购买10张床，共计7 500元。

财务会计记：

借：固定资产 7 500
贷：银行存款 7 500

同时，预算会计记：

借：经营支出——招待所——专用设备购置费 7 500
贷：资金结存——货币资金 7 500

（3）发生维修费用3 300元，用银行存款支付。

财务会计记：

借：经营费用——招待所——工资福利费用 3 300
贷：银行存款 3 300

同时，预算会计记：

借：经营支出——招待所——维修费 3 300
贷：资金结存——货币资金 3 300

（4）计提本月折旧费用为9 100元。

财务会计记：

借：经营费用——招待所——固定资产折旧费 9 100
贷：固定资产累计折旧 9 100

【例5－21】 某事业单位附设非独立核算小超市（小规模纳税人），××年10月份发生以下部分经济业务：

（1）以现金支付差旅费1 800元。

财务会计记：

借：经营费用——小超市——商品和服务费用 1 800
贷：库存现金 1 800

同时，预算会计记：

借：经营支出——小超市——差旅费 1 800
贷：资金结存——货币资金 1 800

（2）开出转账支票支付电费2 240元。

财务会计记：

借：经营费用——小超市——商品和服务费用　　2 200

　　贷：银行存款　　2 200

同时，预算会计记：

借：经营支出——小超市——电费　　2 200

　　贷：资金结存——货币资金　　2 200

（3）本月实现销货收入 5 万元（不含税），增值税征收率为 3%，城建税税率为 7%，教育费附加征收率为 3%，地方教育费附加率为 2%。

应交增值税 =50 000 ×3% =1 500（元）

应交城建税 =1 500 ×7% =105（元）

应交教育费附加 =1 500 ×3% =45（元）

应交地方教育费附加 =1 500 ×2% =30（元）

计税时，财务会计记：

借：银行存款　　51 500

　　贷：经营收入——小超市　　50 000

　　　　应交增值税　　1 500

借：经营费用——小超市——其他应交税费　　180

　　贷：其他应交税费——应交城建税　　105

　　　　　　　　　　——应交教育费附加　　45

　　　　　　　　　　——应交地方教育费附加　　30

同时，预算会计记：

借：资金结存——货币资金　　51 500

　　贷：经营预算收入——小超市　　51 500

缴税时，财务会计记：

借：应交增值税　　1 500

　　其他应交税费——应交城建税　　105

　　　　　　　　——应交教育费附加　　45

　　　　　　　　——应交地方教育费附加　　30

　　贷：银行存款　　1 680

同时，预算会计记：

借：经营支出——小超市——税费　　1 680

　　贷：资金结存——货币资金　　1 680

（4）计算本月应交企业所得税 11 830 元。

计税时，财务会计记：

借：所得税费用　　11 830

　　贷：其他应交税费——单位应交所得税　　11 830

缴税时，财务会计记：

借：其他应交税费——单位应交所得税　　11 830

　　贷：银行存款　　11 830

同时，预算会计记：

借：非财政拨款结余——累计结余　　11 830

　贷：资金结存——货币资金　　11 830

三、其他费用和其他支出的核算

（一）资产处置费用

1. 资产处置费用的概念及账户设置

资产处置是指行政事业单位对其占有、使用的国有资产进行产权转让或注销产权的行为。资产处置的范围主要包括：闲置资产；低效运转或超标准配置的资产；因技术原因并经过科学论证确需报废淘汰的资产、因单位分离、撤销、合并、改制、隶属关系改变等原因发生产权转移的资产；盘亏、呆账及非正常损失的资产；已超过使用年限无法使用的资产；依据国家有关规定需要处置的资产。行政事业单位处置资产必须报批，可采用的处置方式有无偿调拨、出售、出让、转让、置换、对外捐赠、报废、毁损以及货币性资产损失核销等。

资产处置费用就是行政事业单位经批准处置资产时发生的费用，包括转销的被处置资产价值，以及在处置过程中发生的相关费用或者处置收入小于相关费用形成的净支出。行政事业单位财务会计应设置“资产处置费用”（费用类）总账账户进行核算，借方登记资产转销金额、发生的处置费用以及处置收入与处置费用的差额，贷方一般没有发生额；平时借方余额反映处置资产的价值及费用累计数，期末，将本账户本期发生额转入本期盈余，借记“本期盈余”账户，贷记本账户。期末结转后，本账户应无余额。

2. 账务处理

【例 5－22】 某行政单位经批准将一台闲置的服务器转让，原价 5 万元，累计折旧 1.2 万元，变价收入 4 万元，已存入银行，并以现金支付运费 200 元。

（1）转销被处置资产账面价值时，财务会计记：

借：资产处置费用　　38 000

　　固定资产累计折旧　　12 000

　贷：固定资产　　50 000

（2）处置过程中发生相关费用时，财务会计记：

借：资产处置费用　　200

　贷：库存现金　　200

同时，预算会计记：

借：其他支出　　200

　贷：资金结存——货币资金　　200

（3）取得收入时，将处置资产的收付差额转入“应缴财政款”账户，财务会计记：

借：银行存款　　40 000

　贷：资产处置费用　　38 200

　　　应缴财政款　　1 800

【例 5－23】 某事业单位在资产清查时盘亏自用的乙材料 2 千克，价值 1 500 元，经批准予核销。

清查时，财务会计记：

借：待处理资产损溢　　1 500
　　贷：库存物品——乙材料　　1 500

报经批准予以核销时，财务会计记：

借：资产处置费用　　1 500
　　贷：待处理资产损溢　　1 500

【例 5-24】 期末，某事业单位财务会计将“资产处置费用”账户借方余额为 6.25 万元，转入“本期盈余”账户。

借：本期盈余　　62 500
　　贷：资产处置费用　　62 500

（二）其他费用和其他支出的平行核算

1. 其他费用与其他支出的概念及账户设置

其他费用是指行政事业单位发生的除业务活动费用、单位管理费用、经营费用、资产处置费用、上缴上级费用、附属单位补助费用、所得税费用以外的各项费用，包括利息费用、坏账损失、罚没支出、现金资产捐赠支出以及相关税费、运输费等。

行政事业单位财务会计应设置“其他费用”（费用类）总账账户，对单位发生的各项其他费用进行核算。借方记本期发生的各项费用，贷方记冲减数，平时借方余额反映其他费用累计数。期末，将本账户本期发生额转入本期盈余，借记“本期盈余”账户，贷记本账户。期末结转后，本账户应无余额。

注意：单位发生的利息费用较多的，可以单独设置“5701 利息费用”科目。

其他支出是指行政事业单位除行政支出、事业支出、经营支出、上缴上级支出、对附属单位补助支出、投资支出、债务还本支出以外的各项现金流出，包括利息支出、对外捐赠现金支出、现金盘亏损失、接受捐赠（调入）和对外捐赠（调出）非现金资产发生的税费支出、资产置换过程中发生的相关税费支出、罚没支出等。

单位应加强对其他支出管理，一是从严控制其他支出。列支其他支出必须符合规定的开支范围，不得随意列支。二是严格审核列支的项目和内容。列支其他支出必须有详细的项目名称，内容必须翔实，不能把没有名目的支出、没有详细内容的支出等列入其他支出。

行政事业单位预算会计应设置“其他支出”（支出类）总账账户。借方记各类其他支出发生数，贷方记支出收回数，平时借方余额反映其他支出累计数。年末，将本账户本年发生额中的财政拨款支出转入财政拨款结转，借记“财政拨款结转——本年收支结转”账户，贷记本账户下各财政拨款支出明细账户；将本账户本年发生额中的非财政专项资金支出转入非财政拨款结转，借记“非财政拨款结转——本年收支结转”账户，贷记本账户下各非财政专项资金支出明细账户；将本账户本年发生额中的其他资金支出（非财政非专项资金支出）转入其他结余，借记“其他结余”账户，贷记本账户下各其他资金支出明细账户。年末结转后，本账户应无余额。

2. 账务处理

【例 5-25】 某事业单位归还给银行一年期借款，本金 10 万元，利息 6 310 元。

财务会计记：

借：短期借款　　100 000
　　其他费用——利息费用　　6 310
　　贷：银行存款　　106 310

同时，预算会计记：

借：债务还本支出　　100 000
　　其他支出——利息支出　　6 310
　　贷：资金结存——货币资金　　106 310

【例 5－26】 某事业单位用其他资金捐赠给雁山希望小学 20 万元。

财务会计记：

借：其他费用——对外捐赠费用　　200 000
　　贷：银行存款　　200 000

同时，预算会计记：

借：其他支出——捐赠支出　　200 000
　　贷：资金结存——货币资金　　200 000

【例 5－27】 某事业单位上年末应收账款的余额为 67 万元，提取坏账准备的比例为 5‰；本年发生坏账损失 2 400 元，经批准予以核销。

上年末计提坏账准备时，财务会计记：

提取坏账准备金额 = 670 000 × 5‰ = 3 350（元）

借：其他费用——坏账损失　　3 350
　　贷：坏账准备　　3 350

本年发生坏账核销时，财务会计记：

借：坏账准备　　2 400
　　贷：应收账款　　2 400

【例 5－28】 某行政单位盘点现金时发现短款 156 元，无法查明原因，报经批准核销。

发现短款时，财务会计记：

借：待处理财产损溢　　156
　　贷：库存现金　　156

报批核销时，财务会计记：

借：资产处置费用　　156
　　贷：待处理财产损溢　　156

同时，预算会计记：

借：其他支出——现金盘亏损失　　156
　　贷：资金结存——货币资金　　156

【例 5－29】 某行政单位被卫生检疫部门处以 1 000 元罚款。

支付时，财务会计记：

借：其他费用——罚没费用　　1 000
　　贷：银行存款　　1 000

同时，预算会计记：

借：其他支出——罚没支出　　1 000

贷：资金结存——货币资金　　1 000

【例 5－30】 期末，某事业单位财务会计将“其他费用”账户借方余额 11.2 万元结转到“本期盈余”账户。

借：本期盈余　　112 000

　　贷：其他费用　　112 000

【例 5－31】 年终，某事业单位预算会计将“其他支出”中的非财政非专项资金支出 146.3 万元转入“其他结余”账户，“其他支出——××项目”借方余额 13 万元转入“非财政拨款结转”账户。

借：其他结余　　1 463 000

　　贷：其他支出　　1 463 000

借：非财政拨款结转　　130 000

　　贷：其他支出——××项目　　130 000

第三节　单位调剂性支出的核算

单位调剂性支出，是指事业单位按规定上缴上级单位或对下级单位补助而形成的对其他单位的支出，并不构成本单位的正常支出。

一、上缴上级费用和上缴上级支出的平行核算

上缴上级费用，是指事业单位按照政部门和主管部门的规定上缴上级单位款项发生的费用。在这个过程中发生的现金流出就形成事业单位的上缴上级支出。

事业单位附属的从事独立核算的单位，利用本单位的优势，开展多种形式的业务活动，积极组织收入，其所组织的收入安排支出后有较多结余，按规定的标准或比例向上级上缴收入，这部分上缴的收入在附属的独立核算单位称上缴上级费用（支出）。它与上级单位的附属单位上缴（预算）收入相对应。

为核算事业单位上缴上级发生的费用情况，单位财务会计应设置“上缴上级费用”（费用类）总账账户。借方记上缴数，贷方一般无发生额，平时借方余额反映上缴上级费用累计数。期末，将本账户本期发生额转入本期盈余，借记“本期盈余”账户，贷记本账户。期末结转后，本账户应无余额。

与此同时，事业单位预算会计也应设置“上缴上级支出”（支出类）总账账户。借方记上缴支出数，贷方一般无发生额，平时借方余额反映上缴上级支出累计数。年末将本账户本年发生额全数转入其他结余，借记“其他结余”账户，贷记本账户。年终结转后，本账户无余额。

【例 5－32】 4 月 8 日，某事业单位按规定比例计算上缴上级单位资金支出 2.5 万元。

财务会计记：

借：上缴上级费用　　25 000
　　贷：银行存款　　25 000

同时，预算会计记：

借：上缴上级支出　　25 000
　　贷：资金结存——货币资金　　25 000

【例 5－33】 4 月 30 日，该事业单位财务会计将“上缴上级费用”借方余额 2.5 万元转入“本期盈余”账户。

借：本期盈余　　25 000
　　贷：上缴上级费用　　25 000

【例 5－34】 年终，该事业单位预算会计将“上缴上级支出”借方余额 58.2 万元转入“其他结余”账户。

借：其他结余　　582 000
　　贷：上缴上级支出　　582 000

二、对附属单位补助费用和对附属单位补助支出的平行核算

对附属单位补助费用，是指事业单位用财政拨款收入之外的收入对附属单位补助发生的费用。在这个过程中发生的现金流出就形成事业单位的对附属单位补助支出。

对附属单位补助的资金性质是非预算资金，如从各附属单位集中的资金、接受捐赠的资金等。对附属单位补助的目的是为了解决附属单位的财务困难，与附属单位的“上级补助（预算）收入”相对应。

为了核算事业单位用非预算资金对附属单位的补助，单位财务会计应设置“对附属单位补助费用”（费用类）总账账户。借方记对附属单位拨付的补助数，贷方一般无发生额，平时借方余额反映对附属单位补助费用累计数。期末，将本账户本期发生额转入本期盈余，借记“本期盈余”账户，贷记本账户。期末结转后，本账户应无余额。本账户应当按照接受补助单位、补助项目等进行明细核算。

同理，事业单位预算会计需要设置“对附属单位补助支出”（支出类）总账账户。借方记对附属单位拨付的补助数，贷方一般无发生额，平时借方余额反映对附属单位补助累计数。年末，将本账户本年发生额转入其他结余，借记“其他结余”账户，贷记本账户。年末结转后，本账户应无余额。

本账户应当按照接受补助单位、补助项目、《政府收支分类科目》中“支出功能分类科目”的项级科目和“部门预算支出经济分类科目”的款级科目等进行明细核算。

【例 5－35】 8 月 6 日，某事业单位用所属 A 单位上缴的收入拨补助款给所属 B 单位 3 万元。

财务会计记：

借：对附属单位补助费用—— B 单位　　30 000
　　贷：银行存款　　30 000

同时，预算会计记：

借：对附属单位补助支出—— B 单位　　30 000
　　贷：资金结存——货币资金　　30 000

【例 5－36】 8 月 31 日，该事业单位财务会计将“对附属单位补助费用”借方余额 3 万元转入“本期盈余”账户。

借：本期盈余　　30 000

　　贷：对附属单位补助费用——B 单位　　30 000

【例 5－37】 年终，该事业单位预算会计将“对附属单位补助支出”借方余额 24.6 万元转入“其他结余”账户。

借：其他结余　　246 000

　　贷：对附属单位补助支出　　246 000

第六章 单位净资产和预算结余的核算

学习目标
- □ 明确行政事业单位净资产的含义及构成内容
- □ 掌握专用基金的概念、计提及账务处理
- □ 了解权益法调整和以前年度盈余调整事项
- □ 掌握本期盈余、本年盈余分配和累计盈余的核算
- □ 理解各项结余的形成、分配及账务处理

第一节　单位净资产的核算

净资产是指行政事业单位资产扣除负债后的净额，包括专用基金、权益法调整、以前年度盈余调整、无偿调拨净资产、本期盈余、累计盈余和本年盈余分配等，其中，专用基金和权益法调整两项净资产只有事业单位拥有并需要管理核算。具体内容如图 6－1 所示。标注下划线的净资产属于事业单位净资产，未标注的为行政单位和事业单位同有的净资产。

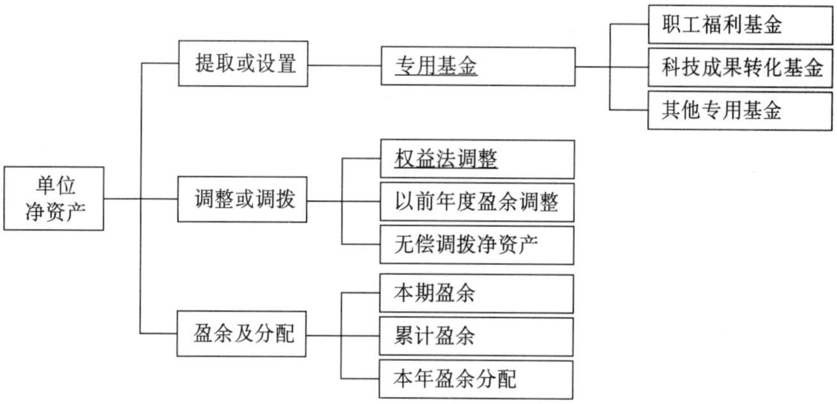

图 6－1　行政事业单位净资产结构示意图

一、专用基金的核算

（一）专用基金的概念、特点和管理

专用基金是事业单位按照规定提取或设置的具有专门用途的净资产，主要包括职工福利基金、科技成果转换基金等。

1. 专用基金的特点

（1）专用基金的取得，均有专门的规定。如修购基金是从收入中根据一定的比例提取，在相关支出中列支后转入的；职工福利基金则是根据结余的一定比例提取转入的；其他基金的提取也有专门的规定。

（2）各项专用基金都规定有专门的用途和使用范围，除财务制度规定可以允许合并使用以外，专用基金一般不得互相占用、挪用。

（3）专用基金的使用均属一次性消耗，没有循环周转，不可能通过专用基金支出直接取得补偿。

2. 专用基金的管理原则

专用基金的管理应遵循“先提后用、收支平衡、专款专用”的原则：

“先提后用”是指各项专用基金必须根据规定的来源渠道，在取得资金以后，方能安排使用。

“收支平衡”是指事业单位提取专用基金后，要严格按照规定的开支范围和标准支出，支出不得超出基金规模。

“专款专用”是指各种专用基金都要按规定的用途和使用范围安排开支，在使用中要注意划清各项专项基金的界限，保证专用基金使用的合理有效。

（二）专用基金提取额的确定

1. 科技成果转化基金的提取

为了加速推动科技成果转化与应用，事业单位要按规定建立科技成果转化基金。单位应按照事业收入的一定比例提取，在业务费中列支，以及在经营收支结余中提取转入用于科技成果转化的资金。具体提取比例应由主管部门和财政部门共同确定。

科技成果转化基金的计算公式为：

科技成果转化基金提取额 =（事业收入 × 提取率）+（经营结余 × 提取率）

2. 职工福利基金的提取

职工福利基金是从非财政拨款结余或经营结余中提取转入的，用于单位职工集体福利设施、集体福利待遇的资金。

提取职工福利基金的计算公式为：

职工福利基金提取额 =（非财政拨款结余 × 提取比例）+（经营结余 × 提取比例）

（三）专用基金的核算

为了核算事业单位专用基金的收入、支出及结余情况，单位财务会计应设置“专用基金”（净资产类）总账账户。本账户贷方记提取、设置数，借方记使用数，贷方余额为专用基金结存数或提取尚未使用数。本账户应按专用基金种类分设“科技成果转化基金”“职工

福利基金”和“其他基金”等明细账户，进行明细分类核算。

1. 专用基金提取的账务处理

根据有关规定从收入中提取专用基金并计入费用的，一般按照预算会计下基于预算收入计算提取的金额，借记“业务活动费用”等账户，贷记本账户。年末，根据有关规定从本年度非财政拨款结余或经营结余中提取专用基金的，按照预算会计下计算的提取金额，借记“本年盈余分配”账户，贷记本账户。根据有关规定设置的其他专用基金，按照实际收到的基金金额，借记“银行存款”等账户，贷记本账户。

【例6-1】 某事业单位该年取得事业收入100万元，经营结余16万元，分别按6%和30%的提取率计提科技成果转化基金。

科技成果转化基金提取额 = 1 000 000 × 6% + 160 000 × 30%

= 60 000 + 48 000 = 108 000（元）

财务会计记：

借：业务活动费用　　60 000

　　本年盈余分配　　48 000

　　贷：专用基金——科技成果转化基金　　108 000

同时，预算会计记：

借：非财政拨款结余分配　　48 000

　　贷：专用结余　　48 000

【例6-2】 某事业单位年末结转确定的经营结余数70万元和其他结余数87.35万元（该数据来源于单位预算会计核算结果，见后面例6-39、例6-40），按25%税率计算缴纳所得税，按税后20%比例提取职工福利基金27.97万元。

应纳企业所得税额 = 700 000 × 25% = 175 000（元）

计税时，财务会计记：

借：所得税费用　　175 000

　　贷：其他应交税费——单位应交所得税　　175 000

缴纳时，记：

借：其他应交税费——单位应交所得税　　175 000

　　贷：银行存款　　175 000

同时，预算会计记：

借：非财政拨款结余——累计结余　　175 000

　　贷：资金结存——货币资金　　175 000

计提职工福利基金时，财务会计记：

借：本年盈余分配——提取专用基金　　279 700

　　贷：专用基金——职工福利基金　　279 700

2. 专用基金使用的账务处理

按照规定使用提取的专用基金时，借记本账户，贷记“银行存款”等账户。使用提取的专用基金购置固定资产、无形资产的，按照固定资产、无形资产成本金额，借记“固定资产”“无形资产”账户，贷记“银行存款”等账户；同时，按照专用基金使用金额，借记本账户，贷记“累计盈余”账户。

【例6－3】 某事业单位为奖励研发人员，用科技成果转化基金1 000元作为奖金发放给某工程师。

财务会计记：

借：专用基金——科研成果转化基金　　1 000

　　贷：库存现金　　1 000

同时，预算会计记：

借：事业支出　　1 000

　　贷：资金结存——货币资金　　1 000

【例6－4】 某事业单位使用科技成果转化基金购买一台科研仪器，价值10万元，以银行存款支付。

财务会计记：

借：固定资产　　100 000

　　贷：银行存款　　100 000

借：专用基金——科研成果转化基金　　100 000

　　贷：累计盈余　　100 000

同时，预算会计记：

借：事业支出　　100 000

　　贷：资金结存——货币资金　　100 000

【例6－5】 某事业单位用职工福利基金对职工食堂灶具进行维修，发生费用支付2万元。

财务会计记：

借：专用基金——职工福利基金　　20 000

　　贷：银行存款　　20 000

同时，预算会计记：

借：专用结余　　20 000

　　贷：资金结存——货币资金　　20 000

提示：使用从收入中提取并列入费用的专用基金时，预算会计应列为支出；使用从非财政拨款结余或经营结余中提取的专用基金时，预算会计应冲减专用结余。

二、权益法调整、以前年度盈余调整和无偿调拨净资产的核算

（一）权益法调整的核算

权益法调整是指事业单位持有的长期股权投资采用权益法核算时，按照被投资单位除净损益和利润分配以外的所有者权益变动份额调整长期股权投资账面余额而计入净资产的金额。

为了核算由于被投资单位所有者权益变动而对投资的账面价值进行的调整，事业单位财务会计应设置“权益法调整”（净资产类）总账账户，借方记所有者权益变动减少额，贷方记所有者权益变动增加额，期末余额，反映事业单位在被投资单位除净损益和利润分配以外的所有者权益变动中累积享有（或分担）的份额。本账户应当按照被投资单位进行明细

核算。

权益法调整的账务处理为：

（1）年末，按照被投资单位除净损益和利润分配以外的所有者权益变动应享有（或应分担）的份额，借记或贷记“长期股权投资——其他权益变动”账户，贷记或借记本账户。

【例6－6】 某事业单位以1 200万元投资甲企业，持有该企业股份比例为50%，有权参与该企业经营管理活动。××年12月末甲企业除净损益和利润分配以外的所有者权益份额增加300万元。

甲企业所有者权益变动使该事业单位增加份额＝300×50%＝150（万元）

单位财务会计记：

借：长期股权投资——其他权益变动	1 500 000	
贷：权益法调整		1 500 000

（2）采用权益法核算的长期股权投资，因被投资单位除净损益和利润分配以外的所有者权益变动而将应享有（或应分担）的份额计入单位净资产的，处置该项投资时，按照原计入净资产的相应部分金额，借记或贷记本账户，贷记或借记“投资收益”账户。

【例6－7】 接上例，该事业单位按照规定报经批准转让账面价值为1 200万元的长期股权投资，转让收入为1 100万元存入银行，尚有6万元已宣告发放的现金股利未领取。

借：银行存款	11 000 000	
投资收益	1 060 000	
贷：长期股权投资		12 000 000
应收股利		60 000
借：权益法调整	1 500 000	
贷：投资收益		1 500 000

（二）以前年度盈余调整的核算

以前年度盈余调整是指行政事业单位本年度发生的调整以前年度盈余的事项。一般是在年度资产负债日后发现的由于计量、确认、记录等方面出现错误，以及盘盈实物等需要对以前年度财务报表数据进行调整的事项。

行政事业单位财务会计应设置“以前年度盈余调整”（净资产类）总账账户，借方记调整增加费用数或调整减少收入数或实物资产盘亏数，贷方记调整增加收入数或调整减少费用书或盘盈实物资产数；调整后，应将本账户的余额转入累计盈余，借记或贷记“累计盈余”账户，贷记或借记本账户。结转后本账户应无余额。

以前年度盈余调整的账务处理为：

（1）调整增加以前年度收入时，按照调整增加的金额，借记有关账户，贷记本账户。调整减少的，做相反会计分录。

（2）调整增加以前年度费用时，按照调整增加的金额，借记本账户，贷记有关账户。调整减少的，做相反会计分录。

（3）盘盈的各种非流动资产，报经批准后处理时，借记“待处理财产损溢”账户，贷记本账户。

【例6－8】 某事业单位属于增值税一般纳税人，位于市区。××年1月10日，收到上年 12 月 3 日销售给 A 企业的一批产品的退货，已验收入库。不含税销售收入为 80 万元，增值税销项税额为 10.4 万元，结转已销产品成本为 60 万元，当月已确认销售实现，款项尚未收到。上年末该事业单位对该笔应收账款按 5% 计提了坏账准备（假设无其他费用发生，该单位适用增值税税率为 13%，所得税税率为 25%）。

销售退回，该事业单位应调减 = 增值税销项税额 10.4 万元；城建税 = 10.4 × 7% = 0.728 万元；教育费附加 = 10.4 ×3% = 0.312 万元；地方教育费附加 = 10.4 ×2% = 0.208 万元；坏账准备 = (80 + 10.4) ×5% = 4.52 万元。

调减本年度应交所得税税额 = (80 − 60) ×25% = 5（万元）

财务会计做调整分录为：

借：以前年度盈余调整	904 000	
贷：应收账款		904 000
借：库存物品	600 000	
贷：以前年度盈余调整		600 000
借：坏账准备	45 200	
贷：以前年度盈余调整		45 200
借：其他应交税费——应交企业所得税	50 000	
——应交城市维护建设税	7 280	
——应交教育费附加	3 120	
——应交地方教育费附加	2 080	
贷：以前年度盈余调整		62 480

（三）无偿调拨净资产的核算

无偿调拨净资产，是指行政事业单位无偿调入或调出非现金资产所引起的净资产变动。无偿调拨的非现金资产包括存货、长期股权投资、固定资产、无形资产、公共基础设施、政府储备物资、文物文化资产、保障性住房等。

行政事业单位财务会计应设置“无偿调拨净资产”（净资产类）总账账户，借方记调出资产账面价值，贷方记调入资产的成本与费用之差额，平时借方或贷方余额反映调出或调入资产累计。年末，将本账户余额转入累计盈余，借记或贷记本账户，贷记或借记“累计盈余”账户。年末结账后，本账户应无余额。

【例 6－9】 某事业单位从其他单位无偿调入一台检测设备，调出方账面价值为 5 779 元，发生运费 100 元，以现金支付。

财务会计记：

借：固定资产	5 779	
贷：无偿调拨净资产		5 679
库存现金		100

同时，预算会计记：

借：其他支出	100	
贷：资金结存——货币资金		100

【例 6－10】 该事业单位经批准将一批账面价值为 15 万元的库存物资无偿调拨给灾区，

发生运输费用2 000元，以存款支付。

财务会计记：

借：无偿调拨净资产　　150 000

　　贷：库存物品　　150 000

借：资产处置费用　　2 000

　　贷：银行存款　　2 000

同时，预算会计记：

借：其他支出　　2 000

　　贷：资金结存——货币资金　　2 000

【例6-11】 该事业单位经批准将一辆轿车无偿调拨给某研究所，该单位的账面余额为35.24万元，已提折旧4.2万元。

财务会计记：

借：无偿调拨净资产　　310 400

　　固定资产累计折旧　　42 000

　　贷：固定资产　　352 400

三、本期盈余、本年盈余分配和累计盈余的核算

（一）本期盈余的核算

本期盈余是指行政事业单位本期各项收入、费用相抵后的余额。本期盈余是通过期末将收入和费用类账户的余额进行结转形成的，具体包括月结和年结。

以事业单位为例，月结是在每月末将财务会计账套的“财政拨款收入”等11个收入类账户本月贷方发生额分别转入“本期盈余”的贷方，“业务活动费用”等8个账户本月借方发生额转入“本期盈余”的借方，借、贷方相抵即可确定当月盈亏数，经过每月如此转账就形成本期盈余本年累计数。

年结分两步，首先，将“本期盈余”账户的全年累计数转入“本期盈余分配”账户的贷方，从而结平“本期盈余”账户；其次，将按相关规定提取的专用基金数记入“本年盈余分配”账户的借方，之后，将“本年盈余分配”账户贷方余额转入“累计盈余”账户，结平“本年盈余分配”账户。

[扫一扫]
本期盈余结转示意图

[扫一扫]
本年盈余分配示意图

行政事业单位财务会计应设置“本期盈余”（净资产类）总账账户，借方记各类费用转入数，贷方记各类收入转入数，期末如为贷方余额，反映单位自年初至当期期末累计实现的盈余；如为借方余额，反映单位自年初至当期期末累计发生的亏损。年末结转后，将本账户余额转入“本年盈余分配”账户，借记或贷记本账户，贷记或借记“本年盈余分配”账户。年末结账后，本账户应无余额。

【例6-12】 某事业单位××年12月31日，有关损益类账户12月发生额如表6-1所示。

表6-1

账户	借方发生额	账户	贷方发生额
业务活动费用	1 217 000	财政拨款收入——基本支出	900 000
单位管理费用	533 000	——项目支出	350 000
资产处置费用	67 000	其中：C项目	350 000
上缴上级费用	40 000	事业收入	540 000
对附属单位补助费用	80 000	其中：科研经费	80 000
所得税费用	175 000	非同级财政拨款收入（D项目）	100 000
其他费用	31 000	上级补助收入	40 000
经营费用	167 000	附属单位上缴收入	180 000
		捐赠收入	3 000
		利息收入	500
		租金收入	200
		其他收入	50 000
		经营收入	225 000

结转收入，账务处理为：

借：财政拨款收入　1 250 000
　　事业收入　540 000
　　上级补助收入　40 000
　　附属单位上缴收入　180 000
　　经营收入　225 000
　　非同级财政拨款收入　100 000
　　捐赠收入　3 000
　　利息收入　500
　　租金收入　200
　　其他收入　50 000
　　贷：本期盈余　2 388 700

结转费用，账务处理为：

借：本期盈余　2 310 000
　　贷：业务活动费用　1 217 000
　　　　单位管理费用　533 000
　　　　经营费用　167 000
　　　　资产处置费用　67 000
　　　　上缴上级费用　40 000
　　　　对附属单位补助费用　80 000

所得税费用　　　　　　　　　　　　　　175 000
其他费用　　　　　　　　　　　　　　　31 000

（二）本年盈余分配的核算

本年盈余分配是指行政事业单位年末核算单位本年度盈余分配的情况和结果。

行政事业单位财务会计应设置“本年盈余分配”（净资产类）总账账户，借方记本年亏损转入数和本年盈余分配数，贷方记本年盈余转入数；年末，将“本期盈余”账户余额转入本账户，借记或贷记“本期盈余”账户，贷记或借记本账户。年末，根据有关规定从本年度非财政拨款结余或经营结余中提取专用基金的，按照预算会计下计算的提取金额，借记本账户，贷记“专用基金”账户。按照规定完成上述处理后，将本账户余额转入累计盈余，借记或贷记本账户，贷记或借记“累计盈余”账户。年末结账后，本账户应无余额。

【例6－13】 按上例所给资料，进行年终结转，并按照预算会计计算的提取金额279 700元计提专用基金。假设12月初“本期盈余”贷方余额为373 800元。

本期盈余贷方余额＝373 800＋2 388 700－2 310 000＝452 500（元）

转入盈余分配，账务处理为：

借：本期盈余　　　　　　　　　　　　452 500
　　贷：本年盈余分配　　　　　　　　　　452 500
借：本年盈余分配——提取专用基金　　　279 700
　　贷：专用基金——职工福利基金　　　　　279 700

（三）累计盈余的核算

累计盈余是指行政事业单位历年实现的盈余扣除盈余分配后滚存的金额，以及因无偿调入、调出资产产生的净资产变动额。此外，还包括按照规定上缴、缴回、单位间调剂结转结余资金产生的净资产变动额，以及对以前年度盈余的调整金额。

行政事业单位财务会计应设置“累计盈余”（净资产类）总账账户，借方记盈余减少数，贷方记盈余增加数。年末余额，反映单位未分配盈余（或未弥补亏损）以及无偿调拨净资产变动的累计数。

累计盈余的主要账务处理如下：

（1）年末，将“本年盈余分配”账户的余额转入累计盈余，借记或贷记“本年盈余分配”账户，贷记或借记本账户。

【例6－14】 接上例6－13，该事业单位财务会计将“本年盈余分配”贷方余额172 800元（452 500－279 700）转入“累计盈余”账户贷方。

借：本年盈余分配　　　　　　　　　　172 800
　　贷：累计盈余　　　　　　　　　　　　172 800

（2）年末，将“无偿调拨净资产”账户的余额转入累计盈余，借记或贷记“无偿调拨净资产”账户，贷记或借记本账户。

【例6－15】 接前例6－9、例6－10、例6－11，该事业单位财务会计年末将“无偿调拨净资产”借方余额为454 721元（150 000＋310 400－5 679），转入“累计盈余”账户借方。

借：累计盈余　　454 721

　　贷：无偿调拨净资产　　454 721

（3）按照规定上缴财政拨款结转结余、缴回非财政拨款结转资金、向其他单位调出财政拨款结转资金时，按照实际上缴、缴回、调出金额，借记本账户，贷记“财政应返还额度”“零余额账户用款额度”“银行存款”等账户。相反，按照规定从其他单位调入财政拨款结转资金时，按照实际调入金额，借记“零余额账户用款额度”“银行存款”等账户，贷记本账户。

【例 6－16】 按后面例 6－31 向下级单位调出财政拨款结转资金额度 3 万元；例 6－32 年终，财政拨款资金安排的 C 项目尚未完成，结转资金 5.5 万元，例 6－38 D 项目剩余资金 10 万元，按规定缴回原拨款单位。财务会计记：

借：累计盈余　　185 000

　　贷：零余额账户用款额度　　30 000

　　　　财政应返还额度　　55 000

　　　　银行存款　　100 000

（4）将“以前年度盈余调整”账户的余额转入本账户，借记或贷记“以前年度盈余调整”账户，贷记或借记本账户。

【例 6－17】 接前例 6－8，该事业单位财务会计将调整后“以前年度盈余调整”账户借方余额 216 240 元（928 000－600 000－46 400－65 360）转入“累计盈余”账户借方。

借：累计盈余　　216 240

　　贷：以前年度盈余调整　　216 240

（5）按照规定使用专用基金购置固定资产、无形资产的，按照固定资产、无形资产成本金额，借记“固定资产”“无形资产”账户，贷记“银行存款”等账户；同时，按照专用基金使用金额，借记“专用基金”账户，贷记本账户。

【例 6－18】 该事业单位使用科技成果转化基金购买一件价值 15 万元的应用软件，用银行存款支付。财务会计记：

借：无形资产　　150 000

　　贷：银行存款　　150 000

借：专用基金——科研成果转化基金　　150 000

　　贷：累计盈余　　150 000

同时，预算会计记：

借：事业支出　　150 000

　　贷：资金结存——货币资金　　150 000

第二节　单位预算结余的核算

预算结余是指政府会计主体预算年度内预算收入扣除预算支出后的资金余额，以及历年滚存的资金余额。预算结余包括结存资金、结转资金和结余资金，具体内容如图6－2所示。标注下划线的结余属于事业单位结余，未标注的为行政单位和事业单位同有的结转结余。

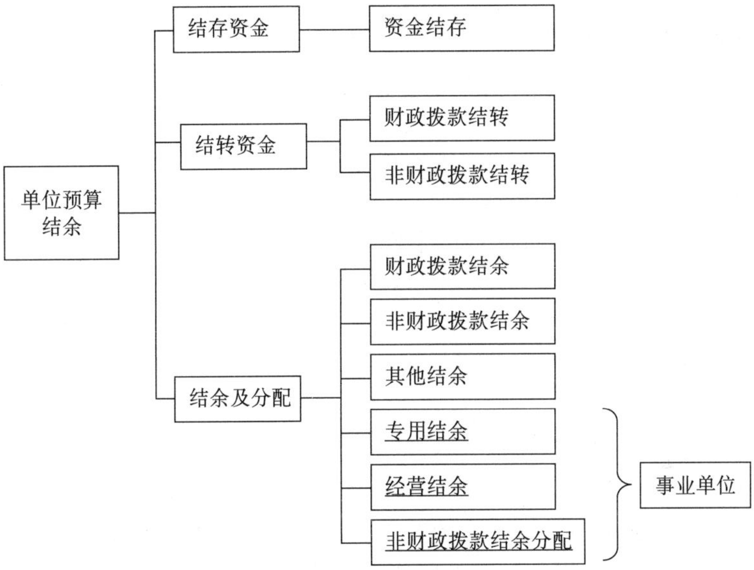

图6－2　行政事业单位预算结余结构示意图

结转资金，是指预算安排项目的支出年终尚未执行完毕或者因故未执行，且下年需要按原用途继续使用的资金，是应办未办事项的资金结存。包括财政拨款结转和非财政拨款结转，不能进行分配。

结余资金，是指年度预算执行终了，预算收入实际完成数扣除预算支出和结转资金后剩余的资金。包括财政拨款结余、非财政拨款结余、专用结余、经营结余和其他结余。其中，专用结余和经营结余是事业单位特有的。行政事业单位收支相抵后一般会有结余，但不具有营利性，只表示收支后的余额。事业单位可以按规定对非财政拨款结余进行分配，行政单位的结余和事业单位的财政拨款结余不能进行分配。

一、资金结存的核算

资金结存是指行政事业单位核算纳入部门预算管理的资金的流入、流出、调整和滚存等情况。

行政事业单位预算会计应设置“资金结存”（结余类）总账账户，借方记预算资金增加数，贷方记预算资金减少数，年末借方余额，反映单位预算资金的累计滚存情况。

本账户下应当设置“零余额账户用款额度”“货币资金”和“财政应返还额度”等明细账户。

（1）财政授权支付方式下，单位根据代理银行转来的财政授权支付额度到账通知书，按照通知书中的授权支付额度，借记本账户（零余额账户用款额度），贷记“财政拨款预算收入”账户。

以国库集中支付以外的其他支付方式取得预算收入时，按照实际收到的金额，借记本账户（货币资金），贷记“财政拨款预算收入”“事业预算收入”“经营预算收入”等账户。

【例6-19】 某行政单位收到代理银行转来的《授权支付到账通知书》，当月授权支付用款额度为24.3万元。

财务会计记：

借：零余额账户用款额度　　243 000

　　贷：财政拨款收入　　243 000

同时，预算会计记：

借：资金结存——零余额账户用款额度　　243 000

　　贷：财政拨款预算收入　　243 000

【例6-20】 某事业单位通过银行转账收到同级财政专户返还款2万元。

财务会计记：

借：银行存款　　20 000

　　贷：事业收入　　20 000

同时，预算会计记：

借：资金结存——货币资金　　20 000

　　贷：事业预算收入　　20 000

（2）财政授权支付方式下，发生相关支出时，按照实际支付的金额，借记“行政支出”“事业支出”等账户，贷记本账户（零余额账户用款额度）。

从零余额账户提取现金时，借记本账户（货币资金），贷记本账户（零余额账户用款额度）。退回现金时，做相反会计分录。

使用以前年度财政直接支付额度发生支出时，按照实际支付金额，借记“行政支出”“事业支出”等账户，贷记本账户（财政应返还额度）。

国库集中支付以外的其他支付方式下，发生相关支出时，按照实际支付的金额，借记“事业支出”“经营支出”等账户，贷记本账户（货币资金）。

【例6-21】 某行政单位通过零余额账户支付购买办公用品款1 490元。

财务会计记：

借：业务活动费用——商品和服务费用　　1 490

　　贷：零余额账户用款额度　　1 490

同时，预算会计记：

借：行政支出——财政拨款支出——基本支出——办公费　　1 490

　　贷：资金结存——零余额账户用款额度　　1 490

【例6-22】 某行政单位从零余额账户提现3 000元备用。

财务会计记：

借：库存现金　　3 000

　　贷：零余额账户用款额度　　3 000

同时，预算会计记：

借：资金结存——货币资金　　3 000

　　贷：资金结存——零余额账户用款额度　　3 000

【例 6－23】 某事业单位用现金支付非独立核算经营部门人员差旅费 1 850 元。

财务会计记：

借：经营费用　　1 850

　　贷：库存现金　　1 850

同时，预算会计记：

借：经营支出——差旅费　　1 850

　　贷：资金结存——货币资金　　1 850

（3）按照规定上缴财政拨款结转结余资金或注销财政拨款结转结余资金额度的，按照实际上缴资金数额或注销的资金额度数额，借记"财政拨款结转——归集上缴"或"财政拨款结余——归集上缴"账户，贷记本账户（财政应返还额度、零余额账户用款额度、货币资金）。

按规定向原资金拨入单位缴回非财政拨款结转资金的，按照实际缴回资金数额，借记"非财政拨款结转——缴回资金"账户，贷记本账户（货币资金）。收到从其他单位调入的财政拨款结转资金的，按照实际调入资金数额，借记本账户（财政应返还额度、零余额账户用款额度、货币资金），贷记"财政拨款结转——归集调入"账户。

【例 6－24】 年终，某行政单位将财政拨款结余资金 4 万元注销。

财务会计记：

借：累计盈余　　40 000

　　贷：零余额账户用款额度　　40 000

同时，预算会计记：

借：财政拨款结余——归集上缴　　40 000

　　贷：资金结存——零余额账户用款额度　　40 000

【例 6－25】 年终，某事业单位非财政拨款资金安排的 A 项目尚未完成，结转资金 8.7 万元，按规定缴回原拨款单位。

财务会计记：

借：累计盈余　　87 000

　　贷：银行存款　　87 000

同时，预算会计记：

借：非财政拨款结转　　87 000

　　贷：资金结存——货币资金　　87 000

（4）按照规定使用专用基金时，按照实际支付金额，借记"专用结余"账户（从非财政拨款结余中提取的专用基金）或"事业支出"等账户（从预算收入中计提的专用基金），贷记本账户（货币资金）。具体实例见例 6－3 至例 6－5。

（5）因购货退回、发生差错更正等退回国库直接支付、授权支付款项，或者收回货币资金的，属于本年度支付的，借记“财政拨款预算收入”账户或本账户（零余额账户用款额度、货币资金），贷记相关支出账户；属于以前年度支付的，借记本账户（财政应返还额度、零余额账户用款额度、货币资金），贷记“财政拨款结转”“财政拨款结余”“非财政拨款结转”“非财政拨款结余”账户。

【例6-26】 某事业单位（增值税一般纳税人）××年8月4日将上月用其他资金购入的一批材料因质量问题退回，款已收到存入银行。该批材料账面价值5.6万元，增值税进项税额7 280元已认证通过。

财务会计记：

借：银行存款　　63 280

　应交增值税——应交税金（进项税额）　　7 280

　贷：库存物品　　56 000

同时，预算会计记：

借：资金结存——货币资金　　63 280

　贷：事业支出——其他资金支出——基本支出——专用材料费　63 280

（6）年末，根据本年度财政直接支付预算指标数与当年财政直接支付实际支出数的差额，借记本账户（财政应返还额度），贷记“财政拨款预算收入”账户。

使用以前年度财政直接支付额度发生支出时，按照实际支付金额，借记“行政支出”“事业支出”等账户，贷记本账户（财政应返还额度）。

【例6-27】 某行政单位本年度财政直接支付预算指标数为16万元，财政直接支付实际支出数14万元，尚未使用的财政直接支付预算指标数2万元。

年末，财务会计记：

借：财政应返还额度——财政直接支付　　20 000

　贷：财政拨款收入　　20 000

同时，预算会计记：

借：资金结存——财政应返还额度　　20 000

　贷：财政拨款预算收入　　20 000

次年2月10日，若单位使用3 000元额度支付租用会议室费用，则财务会计记：

借：业务活动费用——商品和劳务费用　　3 000

　贷：财政应返还额度——财政直接支付　　3 000

同时，预算会计记：

借：行政支出——财政拨款支出——基本支出——租赁费　　3 000

　贷：资金结存——财政应返还额度　　3 000

（7）年末，单位依据代理银行提供的对账单作注销额度的相关账务处理，借记本账户（财政应返还额度），贷记本账户（零余额账户用款额度）；本年度财政授权支付预算指标数大于零余额账户用款额度下达数的，根据未下达的用款额度，借记本账户（财政应返还额度），贷记“财政拨款预算收入”账户。

下年初，单位依据代理银行提供的额度恢复到账通知书作恢复额度的相关账务处理，借记本账户（零余额账户用款额度），贷记本账户（财政应返还额度）。单位收到财政部门批复的上年末未下达零余额账户用款额度的，借记本账户（零余额账户用款额度），贷记本账户（财政应返还额度）。

【例6-28】 某事业单位本年度财政授权支付预算指标数为210万元，本年度财政授权支付实际支出数190万元，代理银行收到的零余额账户用款额度198万元。尚未使用的财政授权支付预算额度8万元，尚未下达的财政授权支付预算指标数12万元。

年末注销额度和未下达额度，财务会计记：

借：财政应返还额度——财政授权支付　　80 000
　　贷：零余额账户用款额度　　80 000
借：财政应返还额度——财政授权支付　　120 000
　　贷：财政拨款收入　　120 000

同时，预算会计记：

借：资金结存——财政应返还额度　　80 000
　　贷：资金结存——零余额账户用款额度　　80 000
借：资金结存——财政应返还额度　　120 000
　　贷：财政拨款预算收入　　120 000

下年初恢复额度时和下达上年额度，财务会计记：

借：零余额账户用款额度　　200 000（80 000+120 000）
　　贷：财政应返还额度——财政授权支付　　200 000

同时，预算会计记：

借：资金结存——零余额账户用款额度　　200 000
　　贷：资金结存——财政应返还额度　　200 000

二、财政拨款结转和结余的核算

（一）财政拨款结转的核算

财政拨款结转，是指行政事业单位对当年各项财政拨款收入与其相关支出进行结转、调整。包括基本支出结转和项目支出结转。基本支出结转包括人员经费结转和日常公用经费结转，原则上结转资金下年继续使用，用于增人增编等人员经费和日常公用经费支出。项目支出结转资金结转下年按原用途继续使用。

基本支出结转=财政拨款预算收入(基本支出)-行政支出或事业支出[财政拨款支出(基本支出)]

项目支出结转=财政拨款预算收入(项目支出)-行政支出或事业支出[财政拨款支出(项目支出)]

为了核算行政事业单位滚存的财政拨款结转资金的调整、结转和滚存情况，应当设置“财政拨款结转”（结余类）总账账户，贷方登记财政拨款收入本期发生额转入数、主管部门归集调入数、单位内部调剂财政拨款结余数及年初余额调整数，借方登记财政拨款预算支出转入数、归集上缴数和调出数、年初余额调整数、年末转入财政拨款结余数。年末贷方余额，反映单位滚存的财政拨款结转资金数额。

本账户应当设置下列明细账户：“年初余额调整”“归集调入”“归集调出”“归集上

缴”“单位内部调剂”“本年收支结转”“累计结转”“基本支出结转”“项目支出结转”等。

1. 与以前年度支出收回相关的账务处理

因购货退回、预付款项收回等发生以前年度支出又收回国库直接支付、授权支付款项或收回财政性货币资金，属于以前年度财政拨款结转资金的，借记“资金结存——财政应返还额度、零余额账户用款额度、货币资金”账户，贷记本账户（年初余额调整）。

【例 6－29】 某事业单位××年 1 月 10 日，将上年 12 月 23 日通过零余额账户购买的一台打印机因质量问题退回，买价 3 500 元，增值税额 455 元，款已收到，存入代理银行恢复额度。

财务会计记：

借：固定资产　　3 500

　　应交增值税——应交税金（进项税额转出）　　455

　　贷：零余额账户用款额度　　3 955

借：零余额账户用款额度　　3 955

　　贷：以前年度盈余调整　　3 955

同时，预算会计记：

借：资金结存——零余额账户用款额度　　3 955

　　贷：财政拨款结转（年初余额调整）　　3 955

2. 与财政拨款结转结余资金调整业务相关的账务处理

（1）按照规定从其他单位调入财政拨款结转资金的，按照实际调增的额度数额或调入的资金数额，借记“资金结存——财政应返还额度、零余额账户用款额度、货币资金”账户，贷记本账户（归集调入）。

【例 6－30】 某事业单位××年 12 月 31 日，从主管部门调入财政拨款结转预算指标 2 万元。

财务会计记：

借：财政应返还额度　　20 000

　　贷：累计盈余　　20 000

同时，预算会计记：

借：资金结存——财政应返还额度　　20 000

　　贷：财政拨款结转——归集调入　　20 000

（2）按照规定向其他单位调出财政拨款结转资金的，按照实际调减的额度数额或调出的资金数额，借记本账户（归集调出），贷记“资金结存——财政应返还额度、零余额账户用款额度、货币资金”账户。

【例 6－31】 某事业单位××年 12 月 31 日，向下级单位调出财政拨款结转资金额度 3 万元。

财务会计记：

借：累计盈余　　30 000

　　贷：零余额账户用款额度　　30 000

同时，预算会计记：

借：财政拨款结转——归集调出　　30 000

贷：资金结存——零余额账户用款额度 30 000

（3）按照规定上缴财政拨款结转资金或注销财政拨款结转资金额度的，按照实际上缴资金数额或注销的资金额度数额，借记本账户（归集上缴），贷记“资金结存——财政应返还额度、零余额账户用款额度、货币资金”账户。

【例6－32】 年终，某事业单位财政拨款资金安排的C项目尚未完成，结转资金5.5万元，按规定上缴财政部门。

财务会计记：

借：累计盈余 55 000

贷：财政应返还额度 55 000

预算会计记：

借：财政拨款结转——归集上缴 55 000

贷：资金结存——财政应返还额度 55 000

（4）经财政部门批准对财政拨款结余资金改变用途，调整用于本单位基本支出或其他未完成项目支出的，按照批准调剂的金额，借记“财政拨款结余——单位内部调剂”科目，贷记本科目（单位内部调剂）。

【例6－33】 年终，某事业单位财政拨款B项目结余资金2.1万元，经批准调剂用于本单位基本支出。

预算会计记：

借：财政拨款结余——单位内部调剂 21 000

贷：财政拨款结转——单位内部调剂 21 000

3. 与年末财政拨款结转和结余业务相关的账务处理

【例6－34】 某事业单位年末有关预算收支账户本年发生额如表6－2所示。

表6－2 单位：元

账户	借方发生额	账户	贷方发生额
事业支出——基本支出	17 800 000	财政拨款预算收入——基本支出	12 000 000
其中：财政拨款支出	11 970 000	——项目支出	700 000
其他资金支出	5 830 000	其中：A项目	200 000
——项目支出	2 104 000	B项目	150 000
其中：财政拨款A项目（已完工）	160 000	C项目	350 000
B项目（已完工）	129 000	事业预算收入	6 500 000
C项目（未完工）	295 000	其中：科研经费	1 000 000
科研项目（未完工）	400 000	修缮工程款	300 000
修缮工程（已完工）	220 000	非同级财政拨款预算收入（D项目）	1 000 000
D项目（已完工）	900 000		
上缴上级支出	500 000	上级补助预算收入	600 000
对附属单位补助支出	1 000 000	附属单位上缴预算收入	2 200 000
其他支出	400 000	其他预算收入	603 500
经营支出	2 000 000	其中：捐赠预算收入	2 000
		利息预算收入	500
		租金预算收入	1 000
		经营预算收入	2 700 000

要求：对财政拨款进行年末结转。

（1）结转财政拨款预算收入，将“财政拨款预算收入”账户贷方余额转入“财政拨款结转”账户的贷方。

借：财政拨款预算收入——基本支出　　12 000 000
　　　　——项目支出——A 项目　　200 000
　　　　　　　　——B 项目　　150 000
　　　　　　　　——C 项目　　350 000
　贷：财政拨款结转——本年收支结转——基本支出结转　　12 000 000
　　　　　　　　——项目支出结转　　700 000

（2）结转财政拨款预算支出，将“事业支出”（财政拨款支出）本年发生额转入“财政拨款结转”账户的借方。

借：财政拨款结转——本年收支结转——基本支出结转　　11 970 000
　　　　　　　　——项目支出结转　　584 000
　贷：事业支出——财政拨款支出——基本支出　　11 970 000
　　　　　　　　——项目支出——A 项目　　160 000
　　　　　　　　　　　　——B 项目　　129 000
　　　　　　　　　　　　——C 项目　　295 000

（3）年末冲销“财政拨款结转”账户有关明细账户余额，将本账户（本年收支结转、年初余额调整、归集调入、归集调出、归集上缴、单位内部调剂）余额转入本账户（累计结转）。

该单位本年收支结转基本支出贷方余额 = 12 000 000 − 11 970 000 = 30 000（元）

本年收支结转项目支出贷方余额 = (200 000 − 160 000) + (150 000 − 129 000)
+ (350 000 − 295 000) = 116 000（元）

按例 6 − 29 年初余额调整 4 095 元；例 6 − 30 归集调入 20 000 元；例 6 − 31 归集调出 30 000 元；例 6 − 32 归集上缴 55 000 元；例 6 − 33 单位内部调剂 2.1 万元，则记：

借：财政拨款结转——本年收支结转（基本支出结转）　　30 000
　　　　——本年收支结转（项目支出结转）　　116 000
　　　　——年初余额调整　　4 095
　　　　——归集调入　　20 000
　　　　——单位内部调剂　　21 000
　贷：财政拨款结转——累计结转　　191 095
借：财政拨款结转——累计结转　　85 000
　贷：财政拨款结转——归集调出　　30 000
　　　　　　——归集上缴　　55 000

（二）财政拨款结余的核算

财政拨款结余是行政事业单位取得的同级财政拨款项目支出的结余资金。

财政拨款结余 = 符合财政拨款结余性质的项目余额

财政拨款滚存结余 = 当年项目收支结余 ±(年初余额调整 + 归集上缴 + 单位内部调剂)

为了核算滚存的财政拨款项目支出结余资金的调整、结转和滚存情况，应设置“财政拨款结余”（结余类）总账账户，年末，对财政补助各明细项目执行情况进行分析，按照有关规定将符合财政拨款结余性质的项目余额转入财政拨款结余，借记“财政拨款结转——累计结转”账户，贷记本账户（结转转入），年末冲销有关明细账户余额。将本账户（年初余额调整、归集上缴、单位内部调剂、结转转入）余额转入本账户（累计结余），结转后，本账户除“累计结余”明细账户外，其他明细账户应无余额。本账户年末贷方余额，反映单位滚存的财政拨款结余资金数额。

本账户应当设置下列明细账户：“年初余额调整”“归集上缴”“单位内部调剂”“结转转入”“累计结余”。

财政拨款结余的主要账务处理如下：

1. 年末，对财政拨款结转各明细项目执行情况进行分析

按照有关规定将符合财政拨款结余性质的项目余额转入财政拨款结余，借记“财政拨款结转——累计结转”账户，贷记本账户（结转转入）。

【例6-35】 按例6-34，财政拨款项目资金收入共计70万元，年末结转结果为：A项目结余4万元（20万-16万）；B项目结余2.1万元（15万-12.9万）用于本单位调剂支出；C项目尚未完工结转5.5万元（35万-29.5万）。因此，A项目和B项目结余符合财政拨款结余性质，进行结转。

借：财政拨款结转——累计结转　　61 000
　贷：财政拨款结余——结转转入　　61 000

2. 年末冲销有关明细账户余额

将本账户（年初余额调整、归集上缴、单位内部调剂、结转转入）余额转入本账户（累计结余）。结转后，本账户除“累计结余”明细账户外，其他明细账户应无余额。

【例6-36】 按例6-33、例6-35，将财政拨款结余账户下的内部调剂和结转转入明细账户余额转入财政拨款结余账户下的累计结余明细账户。

借：财政拨款结余——累计结余　　21 000
　贷：财政拨款结余——单位内部调剂　　21 000
借：财政拨款结余——结转转入　　61 000
　贷：财政拨款结余——累计结余　　61 000

财政拨款结余贷方余额=61 000-21 000=40 000（元）

三、非财政拨款结转和结余的核算

（一）非财政拨款结转的核算

非财政拨款结转，是指行政事业单位年末将除财政拨款收支以外的各专项资金收入与其相关支出进行结转。

非财政拨款结转=事业预算收入
+上级补助预算收入
+附属单位上缴预算收入
+非同级财政拨款预算收入
+债务预算收入
+其他预算收入
（本年发生额中的专项资金收入）
-行政支出（事业支出）
-其他支出
（本年发生额中的非财政拨款专项资金支出）

行政事业单位为了核算单位除财政拨款收支、经营收支以外各非同级财政拨款专项资金的调整、结转和滚存情况，应设置“非财政拨款结转”（结余类）总账账户，借方记年末从行政支出或事业支出、其他支出本年发生额中的非财政拨款专项资金支出转入数及管理费用中的提取数，贷方记年末从事业预算收入、上级补助预算收入、附属单位上缴预算收入、非同级财政拨款预算收入、债务预算收入、其他预算收入本年发生额中的专项资金收入转入数。年末结转后，应当对非财政拨款专项结转资金各项目情况进行分析，将已完成项目的项目剩余资金区分以下情况处理：缴回原专项资金拨入单位的，借记本账户（缴回资金），贷记“资金结存——货币资金”账户。将留归本单位使用的非财政拨款专项剩余资金转入非财政拨款结余，借记本账户（累计结转），贷记“非财政拨款结余——结转转入”账户。本账户年末贷方余额，反映单位滚存的非同级财政拨款专项结转资金数额。

本账户应当设置下列明细账户：“年初余额调整”“缴回资金”“项目间接费用或管理费”“本年收支结转”“累计结转”。

【例6－37】 按前例6－34所给资料对非财政拨款收支进行结转。

（1）将“事业预算收入”和“非同级财政拨款预算收入”本年发生额中的专项资金收入数结转入“非财政拨款结转”账户的贷方。

借：事业预算收入——专项资金收入——科研经费　　1 000 000
　　　　　　　　　　　　　　　　——修缮工程款　　300 000
　　非同级财政拨款预算收入——专项资金收入——D项目　1 000 000
　　贷：非财政拨款结转——科研项目　　1 000 000
　　　　　　　　　　　——修缮工程　　300 000
　　　　　　　　　　　——D项目　　1 000 000

（2）将“事业支出”本年发生额中的非财政专项资金支出结转入“非财政拨款结转”账户的借方。

借：非财政拨款结转——科研项目　　400 000
　　　　　　　　　——修缮工程　　220 000
　　　　　　　　　——D项目　　900 000
　　贷：事业支出——非财政专项资金支出——科研项目　　400 000
　　　　　　　　　　　　　　　　　　——修缮工程　　220 000
　　　　　　　　　　　　　　　　　　——D项目　　900 000

（二）非财政拨款结余的核算

非财政拨款结余，是指行政事业单位历年滚存的非限定用途的非同级财政拨款结余资金，主要为非财政拨款结余扣除结余分配后滚存的金额。

非财政拨款滚存结余＝非同级财政拨款当年项目已完工剩余资金转入数±[年初余额调整＋项目间接费用或管理费提取额＋缴纳企业所得税＋其他结余转入数(行政单位)＋非财政拨款结余分配转入数(事业单位)]

行政事业单位为了核算非财政拨款结余的结转、使用和滚存情况，应设置“非财政拨款结余”（结余类）总账账户，借方记年初余额调整增加支出数、缴纳企业所得税额，贷方记提取项目管理费或间接费、年初余额调整减少支出数、非财政拨款专项资金留用结转数。本账户年末贷方余额，反映单位非同级财政拨款结余资金的累计滚存数额。

年末，将本账户（年初余额调整、项目间接费用或管理费、结转转入）余额结转入本账户（累计结余）。结转后，本账户除“累计结余”明细账户外，其他明细账户应无余额。

事业单位将“非财政拨款结余分配”账户余额转入非财政拨款结余。“非财政拨款结余分配”账户为借方余额的，借记本账户（累计结余），贷记“非财政拨款结余分配”账户；“非财政拨款结余分配”账户为贷方余额的，借记“非财政拨款结余分配”账户，贷记本账户（累计结余）。

行政单位将“其他结余”账户余额转入非财政拨款结余。“其他结余”账户为借方余额的，借记本账户（累计结余），贷记“其他结余”账户；“其他结余”账户为贷方余额的，借记“其他结余”账户，贷记本账户（累计结余）。

本账户应当设置下列明细账户：“年初余额调整”“项目间接费用或管理费”“结转转入”。

【例 6－38】 按前例 6－34 所给资料，修缮工程和 D 项目已完工，例 6－37 进行年末结转后，修缮工程剩余资金 8 万元（30 万－22 万）留归本单位使用，将“非财政拨款结转——修缮工程”贷方余额转入“非财政拨款结余”账户的贷方。D 项目剩余资金 10 万元（100 万－90 万），按规定缴回原拨款单位。

借：非财政拨款结转——修缮工程　　80 000
　　贷：非财政拨款结余　　80 000
借：非财政拨款结转——缴回资金　　100 000
　　贷：资金结存——货币资金　　100 000

四、经营结余、其他结余和专用结余的核算

（一）经营结余的核算

经营结余，是指事业单位本年度经营活动收支相抵后余额弥补以前年度经营亏损后的余额。经营收入要与经营支出对比进行结算，并单独反映，以正确反映经营收支结余。

经营结余＝经营预算收入－经营支出

事业单位应设置“经营结余”（结余类）总账账户，用来核算经营收支的结余。贷方记经营预算收入账户转入数，借方记经营支出账户转入数，余额一般在贷方，反映事业单位当

年经营收入大于支出的结余数。如果余额在借方，则反映当年经营支出大于收入的亏损数。年终，将“经营结余”账户的贷方余额全数转入“非财政拨款结余分配”账户：借记本账户，贷记“非财政拨款结余分配”账户。如为经营亏损则不结转，待以后年度用经营盈余弥补亏损。

【例6－39】 按前例6－34所给资料对经营结余进行结转。

（1）将“经营预算收入”账户余额转入“经营结余”账户的贷方。

借：经营预算收入　　2 700 000

　　贷：经营结余　　2 700 000

（2）将“经营支出”账户余额转入“经营结余”账户的借方。

借：经营结余　　2 000 000

　　贷：经营支出　　2 000 000

（3）将本年经营结余70万元（270万－200万）转入“非财政拨款结余分配”账户的贷方。

借：经营结余　　700 000

　　贷：非财政拨款结余分配　　700 000

（二）其他结余的核算

其他结余，是指行政事业单位本年度除财政拨款收支、非同级财政专项资金收支和经营收支以外各项收支相抵后的余额。

> **注意：**在核算其他结余时，其他各项非财政拨款、非专项收入之和要与支出之和对应进行结算，以正确反映其他收支结余，不能与经营结余混淆。

其他结余=事业预算收入
+上级补助预算收入
+附属单位上缴预算收入
+非同级财政拨款预算收入
+债务预算收入
+其他预算收入
（以上为：本年发生额中的非专项资金收入以及投资预算收益）
–行政支出（事业支出）
–其他支出
（以上为：本年发生额中的非同级财政、非专项资金支出）
–上缴上级支出
–对附属单位补助支出
–投资支出
–债务还本支出
（以上为：本年发生额）

【例6－40】 按前例6－34所给资料对其他结余进行结转。

（1）将“事业预算收入”“上级补助预算收入”“附属单位上缴预算收入”“其他预算收入”本年发生额中的非专项资金收入数结转入“其他结余”账户贷方。

借：事业预算收入　　5 200 000
　　上级补助预算收入　　600 000
　　附属单位上缴预算收入　　2 200 000
　　其他预算收入　　603 500
　　贷：其他结余　　8 603 500

（2）将事业支出本年发生额中的非财政、非专项资金支出583万元（1 780万－1 197万），以及对附属单位补助支出、上缴上级支出的本年发生额结转入“其他结余”账户的借方。

借：其他结余　　7 730 000
　　贷：事业支出——其他资金支出　　5 830 000
　　　　上缴上级支出　　500 000
　　　　对附属单位补助支出　　1 000 000
　　　　其他支出　　400 000

（3）将本年其他结余87.35万元（860.35万－773万）转入“非财政拨款结余分配”账户的贷方。

借：其他结余　　873 500
　　贷：非财政拨款结余分配　　873 500

（三）专用结余的核算

专用结余，是指事业单位按照规定从非财政拨款结余中提取的具有专门用途的资金。

事业单位为了核算专用结余的变动和滚存情况，应设置“专用结余”（结余类）总账账户，借方记使用专用基金而减少专用结余数，贷方记专用基金提取额而增加专用结余数。本账户年末贷方余额，反映事业单位从非同级财政拨款结余中提取的专用基金的累计滚存数额。

专用结余的主要账务处理如下：

（1）根据有关规定从本年度非财政拨款结余或经营结余中提取专用基金的，按照提取金额，借记“非财政拨款结余分配”账户，贷记本账户。实例见前面例6－1。

（2）根据规定使用从非财政拨款结余或经营结余中提取的专用基金时，按照使用金额，借记本账户，贷记“资金结存——货币资金”账户。实例见前面例6－5。

五、非财政拨款结余分配的核算

事业单位实现的结余应按规定对其进行分配。结余的分配涉及国家、单位、个人等各方面的利益，必须按照国家的法规、制度规定办理。

事业单位可供分配的资金有两个方面：其他结余和经营结余，财政拨款结余不能进行分配。单位应正确计算结余并进行结余分配。

结余分配的步骤为：

（1）将“其他结余”和“经营结余”贷方余额转入本账户。

（2）按规定比例提取职工福利基金。

（3）将本账户余额转入“非财政拨款结余”账户。

提示：从事经营活动并取得经营收益的单位，根据所得税税法按经营结余数计算缴纳所得税。

事业单位为了核算本年度非财政拨款结余分配的情况和结果，应设置“非财政补拨款结余分配”（结余类）总账账户，贷方记其他结余和经营结余转入数，借方记结余分配数，贷方余额反映未分配结余，应全部转入“非财政拨款结余——累计结余”账户，年末结转后，本账户无余额。

【例 6－41】 按前例 6－39 结转确定的经营结余数 70 万元和例 6－40 结转确定的其他结余数 87.35 万元，假定该单位职工福利基金提取比例为 20%，对非财政补助拨款进行分配并结转。

（1）计算应纳企业所得税额

借：非财政拨款结余——累计结余　　175 000

　　贷：资金结存——货币资金　　175 000

（2）提取职工福利基金

职工福利基金提取额 =（700 000 + 873 500 − 175 000）× 20% = 279 700（元）

借：非财政拨款结余分配　　279 700

　　贷：专用结余　　279 700

（3）将“非财政拨款结余分配”贷方余额 1 293 800 元（700 000 + 873 500 − 279 700）转入“非财政拨款结余”。

借：非财政拨款结余分配　　1 293 800

　　贷：非财政拨款结余——累计结余　　1 293 800

第七章
单位会计报表

学习目标

□ 了解年终清理和年终结账的主要事项

□ 掌握主要的会计报表及附表格式和编制方法

□ 了解会计报表的审核汇总方法

□ 了解事业单位财务分析方法

第一节　单位会计报表概述

一、单位会计报表的概念和构成内容

会计报表是反映行政事业单位在一定时期财务状况和预算收支执行结果的总结性书面文件。行政事业单位会计报表可以按照编报时间、编报内容和编报层次进行分类，如图 7－1 所示。

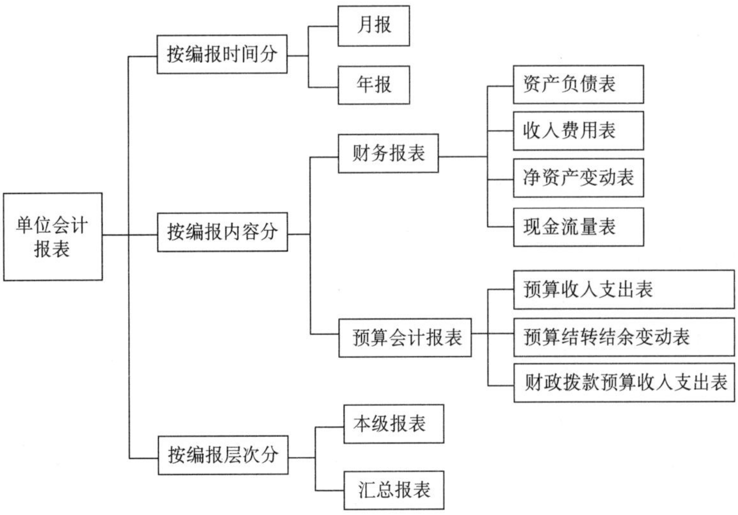

图 7－1　行政事业单位会计报表分类示意图

二、单位会计报表的作用

政府会计主体应当编制决算报告和财务报告。

决算报告的目标是向决算报告使用者提供与政府预算执行情况有关的信息，综合反映政府会计主体预算收支的年度执行结果，有助于决算报告使用者进行监督和管理，并为编制后续年度预算提供参考和依据。政府决算报告使用者包括各级人民代表大会及其常务委员会、各级政府及其有关部门、政府会计主体自身、社会公众和其他利益相关者。

财务报告的目标是向财务报告使用者提供与政府的财务状况、运行情况（含运行成本，下同）和现金流量等有关信息，反映政府会计主体公共受托责任履行情况，有助于财务报告使用者做出决策或者进行监督和管理。政府财务报告使用者包括各级人民代表大会常务委员会、债权人、各级政府及其有关部门、政府会计主体自身和其他利益相关者。

政府决算报告和财务报告的主要部分就是会计报表，其具体作用为：

［扫一扫］

政府综合财务报告

（1）各单位可以利用会计报表及其他有关资料，分析和检查单位预算的执行情况，发现预算管理和财务管理中存在的问题，以便采取有效措施，改进预算管理工作，提高财务管理水平。

（2）财政及有关部门可以通过单位上报的会计报表，掌握单位的预算执行进度，监督指导单位合理有效使用财政资金，并正确核算预算支出，充分发挥政府宏观调控职能。

（3）各级主管部门和债权人可以利用单位提供的会计报表分析单位资金使用情况和遵守财经法规制度情况，以促进单位提高预算管理水平，并据以正确做出出资、贷款的决策。

三、编制年报的准备工作

行政事业单位在年度终了前，应根据财政部门或主管部门的决算编审工作要求，对各项收支账目、往来款项、货币资金和财产物资进行全面的年终清理结算，在此基础上办理年终结账，编报决算。

（一）年终清理结算

1. 清理、核对年度预算收支数字和各项缴拨款、上缴下拨款项数字

年终前，对财政部门、上级单位和所属单位之间的全年预算数（包括追加、追减和上缴下拨数字）以及应上缴、拨补的款项等，都应按规定进行清理结算，保证上、下级之间的年度预算数、领拨经费数和上缴、下拨数一致。

为了准确反映各项收支数额，凡属本年度的应拨应交款项，应当在 12 月 31 日前汇达对方。主管会计单位对所属各单位的拨款应截至 12 月 25 日为止。

2. 清理核对各项收支款项

凡属本年的各项收入都应及时入账。本年的各项应缴财政款，应在年终前全部上缴。属于本年的各项支出，应按规定用途如实列报。年度单位支出决算，一律以基层单位截至12月31日的本年实际支出数为准，不得将年终前预拨下年度的预算拨款列入本年的支出，也不得以上级单位的拨款数代替基层会计单位的实际支出数。

3. 清理往来款项

对应收、应付、预收、预付的各种款项，年终前要尽量清理完毕。人欠收回，欠人付清。按有关规定应转作各项收入或支出的往来款项要及时结转，编入本年决算。

4. 清理货币资金

年终，行政事业单位应及时同开户银行对账，银行存款账面余额应同银行对账单余额核对相符。现金账面余额应同库存现金核对相符。有价证券账面数字，应同实存的有价证券核对相符。

5. 清理财产物资

年终前，行政事业单位应对各项财产物资进行清理盘点。发生盘盈、盘亏时，应及时查明原因，按规定做出处理，调整账务，做到账账相符，账实相符。

（二）年终结账

行政事业单位在年终清理结算的基础上进行年终结账。包括年终转账、结清旧账和记入新账三个阶段：

1. 年终转账

各行政事业单位在年度终了对账簿记录核对无误后，进行有关年终转账工作。具体步骤是：

（1）计算出各账户12月份的借方或贷方合计数和全年累计数，并结出12月末的余额。

（2）根据12月末余额进行试算平衡。

（3）填制12月31日年终冲销转账记账凭证，将有关收支账户余额进行冲销结转。

> **注意：**年终转账后，收支（费用）类账户一般就没有余额。

2. 结清旧账

根据上述年终转账业务的记账凭证，记入有关账户，结出各账户借方和贷方的“全年累计数”。

（1）对于记入后无余额的账户，在下面划双红线，表示本账户全部结清。

（2）对记入后有余额的账户，在“全年累计”下行的“摘要”栏内注明“结转下年”字样，再在下面划双红线，表示年终余额转入新账，结束旧账。

3. 记入新账

根据本年度各账户余额，编制年终决算的“资产负债表”和有关明细表；根据表列各账户的余额，直接记入新年度有关总账和明细账各账户（不编制记账凭证），并在“摘要”栏内注明“上年结转”字样，以区别新年度发生额。

第二节　单位会计报表的编审

一、财务报表

财务报表是对政府会计主体财务状况、运行情况和现金流量等信息的结构性表述。包括会计报表和附注，会计报表主要有资产负债表、收入费用表、净资产变动表和现金流量表，单位可自行选择编制现金流量表。资产负债表和收入费用表有月报和年报，而净资产变动表和现金流量表只有年报。财务报表的编制主要以权责发生制为基础，以财务会计核算生成的数据为准。

（一）资产负债表

1. 资产负债表的性质和作用

资产负债表是反映行政事业单位在某一特定日期的财务状况的报表，即反映单位在某一特定日期全部资产、负债和净资产的情况。它是行政事业单位最基本、最主要的报表，应于月末、年末编制报出。

通过对资产负债表的分析，可以掌握单位的经济资源及这些资源的分布和结构，了解单位的资金情况和负债状况；了解单位的财务实力、短期偿债能力和支付能力。对前后期的资产负债表加以对照分析，还可以看出单位资产负债的变化情况及财务状况的发展趋势。

2. 资产负债表的编制方法

资产负债表按照资产、负债和净资产分类列示，其中，资产和负债应当分别流动资产和非流动资产、流动负债和非流动负债列示。资产负债表的格式也就按照“资产 = 负债 + 净资产”的平衡等式构建。

编制方法：

（1）资产负债表中的年初余额，即上年年末数，应当根据上年年末资产负债表“期末余额”栏内数字填列。如果本年度资产负债表规定的项目的名称和内容同上年度不一致，应当对上年年末资产负债表项目的名称和数字按照本年度的规定进行调整，将调整后数字填入本表“年初余额”栏内。如果本年度单位发生了因前期差错更正、会计政策变更等调整以前年度盈余的事项，还应当对“年初余额”栏中的有关项目金额进行相应调整。

（2）资产负债表中的期末余额，一般是按报告期各总账账户及明细账户的期末余额填列，有一些项目则例外，填列方法如下所示：

资产类项目
- “货币资金”=“库存现金”+“银行存款”+“零余额账户用款额度”+“其他货币资金”
- “应收账款净额”=“应收账款”-按应收账款计提的“坏账准备”
- “其他应收款净额”=“其他应收款”-按其他收账款计提的“坏账准备”
- “存货”=“在途物品”+“库存物品”+“加工物品”
- “一年内到期的非流动资产”：根据“长期债券投资”等账户的明细账户的期末余额分析填列
- “受托代理资产”=“受托代理资产”+(“库存现金”+“银行存款”)账户下“受托代理资产”
- “资产总计”=“流动资产合计”+“非流动资产合计”+“受托代理资产”

负债类项目
- “一年内到期的非流动负债”=根据“长期应付款”+“长期借款”等账户的明细账户的期末余额分析填列
- “长期借款”=“长期借款”-将于1年内(含1年)到期的长期借款
- “长期应付款”=“长期应付款”-将于1年内(含1年)到期的长期应付款

净资产类项目
- “无偿调拨净资产”：仅在月度报表中列示,年度报表中不列示
- “本期盈余”：仅在月度报表中列示,年度报表中不列示
- “净资产合计”项目=“累计盈余”+“专用基金”+“权益法调整”+“无偿调拨净资产”[月度报表]+“本期盈余”[月度报表]
- “负债和净资产总计”=“负债合计”+“净资产合计”

现举例说明年终结转的程序及资产负债表编制的方法。

【例7-1】 某事业单位××年年初及12月末财务会计有关资产、负债和净资产账户余额如表7-1所示，收入和费用账户本年发生额如表7-2所示，依据表7-2所给资料进行年终结转，并根据表7-1及年终结转结果编制资产负债表。

表7-1　　资产、负债和净资产账户余额表

科目名称	年初数	12月末余额	科目名称	年初数	12月末余额
库存现金	3 000	7 000	短期借款	25 000	32 000
银行存款	12 000	45 000	其他应交税费	4 600	12 000
零余额账户用款额度			应付票据	3 900	15 000
短期投资	10 000	60 000	应付账款	5 000	12 850
财政应返还额度	40 000	180 000	预收账款	8 000	5 400
应收票据	14 000	18 000	其他应付款	4 500	9 600
应收账款	15 000	6 000	长期借款	48 200	91 300
预付账款	6 000	4 000	长期应付款	20 000	10 000
应收利息	1 300	2 600			
其他应收款	3 000	5 000	负债小计	119 200	188 150
坏账准备	-900	-550			
在途物品	400	300			
库存物品	20 000	65 000	累计盈余	182 600	217 600
长期债券投资	40 000	60 000	专用基金	120 000	120 000

续表

科目名称	年初数	12月末余额	科目名称	年初数	12月末余额
固定资产	300 000	360 000			
固定资产累计折旧	-50 000	-60 000	无偿调拨净资产		80 000
在建工程			本期盈余		156 600
无形资产	10 000	13 000	净资产小计	302 600	574 200
无形资产累计摊销	-2 000	-3 000			
长期待摊费用					
资产小计	421 800	762 350			
资产合计	421 800	762 350	负债和净资产合计	421 800	762 350

表 7-2　　收入和费用账户发生额

账户	借方发生额		账户	贷方发生额	
	12月	11月累计		12月	11月累计
业务活动费用	97 000	958 000	财政拨款收入——基本支出	62 500	687 500
单位管理费用	36 200	278 800	——项目支出	50 000	200 000
资产处置费用	3 000	37 000	事业收入	65 000	735 000
上缴上级费用	22 500	247 500	非同级财政拨款收入	3 000	27 000
对附属单位补助费用	10 000	190 000	上级补助收入	20 000	230 000
所得税费用	20 000		附属单位上缴收入	8 000	82 000
其他费用	24 000	326 000	经营收入	27 500	302 500
经营费用	21 000	229 000	投资收益	1 000	1 000
			捐赠收入	10 000	30 000
			利息收入	600	
			租金收入	4 000	47 000
			其他收入	5 200	57 800
合计	233 700	2 266 300	合计	256 800	2 399 800

注：12月初“本期盈余”贷方余额为133 500元（2 399 800-2 266 300）。

①结转12月收入，账务处理为：

借：财政拨款收入	112 500
事业收入	65 000
上级补助收入	20 000
附属单位上缴收入	8 000
经营收入	27 500
非同级财政拨款收入	3 000
投资收益	1 000
捐赠收入	10 000
利息收入	600

租金收入　　4 000

其他收入　　5 200

贷：本期盈余　　256 800

②结转12月费用，账务处理为：

借：本期盈余　　233 700

贷：业务活动费用　　97 000

单位管理费用　　36 200

经营费用　　21 000

资产处置费用　　3 000

上缴上级费用　　22 500

对附属单位补助费用　　10 000

所得税费用　　20 000

其他费用　　24 000

本期盈余年末贷方余额 = 133 500 + 256 800 - 233 700 = 156 600（元）

③将“本期盈余”转入“盈余分配”，账务处理为：

借：本期盈余　　156 600

贷：本年盈余分配　　156 600

④按照预算会计计算的提取金额计提专用基金：

借：本年盈余分配——提取专用基金　　15 200

贷：专用基金——职工福利基金　　15 200

⑤将“本年盈余分配”账户的余额转入“累计盈余”：

借：本年盈余分配　　141 400

贷：累计盈余　　141 400

⑥发生以下调整事项：将“无偿调拨净资产”账户的余额8万元转入累计盈余，从“以前年度盈余调整”账户借方转入“累计盈余”账户贷方金额为3.5万元，从主管部门调入财政拨款结转预算指标1万元，财政拨款资金安排的A项目尚未完成，结转资金6万元。

借：无偿调拨净资产　　80 000

贷：累计盈余　　80 000

借：以前年度盈余调整　　35 000

贷：累计盈余　　35 000

借：财政应返还额度　　10 000

贷：累计盈余　　10 000

借：累计盈余　　60 000

贷：财政应返还额度　　60 000

⑦使用职工福利基金3万元维修职工浴室。

借：专用基金——职工福利基金　　30 000

贷：银行存款　　30 000

假设无其他调整项目金额，则年末结转后编制资产负债表如表7-3所示。

表 7-3　　资产负债表　　会政财 01 表

编制单位：　　××年 12 月 31 日　　单位：元

资　　产	期末余额	年初余额	负债和净资产	期末余额	年初余额
流动资产：			**流动负债：**		
货币资金	22 000	15 000	短期借款	32 000	25 000
短期投资	60 000	10 000	应交增值税	12 000	4 600
财政应返还额度	130 000	40 000	其他应交税费		
应收票据	18 000	14 000	应缴财政款		
应收账款净额	5 700	14 250	应付职工薪酬		
预付账款	4 000	6 000	应付票据	15 000	3 900
应收股利			应付账款	12 850	5 000
应收利息	2 600	1 300	应付政府补贴款		
其他应收款净额	4 750	2 850	应付利息		
存货	65 300	20 400	预收账款	5 400	8 000
待摊费用			其他应付款	9 600	4 500
一年内到期的非流动资产			预提费用		
其他流动资产			一年内到期的非流动负债		
流动资产合计	312 350	123 800	其他流动负债		
非流动资产：			**流动负债合计**	86 850	51 000
长期股权投资			**非流动负债：**		
长期债券投资	60 000	40 000	长期借款	91 300	48 200
固定资产原值	360 000	300 000	长期应付款	10 000	20 000
减：固定资产累计折旧	60 000	50 000	预计负债		
固定资产净值	300 000	250 000	其他非流动负债		
工程物资			**非流动负债合计**	101 300	68 200
在建工程			受托代理负债		
无形资产原值	13 000	10 000	**负债合计**	188 150	119 200
减：无形资产累计摊销	3 000	2 000			
无形资产净值	10 000	8 000			
研发支出					
公共基础设施原值					
减：公共基础设施累计折旧（摊销）					
公共基础设施净值					
政府储备物资					
文物文化资产					

续表

资　　产	期末余额	年初余额	负债和净资产	期末余额	年初余额
保障性住房原值					
减：保障性住房累计折旧			**净资产：**		
保障性住房净值			累计盈余	389 000	182 600
长期待摊费用			专用基金	105 200	120 000
待处理财产损溢			权益法调整		
其他非流动资产			无偿调拨净资产*		
非流动资产合计	370 000	298 000	本期盈余*		
受托代理资产			**净资产合计**	494 200	302 600
资产总计	682 350	421 800	**负债和净资产总计**	682 350	421 800

注："*"标识项目为月报项目，年报中不需列示。

（二）收入费用表

收入费用表是反映政府会计主体在一定会计期间运行情况的报表，具体反映单位在某一会计期间内发生的收入、费用及当期盈余情况。通过收入费用表，可以判断行政事业单位的财务成果，评价业绩。

在编制本表时，各项收入和费用数根据本期发生额填列，此外，有关项目填列方法如下所述：

（1）"本月数"栏反映各项目的本月实际发生数。编制年度收入费用表时，应当将本栏改为"本年数"，反映本年度各项目的实际发生数。

（2）"本年累计数"栏反映各项目自年初至报告期期末的累计实际发生数。编制年度收入费用表时，应当将本栏改为"上年数"，反映上年度各项目的实际发生数，"上年数"栏应当根据上年年度收入费用表中"本年数"栏内所列数字填列。

（3）"本期收入"项目，反映单位本期收入总额。本项目应当根据本表中"财政拨款收入""事业收入""上级补助收入""附属单位上缴收入""经营收入""非同级财政拨款收入""投资收益""捐赠收入""利息收入""租金收入""其他收入"项目金额的合计数填列。

（4）"本期盈余"项目，反映单位本期收入扣除本期费用后的净额。本项目应当根据本表中"本期收入"项目金额减去"本期费用"项目金额后的金额填列；如为负数，以"－"号填列。

【例7－2】 按前例7－1所给资料编制收入费用表，见表7－4所示。

表7－4　　　　**收入费用表**　　　　会政财02表

编制单位：　　　　××年12月　　　　单位：元

项　目	本月数	本年累计数
一、本期收入	256 800	2 656 600
（一）财政拨款收入	112 500	1 000 000
其中：政府性基金收入		

续表

项　目	本月数	本年累计数
（二）事业收入	65 000	800 000
（三）上级补助收入	20 000	250 000
（四）附属单位上缴收入	8 000	90 000
（五）经营收入	27 500	330 000
（六）非同级财政拨款收入	3 000	30 000
（七）投资收益	1 000	2 000
（八）捐赠收入	10 000	40 000
（九）利息收入	600	600
（十）租金收入	4 000	51 000
（十一）其他收入	5 200	63 000
二、本期费用	233 700	2 500 000
（一）业务活动费用	97 000	1 055 000
（二）单位管理费用	36 200	315 000
（三）经营费用	21 000	250 000
（四）资产处置费用	3 000	40 000
（五）上缴上级费用	22 500	270 000
（六）对附属单位补助费用	10 000	200 000
（七）所得税费用	20 000	20 000
（八）其他费用	24 000	350 000
三、本期盈余	23 100	156 600

（三）净资产变动表

净资产变动表是反映行政事业单位在某一会计年度内净资产项目变动情况的报表。该表编制方法如下：

本表“上年数”栏反映上年度各项目的实际变动数，应当根据上年度净资产变动表中“本年数”栏内所列数字填列。

本表“本年数”栏反映本年度各项目的实际变动数，具体填制方法为：

（1）“上年年末余额”：反映单位净资产各项目上年年末的余额。根据“累计盈余”“专用基金”“权益法调整”账户上年年末余额填列。

（2）“以前年度盈余调整”：反映单位本年度调整以前年度盈余的事项对累计盈余进行调整的金额。本行“累计盈余”项目应当根据本年度“以前年度盈余调整”账户转入“累计盈余”账户的金额填列；如调整减少累计盈余，以“－”号填列。

（3）“本年年初余额”行，反映经过以前年度盈余调整后，单位净资产各项目的本年年初余额。本行“累计盈余”“专用基金”“权益法调整”项目应当根据其各自在“上年年末余额”和“以前年度盈余调整”行对应项目金额的合计数填列。

（4）“本年变动金额”行，反映单位净资产各项目本年变动总金额。本行“累计盈余”

“专用基金”“权益法调整”项目应当根据其各自在“本年盈余”“无偿调拨净资产”“归集调整预算结转结余”“提取或设置专用基金”“使用专用基金”“权益法调整”行对应项目金额的合计数填列。

(5)“本年盈余”：根据年末由“本期盈余”科目转入“本年盈余分配”账户的金额填列，如转入时借记“本年盈余分配”账户，则以“－”号填列。

(6)“无偿调拨净资产”：根据年末由“无偿调拨净资产”科目转入“累计盈余”账户的金额填列，如转入时借记“累计盈余”账户，则以“－”号填列。

(7)“归集调整预算结转结余”：根据“累计盈余”账户明细账记录分析填列，如归集调整减少预算结转结余，则以“－”号填列。

(8)“提取或设置专用基金”：本行“累计盈余”项目应当根据“从预算结余中提取”行“累计盈余”项目的金额填列。本行“专用基金”项目应当根据“从预算收入中提取”“从预算结余中提取”“设置的专用基金”行“专用基金”项目金额的合计数填列。

(9)“使用专用基金”：本行“累计盈余”“专用基金”项目应当通过对“专用基金”账户明细账记录的分析，根据本年按规定使用专用基金的金额填列。

(10)“权益法调整”：根据“权益法调整”账户本年发生额填列。

(11)“本年年末余额”行，反映单位本年各净资产项目的年末余额。本行“累计盈余”“专用基金”“权益法调整”项目应当根据其各自在“本年年初余额”“本年变动金额”行对应项目金额的合计数填列。

(12)“净资产合计”：应当根据所在行“累计盈余”“专用基金”“权益法调整”项目金额的合计数填列。

【例7－3】 按前例7－1所给资料编制净资产变动表，见表7－5，假设该单位没有股权投资项目。

表7－5 **净资产变动表** 会政财03表

编制单位： ××年 单位：元

项　目	本年数				上年数			
	累计盈余	专用基金	权益法调整	净资产合计	累计盈余	专用基金	权益法调整	净资产合计
一、上年年末余额	182 600	120 000		302 600				
二、以前年度盈余调整（减少以“－”号填列）	35 000	—	—	35 000		—	—	
三、本年年初余额	217 600	120 000		337 600				
四、本年变动金额（减少以“－”号填列）	171 400	－14 800		156 600				
（一）本年盈余	156 600	—	—	156 600		—	—	
（二）无偿调拨净资产	80 000	—	—	80 000		—	—	
（三）归集调整预算结转结余	－50 000	—	—	－50 000		—	—	
（四）提取或设置专用基金	－15 200	15 200	—				—	

续表

项目	本年数				上年数			
	累计盈余	专用基金	权益法调整	净资产合计	累计盈余	专用基金	权益法调整	净资产合计
其中：从预算收入中提取	—		—		—		—	
从预算结余中提取	-15 200	15 200	—				—	
设置的专用基金	—		—		—		—	
（五）使用专用基金		-30 000	—	-30 000			—	
（六）权益法调整	—	—			—	—		
五、本年年末余额	389 000	105 200		494 200				

注："—"标识单元格不需填列。

二、预算会计报表

政府决算报告是综合反映政府会计主体年度预算收支执行结果的文件。政府决算报告应当包括决算报表和其他应当在决算报告中反映的相关信息和资料。决算报表即预算会计报表，包括预算收入支出表、预算结转结余变动表和财政拨款预算收入支出表。预算会计报表的编制主要以收付实现制为基础，以预算会计核算生成的数据为准，只编制年度报表。

（一）预算收入支出表

预算收入支出表是反映行政事业单位在某一会计年度内各项预算收入、预算支出和预算收支差额情况的报表。该表是动态报表，通过该表可以判断行政业绩或事业成果，预测未来发展趋势。

在编制本表时，各项预算收入和预算支出数根据本期发生额填列，此外，有关项目填列方法如下所述：

（1）本表"本年数"栏反映各项目的本年实际发生数。本表"上年数"栏反映各项目上年度的实际发生数，应当根据上年度预算收入支出表中"本年数"栏内所列数字填列。

（2）"本年预算收入"：反映单位本年预算收入总额。本项目应当根据本表中"财政拨款预算收入""事业预算收入""上级补助预算收入""附属单位上缴预算收入""经营预算收入""债务预算收入""非同级财政拨款预算收入""投资预算收益""其他预算收入"项目金额的合计数填列。

（3）"本年预算支出"项目，反映单位本年预算支出总额。本项目应当根据本表中"行政支出""事业支出""经营支出""上缴上级支出""对附属单位补助支出""投资支出""债务还本支出"和"其他支出"项目金额的合计数填列。

（4）"本年预算收支差额"项目，反映单位本年各项预算收支相抵后的差额。本项目应当根据本表中"本期预算收入"项目金额减去"本期预算支出"项目金额后的金额填列；如相减后金额为负数，以"-"号填列。

【例7-4】 接前例，该事业单位预算会计收支账户本年发生额，如表7-6所示，据以编制本年预算收入支出表，如表7-7所示。

表7－6　　预算收入和预算支出账户本年发生额

账　户	借方发生额	账　户	贷方发生额
事业支出	1 400 000	财政拨款预算收入	1 000 000
其中：基本支出	1 160 000	其中：基本支出	750 000
1. 财政拨款支出	740 000	项目支出	250 000
2. 其他资金支出	420 000	事业预算收入	800 000
项目支出	240 000	其中：专项资金收入	100 000
1. 财政拨款项目	160 000	上级补助预算收入	200 000
2. 非财政拨款项目	80 000	附属单位上缴预算收入	110 000
经营支出	250 000	经营预算收入	330 000
上缴上级支出	270 000	非同级财政拨款预算收入	30 000
对附属单位补助支出	200 000	投资预算收益	2 000
其他支出	355 000	其他预算收入	219 000
		其中：利息预算收入	400
		捐赠预算收入	40 000
		租金预算收入	60 000
支出小计	2 475 000	收入小计	2 691 000

表7－7　　预算收入支出表　　会政预01表

编制单位：　　××年　　单位：元

项　目	本年数	上年数
一、本年预算收入	2 691 000	略
（一）财政拨款预算收入	1 000 000	
其中：政府性基金收入		
（二）事业预算收入	800 000	
（三）上级补助预算收入	200 000	
（四）附属单位上缴预算收入	110 000	
（五）经营预算收入	330 000	
（六）债务预算收入		
（七）非同级财政拨款预算收入	30 000	
（八）投资预算收益	2 000	
（九）其他预算收入	219 000	
其中：利息预算收入	400	
捐赠预算收入	40 000	
租金预算收入	60 000	
二、本年预算支出	2 475 000	
（一）行政支出		
（二）事业支出	1 400 000	

续表

项　目	本年数	上年数
（三）经营支出	250 000	
（四）上缴上级支出	270 000	
（五）对附属单位补助支出	200 000	
（六）投资支出		
（七）债务还本支出		
（八）其他支出	355 000	
其中：利息支出		
捐赠支出		
三、本年预算收支差额	216 000	

（二）预算结转结余变动表

预算结转结余变动表是反映行政事业单位在某一会计年度内预算结转结余的变动情况的报表。该表有关项目填制如下：

本表"上年数"栏反映各项目的上年实际发生数，应当根据上年度预算结转结余变动表中"本年数"栏内所列数字填列。

本表"本年数"栏反映各项目的本年实际发生数，具体填制方法为：

（1）"年初预算结转结余"："财政拨款结转结余"+"其他资金结转结余"。

（2）"其他资金结转结余"根据"非财政拨款结转""非财政拨款结余""专用结余""经营结余"账户本年年初余额的合计数填列。

（3）"年初余额调整"："财政拨款结转结余"+"其他资金结转结余"。

（4）"财政拨款结转结余"：根据"财政拨款结转""财政拨款结余"账户下"年初余额调整"明细账户的本年发生额的合计数填列；如调整减少年初财政拨款结转结余，以"－"号填列。

（5）"其他资金结转结余"：根据"非财政拨款结转""非财政拨款结余"账户下"年初余额调整"明细账户的本年发生额的合计数填列；如调整减少年初其他资金结转结余，以"－"号填列。

（6）"本年变动金额"："财政拨款结转结余"+"其他资金结转结余"。

（7）"财政拨款结转结余"：根据本项目下"本年收支差额""归集调入""归集上缴或调出"项目金额的合计数填列。

（8）"其他资金结转结余"：根据本项目下"本年收支差额""缴回资金""使用专用结余""支付所得税"项目金额的合计数填列。

（9）"本年收支差额"，反映单位本年除财政拨款外的其他资金收支相抵后的差额。本项目应当根据"非财政拨款结转"账户下"本年收支结转"明细账户"其他结余"账户"经营结余"账户本年转入的预算收入与预算支出的差额的合计数填列；如为负数，以"－"号填列。

（10）"年末预算结转结余"："财政拨款结转结余"+"其他资金结转结余"。

（11）“财政拨款结转结余”：根据本项目下“财政拨款结转”“财政拨款结余”项目金额的合计数填列。

（12）“其他资金结转结余”：根据本项目下“非财政拨款结转”“非财政拨款结余”“专用结余”“经营结余”项目金额的合计数填列。

（13）“年末预算结转结余”=“年初预算结转结余”+“年初余额调整”+“本年变动金额”=年初财政拨款结转结余±调整年初财政拨款结转结余+本年财政拨款收入-本年财政拨款支出+归集调入-归集上缴或调出。

【例7-5】 按例7-4所给该事业单位预算会计收支账户本年发生额，进行年末结转，并编制预算结转结余变动表，见表7-8。假设财政拨款结转年初数为8万元，其中，基本支出结转5万元，项目支出结转3万元；财政拨款结余年初数为5万元，属于项目结余；其他资金结转结余年初数为19万元。年末财政拨款A项目结余资金2.5万元，经批准调剂用于本单位基本支出。

①结转财政拨款预算收入和预算支出：

借：财政拨款预算收入——基本支出　　750 000
　　　　　　　　　　——项目支出　　250 000
　贷：财政拨款结转——本年收支结转——基本支出结转　　750 000
　　　　　　　　　　　　　　　　——项目支出结转　　250 000
借：财政拨款结转——本年收支结转——基本支出结转　　740 000
　　　　　　　　　　　　　　　——项目支出结转　　160 000
　贷：事业支出——财政拨款支出——基本支出　　740 000
　　　　　　　　　　　　　　——项目支出　　160 000

本年收支结转基本支出贷方余额=750 000-740 000=10 000（元）

本年收支结转项目支出贷方余额=250 000-160 000=90 000（元）

②财政拨款A项目结余资金25 000元，经批准调剂用于本单位基本支出。

借：财政拨款结转——累计结转　　25 000
　贷：财政拨款结余——结转收入　　25 000
借：财政拨款结余——单位内部调剂　　25 000
　贷：财政拨款结转——单位内部调剂　　25 000

③按例7-3所给资料，年末冲销“财政拨款结转”账户有关明细账户余额。

借：财政拨款结转——本年收支结转（基本支出结转）　　10 000
　　　　　　　　——本年收支结转（项目支出结转）　　90 000
　　　　　　　　——年初余额调整　　35 000
　　　　　　　　——归集调入　　10 000
　　　　　　　　——单位内部调剂　　25 000
　贷：财政拨款结转——累计结转　　170 000
借：财政拨款结转——累计结转　　60 000
　贷：财政拨款结转——归集上缴　　60 000

④结转非财政拨款收支：

借：事业预算收入——专项资金收入　　100 000

　　贷：非财政拨款结转　　100 000
借：非财政拨款结转　　80 000
　　贷：事业支出——非财政专项资金支出　　80 000

若该结余留单位，则：

借：非财政拨款结转——累计结转　　20 000
　　贷：非财政拨款结余——结转转入　　20 000
借：非财政拨款结余——结转转入　　20 000
　　贷：非财政拨款结余——累计结余　　20 000

⑤结转经营结余：

借：经营预算收入　　330 000
　　贷：经营结余　　330 000
借：经营结余　　250 000
　　贷：经营支出　　250 000
借：经营结余　　80 000
　　贷：非财政拨款结余分配　　80 000

⑥结转其他结余：

借：事业预算收入　　700 000
　　上级补助预算收入　　200 000
　　附属单位上缴预算收入　　110 000
　　非同级财政拨款预算收入　　30 000
　　投资预算收益　　2 000
　　其他预算收入　　219 000
　　贷：其他结余　　1 261 000
借：其他结余　　1 245 000
　　贷：事业支出——其他资金支出　　420 000
　　　　上缴上级支出　　270 000
　　　　对附属单位补助支出　　200 000
　　　　其他支出　　355 000
借：其他结余　　16 000
　　贷：非财政拨款结余分配　　16 000

⑦对非财政拨款结余进行结转分配：

计算应纳企业所得税额 = 80 000 × 25% = 20 000（元）

提取职工福利基金 =（80 000 + 16 000 − 20 000）× 20% = 15 200（元）

借：非财政拨款结余分配　　15 200
　　贷：专用结余　　15 200

⑧将“非财政拨款结余分配”贷方余额 80 800 元（80 000 + 16 000 − 15 200）转入“非财政拨款结余”。

借：非财政拨款结余分配　　80 800
　　贷：非财政拨款结余——累计结余　　80 800

⑨缴纳企业所得税：

借：非财政拨款结余——累计结余 20 000

贷：资金结存——货币资金 20 000

表 7-8 **预算结转结余变动表** 会政预 02 表

编制单位： ××年 单位：元

项 目	本年数	上年数
一、年初预算结转结余	320 000	略
（一）财政拨款结转结余	130 000	
（二）其他资金结转结余	190 000	
二、年初余额调整（减少以“-”号填列）	35 000	
（一）财政拨款结转结余	35 000	
（二）其他资金结转结余		
三、本年变动金额（减少以“-”号填列）	116 000	
（一）财政拨款结转结余	50 000	
1. 本年收支差额	100 000	
2. 归集调入	10 000	
3. 归集上缴或调出	-60 000	
（二）其他资金结转结余	66 000	
1. 本年收支差额	116 000	
2. 缴回资金		
3. 使用专用结余	-30 000	
4. 支付所得税	-20 000	
四、年末预算结转结余	471 000	
（一）财政拨款结转结余	215 000	
1. 财政拨款结转	140 000	
2. 财政拨款结余	75 000	
（二）其他资金结转结余	256 000	
1. 非财政拨款结转		
2. 非财政拨款结余	156 000	
3. 专用结余	100 000	
4. 经营结余（如有余额，以“-”号填列）		

（三）财政拨款预算收入支出表

财政拨款预算收入支出表反映行政事业单位本年财政拨款预算资金收入、支出及相关变动的具体情况的报表（见表 7-9）。该表编制方法如下：

（1）本表“项目”栏内各项目，应当根据单位取得的财政拨款种类分项设置。其中“项目支出”项目下，根据每个项目设置。

（2）“年初财政拨款结转结余”：根据“财政拨款结转”“财政拨款结余”及其明细账

户的年初余额填列。

（3）“调整年初财政拨款结转结余”：根据“财政拨款结转”“财政拨款结余”账户下“年初余额调整”明细账户及其所属明细账户的本年发生额填列。

（4）“本年归集调入”：根据“财政拨款结转”账户下“归集调入”明细账户及其所属明细账户的本年发生额填列。

（5）“本年归集上缴或调出”：根据“财政拨款结转”“财政拨款结余”账户下“归集上缴”账户和“财政拨款结转”账户下“归集调出”明细账户，及其所属明细账户的本年发生额填列，以“－”号填列。

（6）“单位内部调剂”：根据“财政拨款结转”和“财政拨款结余”账户下的“单位内部调剂”明细账户及其所属明细账户的本年发生额填列；对单位内部调剂减少的财政拨款结余金额，以“－”号填列。

（7）“本年财政拨款收入”：根据“财政拨款预算收入”账户及其所属明细账户的本年发生额填列。

（8）“本年财政拨款支出”：根据“行政支出”“事业支出”等账户及其所属明细账户本年发生额中的财政拨款支出数的合计数填列。

（9）“年末财政拨款结转结余”：根据“财政拨款结转”“财政拨款结余”账户及其所属明细账户的年末余额填列。

三、会计报表附注

附注是对在会计报表中列示的项目所作的进一步说明，以及对未能在会计报表中列示项目的说明。附注是财务报表的重要组成部分。凡对报表使用者的决策有重要影响的会计信息，单位均应当充分披露。附注主要包括下列内容：

（一）单位的基本情况

行政事业单位在提供的报表中应当简要披露其基本情况，包括单位主要职能、主要业务活动、所在地、预算管理关系等。

（二）会计报表编制基础

（三）遵循政府会计准则和制度的声明

（四）重要会计政策和会计估计

行政事业单位应当采用与其业务特点相适应的具体会计政策，并充分披露报告期内采用的重要会计政策和会计估计。包括会计期间、记账本位币、外币折算汇率、坏账准备的计提方法、摊销方法、折旧方法等会计政策，本期发生重要会计政策和会计估计变更的，需要披露变更的内容和原因、受其重要影响的报表项目名称和金额、相关审批程序，以及会计估计变更开始适用的时点等。

表 7－9 **财政拨款预算收入支出表** 会政预 03 表

编制单位： ××年 单位：元

项目	年初财政拨款结转结余		调整年初财政拨款结转结余	本年归集调入	本年归集上缴或调出	单位内部调剂		本年财政拨款收入	本年财政拨款支出	年末财政拨款结转结余	
	结转	结余				结转	结余			结转	结余
一、一般公共预算财政拨款	80 000	50 000	35 000	10 000	－60 000	－25 000	25 000	1 000 000	900 000	140 000	75 000
（一）基本支出	50 000		35 000	10 000	－60 000			750 000	740 000	45 000	
1. 人员经费											
2. 日常公用经费											
（二）项目支出	30 000	50 000				－25 000	25 000	250 000	160 000	95 000	75 000
1. ××项目											
2. ××项目											
……											
二、政府性基金预算财政拨款											
（一）基本支出											
1. 人员经费											
2. 日常公用经费											
（二）项目支出											
1. ××项目											
2. ××项目											
……											

（五）会计报表重要项目说明

行政事业单位应当按照资产负债表和收入费用表项目列示顺序，采用文字和数据描述相结合的方式披露重要项目的明细信息。以长期投资和固定资产为例说明披露的格式和内容。

1. 长期投资的披露

（1）长期债券投资的披露格式如表7－10所示。

表7－10

债券发行主体	年初余额	本期增加额	本期减少额	期末余额
1.				
……				
合计				

注：有短期投资的，可比照长期债券投资进行披露。

（2）长期股权投资的披露格式如表7－11所示。

表7－11

被投资单位	核算方法	年初余额	本期增加额	本期减少额	期末余额
1.					
……					
合计					

（3）当期发生的重大投资净损益项目、金额及原因。

2. 固定资产的披露

（1）固定资产披露格式如表7－12所示。

表7－12

项　目	年初余额	本期增加额	本期减少额	期末余额
一、原值合计				
其中：房屋及构筑物				
通用设备				
专用设备				
文物和陈列品				
图书、档案				
家具、用具、装具及动植物				
二、累计折旧合计				
其中：房屋及构筑物				
通用设备				
专用设备				
家具、用具、装具				

续表

项　　目	年初余额	本期增加额	本期减少额	期末余额
三、账面价值合计				
其中：房屋及构筑物				
通用设备				
专用设备				
文物和陈列品				
图书、档案				
家具、用具、装具及动植物				

（2）已提足折旧的固定资产名称、数量等情况。

（3）出租、出借固定资产以及固定资产对外投资等情况。

（六）本年盈余与预算结余的差异情况说明

为了反映单位财务会计和预算会计因核算基础和核算范围不同所产生的本年盈余数与本年预算结余数之间的差异，单位应当按照重要性原则，对本年度发生的各类影响收入（预算收入）和费用（预算支出）的业务进行适度归并和分析，披露将年度预算收入支出表中"本年预算收支差额"调节为年度收入费用表中"本期盈余"的信息。有关披露格式如表7－13所示。

表7－13

项　　目	金　　额
一、本年预算结余（本年预算收支差额）	
二、差异调节	
（一）重要事项的差异	
加：1. 当期确认为收入但没有确认为预算收入	
（1）应收款项、预收账款确认的收入	
（2）接受非货币性资产捐赠确认的收入	
2. 当期确认为预算支出但没有确认为费用	
（1）支付应付款项、预付账款的支出	
（2）为取得存货、政府储备物资等计入物资成本的支出	
（3）为购建固定资产等的资本性支出	
（4）偿还借款本息支出	
减：1. 当期确认为预算收入但没有确认为收入	
（1）收到应收款项、预收账款确认的预算收入	
（2）取得借款确认的预算收入	
2. 当期确认为费用但没有确认为预算支出	
（1）发出存货、政府储备物资等确认的费用	
（2）计提的折旧费用和摊销费用	
（3）确认的资产处置费用（处置资产价值）	
（4）应付款项、预付账款确认的费用	
（二）其他事项差异	
三、本年盈余（本年收入与费用的差额）	

（七）其他重要事项说明

1. 资产负债表日存在的重要或有事项说明。没有重要或有事项的，也应说明。

2. 以名义金额计量的资产名称、数量等情况，以及以名义金额计量理由的说明。

3. 通过债务资金形成的固定资产、公共基础设施、保障性住房等资产的账面价值、使用情况、收益情况及与此相关的债务偿还情况等的说明。

4. 重要资产置换、无偿调入（出）、捐入（出）、报废、重大毁损等情况的说明。

5. 事业单位将单位内部独立核算单位的会计信息纳入本单位财务报表情况的说明。

6. 政府会计具体准则中要求附注披露的其他内容。

7. 有助于理解和分析单位财务报表需要说明的其他事项。

四、会计报表的审核汇总

各行政事业单位对已经编好的会计报表和所属单位上报的会计报表要认真审核，然后编制汇总会计报表。

对会计报表的审核，包括技术性审核和政策性审核两个方面。技术性审核主要是审核会计报表的数字是否准确，填列项目和内容是否完整，表与表之间数据是否对应，口径是否一致，计算有无错误，报送是否及时。政策性审核主要是审核会计报表中反映的财务状况和收支情况是否符合政策、制度、规定，有无违反财经纪律的现象。

上级单位在编制汇总会计报表时，应将相同项目的金额加计总数后填列，但上下级之间对应的上缴、下拨数应对冲，以免重复计算，见图7－2。

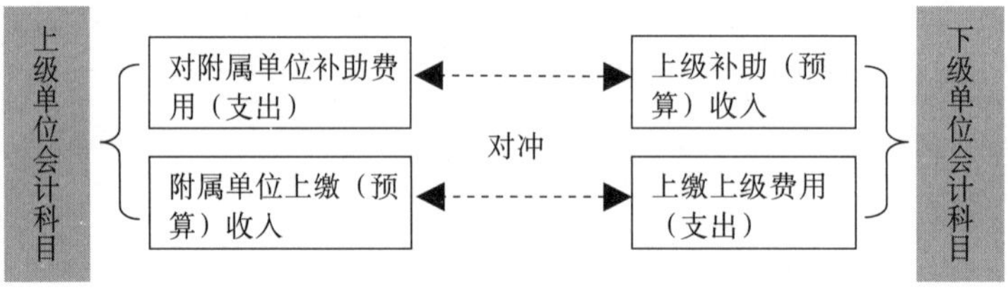

图7－2　上下级之间对应科目对冲图示

五、单位财务分析

单位财务分析是指行政事业单位运用行政（事业）计划、财务报表、统计数据和其他有关资料，对一定时期内的单位财务活动和经济活动过程进行比较、分析和研究，并进行总结，做出正确评价的一种方法。

行政事业各部门各单位应加强财务分析，充分利用财务报告反映的信息，加强对资产状况、债务风险、成本费用、预算执行情况的分析，促进预算管理、资产负债管理和绩效管理的有机衔接。

第八章
财政总预算资产和负债的核算

学习目标
- □ 理解财政总预算资产和负债的含义
- □ 理解财政性存款的含义及内容
- □ 掌握财政总预算资产和负债的内容
- □ 掌握财政总预算各项资产和负债的会计核算

第一节 财政总预算资产的核算

财政总预算资产是一级财政掌管或控制的能以货币计量的经济资源。主要内容如图 8-1 所示。

一、货币资金的核算

（一）财政性存款的核算

1. 财政性存款的概念

财政性存款是财政部门代表政府所掌管的财政资金。各级总预算会计的财政性存款，包括国库存款、国库现金管理存款、其他财政存款、财政零余额账户存款，以及在决算清理期和库款报解整理期内发生的在途款。财政存款的支配权属于同级政府财政部门，并由总会计负责管理，统一在国库或选定的银行开立存款账户，统一收付，不得透支，不得提取现金。

2. 财政性存款的核算

（1）国库存款的核算。各级财政为了核算存放在国库的预算资金（包括一般公共预算资金、政府性基金预算资金和国有资本经营预算资金）存款，应设置“国库存款”（1001）资产类总账账户。本账户借方登记国库存款增加数，贷方登记国库存款减少数，期末借方余额反映政府财政国库存款的结存数。

【例 8-1】 某市财政局收到同级国库报来“预算收入日报表”，列明本日一般公共预算本级收入合计 100 万元，政府性基金预算本级收入 12 万元。

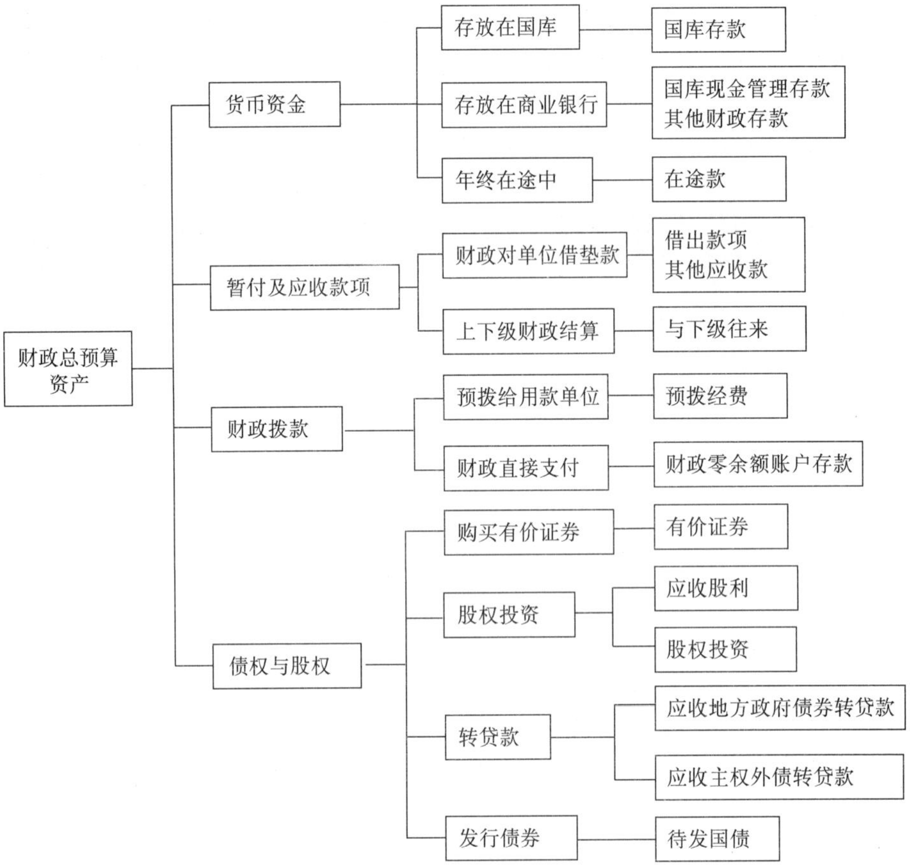

图 8－1　财政总预算资产结构

借：国库存款　　1 120 000
　　贷：一般公共预算本级收入　　1 000 000
　　　　政府性基金预算本级收入　　120 000

【例 8－2】 某市财政局收到本月国库存款利息收入 15 000 元。

借：国库存款　　15 000
　　贷：一般公共预算本级收入　　15 000

【例 8－3】 某市财政局，开出拨款凭证拨付市级某行政单位正常经费 100 万元，政府性基金预算支出 15 万元。

借：一般公共预算本级支出　　1 000 000
　　政府性基金预算本级支出　　150 000
　　贷：国库存款　　1 150 000

[扫一扫]

国库现金管理的操作方式

（2）国库现金管理存款的核算。国库现金管理，是指在确保国库资金安全完整和财政支出需要的前提下，对国库现金进行有效的运作管理，实现国库闲置现金余额最小化、投资收益最大化的一系列财政资金管理活动。

各级财政为了核算政府财政实行国库现金管理业务存放在商业银行的款项，应设置“国库现金管理存款”（1003）资产类总账账户。本账户借方核算从国库转存的资金数，贷方核算从商业银行转出的资金数，期末借方余额反映政府财政实行国库现金管理业务持有的存款。

【例8－4】 某市财政局根据库款结余情况，将8 000万元转存到商业银行，期限为10个月。

借：国库现金管理存款　　80 000 000
　　贷：国库存款　　80 000 000

【例8－5】 接上例，存款到期，收回国库，取得利息收入200万元。

借：国库存款　　82 000 000
　　贷：国库现金管理存款　　80 000 000
　　　　一般公共预算本级收入　　2 000 000

（3）其他财政存款的核算。各级财政为了核算未列入“国库存款”“国库现金管理存款”账户的各项财政性存款的增减变动情况（如财政专户存款、未设国库的乡镇财政预算存款），应设置“其他财政存款”（1004）资产类账户。本账户借方登记其他财政存款增加数，贷方登记其他财政存款减少数，期末借方余额反映其他财政存款的结存数。该账户按照资金性质和存款银行等进行明细核算。

【例8－6】 某市财政局收到代管的教育收费60万元，存入财政专户。

借：其他财政存款　　600 000
　　贷：应付代管资金　　600 000

【例8－7】 某市财政局收到公安局交来的应缴入国库单一账户的罚款收入10万元。

借：其他财政存款　　100 000
　　贷：其他应付款　　100 000

【例8－8】 未设国库的乡（镇）财政收到上级财政拨来的按体制应得的一般公共预算资金收入4.5万元，政府性基金预算收入4.2万元。

借：其他财政存款　　87 000
　　贷：一般公共预算本级收入　　45 000
　　　　政府性基金预算本级收入　　42 000

其他财政存款产生的利息收入，除按规定作为专户资金收入外，其他利息收入都应缴入国库纳入一般公共预算管理。取得其他财政存款利息收入时，按照实际获得的利息金额，根据以下情况分别处理：

①按规定作为专户资金收入的，借记“其他财政存款”科目，贷记“应付代管资金”科目。

【例8－9】 接例8－6，市财政局收到代管的教育收费60万元的利息收入6 000元。

借：其他财政存款　　6 000
　　贷：应付代管资金　　6 000

②按规定应缴入国库的，借记“其他财政存款”科目，贷记“其他应付款”科目。将其他财政存款利息收入缴入国库时，借记“其他应付款”科目，贷记“其他财政存款”科目，同时，借记“国库存款”科目，贷记“一般公共预算本级收入”科目。

【例8－10】 接例8－7，市财政局收到公安局交来的应缴入国库单一账户的罚款收入10万元的利息收入200元。

借：其他财政存款　　200

　　贷：其他应付款　　200

【例8－11】 接例8－7、例8－10，市财政局将收到的罚款收入10万元和利息收入200元转入国库单一账户。

借：其他应付款　　100 200

　　贷：其他财政存款　　100 200

借：国库存款　　100 200

　　贷：一般公共预算本级收入　　100 200

【例8－12】 接例8－6、例8－9，市财政局将代管的教育收费60万元和利息收入6 000元核拨回缴款单位。

借：应付代管资金　　606 000

　　贷：其他财政存款　　606 000

【例8－13】 未设国库的乡（镇）财政支付给预算单位经费5.2万元。

借：一般公共预算本级支出　　52 000

　　贷：其他财政存款——一般公共预算存款　　52 000

想一想：

1. “国库存款”和“其他财政存款”科目你能正确区分使用吗？
2. 你知道财政总预算会计为什么没有“现金”科目吗？

（二）财政零余额账户存款

1. 财政零余额账户存款的概念

财政零余额账户包括财政直接支付零余额账户和预算单位零余额账户。是指财政部门和预算单位在办理直接支付和授权支付业务时，先由代理银行根据支付令（即拨款凭证，下同），通过财政部门零余额账户或预算单位零余额账户将资金支付到供应商或收款人账户。支付的资金由代理银行在每天规定的时间内与人民银行通过国库单一账户进行清算，将当天支付的所有资金从人行国库划到上述各账户，当天轧账后，各账户的余额均为零。

2. 财政零余额账户存款的核算

在国库集中收付制度下，新成立的国库支付部门（财政国库支付执行机构会计是财政总预算会计的延伸）在会计核算时，应设置“财政零余额账户存款”（1005）资产类科目和“已结报支出”（2091）负债类科目。

“财政零余额账户存款”账户用于核算财政国库支付执行机构在代理银行办理财政直接支付的业务（财政国库支付执行机构未单设的地区不使用该科目）。该账户贷方登记财政国库支付执行机构当天发生直接支付的资金数；借方登记当天国库单一账户存款划入冲销数；

该账户当日资金结算后，余额为零。

“已结报支出”账户用于核算财政国库支付执行机构已清算的国库集中支付支出数额。当天业务结束后，该账户余额应等于“一般公共预算本级支出”“政府性基金预算本级支出和“国有资本经营预算本级支出”之和。年终转账时作相反分录。

【例 8-14】 某市财政国库支付执行机构发生如下业务（财政直接支付）：

（1）按照一般预算安排为某预算单位直接支付款项 60 万元。根据代理银行支付凭证回执联作：

借：一般公共预算本级支出　　600 000
　　贷：财政零余额账户存款　　600 000

（2）汇总编制“预算支出结算清单”，财政直接支付应结算资金数为 60 万元。该“预算支出结算清单”已与中国人民银行国库划款凭证核对无误，并已送财政总预算会计结算。

借：财政零余额账户存款　　600 000
　　贷：已结报支出　　600 000

财政部门总预算会计根据财政国库支付执行机构报来的上述“预算支出结算清单”，在与中国人民银行国库划款凭证核对无误后，编制会计分录如下：

借：一般公共预算本级支出　　600 000
　　贷：国库存款　　600 000

【例 8-15】 某市财政国库支付执行机构（财政授权支付）收到代理银行报来“财政支出日（旬、月）报表”，其中，以一般公共预算安排的授权支付支出 8 万元，以政府性基金预算安排的授权支出 2 万元，已与中国人民银行国库划款凭证核对无误。

借：一般公共预算本级支出　　80 000
　　政府性基金预算本级支出　　20 000
　　贷：已结报支出　　100 000

财政部门总预算会计根据代理银行汇总的预算单位零余额账户授权支付数，与中国人民银行国库汇总划款凭证及财政国库支付执行机构汇总的“预算支出结算清单”核对无误后，编制会计分录如下：

借：一般公共预算本级支出　　80 000
　　政府性基金预算本级支出　　20 000
　　贷：国库存款　　100 000

【例 8-16】 财政国库支付执行机构将预算支出与有关方面核对一致，其中，一般公共预算本级支出 68 万元，政府性基金预算本级支出 10 万元。

借：已结报支出　　700 000
　　贷：一般公共预算本级支出　　680 000
　　　　政府性基金预算本级支出　　20 000

（三）在途款的核算

1. 在途款的概念

由于库款的报解需要一定的结算时间，年终就会存在国库经收处或各级国库已经在年前收纳，但尚未划转到支库或尚未报解到各上级国库的款项，这些款项称为在途款。

2. 在途款的核算

为了在年终决算中全面反映各级财政实际收支总额，解决上下年度间的库款结算问题，各级财政总会计应设置“在途款”（1007）资产类总账账户，用以核算决算清理期和库款报解整理期内发生的上下年度收入、支出业务及需要通过该账户过渡处理的资金数。借方登记决算清理期内收到的属于上年度的收入数及收回属于上年度的拨款或支出数，贷方登记冲转数，冲转后该账户无余额。

【例 8 – 17】 某市财政局，在决算清理期收到国库报来收入日报表，列明属于上年度的一般公共预算本级收入 8 万元。

（1）在上年度账上记：

借：在途款　　80 000

　　贷：一般公共预算本级收入　　80 000

（2）在本年度账上记：

借：国库存款　　80 000

　　贷：在途款　　80 000

【例 8 – 18】 某市财政局，在决算清理期收回属于上年度的政府性基金预算本级支出 4 万元。

（1）在上年度账上记：

借：在途款　　40 000

　　贷：政府性基金预算本级支出　　40 000

（2）在本年度账上记：

借：国库存款　　40 000

　　贷：在途款　　40 000

【例 8 – 19】 某市财政局，在决算清理期收回属于上年度的预算拨款 6 万元。

（1）上年度账上记：

借：在途款　　60 000

　　贷：预拨经费　　60 000

（2）在本年度账上记：

借：国库存款　　60 000

　　贷：在途款　　60 000

小测试：

1. 设置“在途款”科目有何意义？
2. 在何时使用“在途款”科目进行核算？

二、债权的核算

债权是各级财政总预算执行过程中往来结算形成的暂付及应收款项。包括在预算执行过程中上下级财政结算形成的债权以及对用款单位借垫款形成的债权。包括以下内容：

（一）有价证券的核算

1. 有价证券的概念

财政有价证券是指中央财政以信用方式发行的国家公债。各级财政只能用各项财政结余购买国家指定由地方各级政府购买的有价证券。

2. 有价证券的核算

为核算各级政府购买的有价证券，财政总会计应设置“有价证券”（1006）资产类总账账户。该账户借方登记有价证券的增加数，贷方登记到期兑付有价证券的本金数，借方余额反映有价证券的实际库存数，利息收入通过有关收入账户核算。本账户按有价证券种类和资金性质设置明细账。

【例8－20】 某市财政局，用一般公共预算结余10万元购买国库券。

借：有价证券——国库券　　100 000

　　贷：国库存款　　100 000

【例8－21】 某市财政局，用一般公共预算结余购买特种国债8万元。

借：有价证券——特种国债　　80 000

　　贷：国库存款　　80 000

【例8－22】 某市财政局，以前年度用预算结余资金购买的国库券15万元到期，取得利息收入2万元。

（1）收到本金时：

借：国库存款　　150 000

　　贷：有价证券——国库券　　150 000

（2）收到利息时：

借：国库存款——一般预算存款　　20 000

　　贷：一般公共预算本级收入　　20 000

（二）预拨经费的核算

1. 预拨经费的含义

预拨经费是指用预算资金预拨给用款单位的款项。凡年度预算执行中总预算会计用预算资金预拨应在以后各期列支的款项以及会计年度终了前预拨给用款单位下年度经费款，均应作为预拨经费管理。

2. 预拨经费的核算

为了核算预拨经费，各级财政总会计应设置“预拨经费”（1011）资产类总账账户，用以核算财政部门预拨给行政事业单位尚未列为预算支出的经费。借方登记预拨经费数，贷方登记转列支出或用款单位交回数，借方余额反映尚未转列支出或尚待收回的预拨经费数。

该账户按照预拨经费种类、预拨单位名称设置明细账。

【例8－23】 某市财政局预拨市直属单位下月经费60万元。

借：预拨经费——××单位　　600 000

　　贷：国库存款　　600 000

【例8－24】 将上述预拨款项56万元转为经费拨款，另4万元收回。

借：一般公共预算本级支出　　560 000

　　国库存款　　40 000

　　贷：预拨经费——××单位　　600 000

（三）借出款项的核算

1. 借出款项的含义

借出款项是指政府财政按照对外借款管理相关规定借给预算单位临时急需并需按期收回的款项。

2. 借出款项的核算

为了核算借出款项，各级财政总会计应当设置“借出款项”（1021）资产类科目。本科目借方记借出款项的增加额，贷方记减少额，期末借方余额反映政府财政借给预算单位尚未收回的款项。本科目应当按照借款单位等进行明细核算。

【例8－25】 市食品药品监督管理局因开展专项活动需要，向市财政紧急借款30万元。

借：借出款项——食品药品监督管理局　　300 000

　　贷：国库存款　　300 000

【例8－26】 经批准，市食品药品监督管理局的借款30万元转作经费拨款。

借：一般预算支出　　300 000

　　贷：借出款项——食品药品监督管理局　　300 000

（四）与下级往来的核算

1. 上下级往来的含义

预算收入和预算支出在年度内并不总是平衡的，财政总预算在年度的某个时期有可能出现支出大于收入的情况，当动用预算后备仍不能平衡时，下级财政可以向上级财政申请短期借款，上级财政也可以向有结余的下级财政借入款项，这些款项就是上下级财政之间的往来款项。为了核算上下级财政之间的往来款项，需要设置“与上级往来”和“与下级往来”两个账户。下面先介绍“与下级往来”账户，“与上级往来”账户将在后面有关章节介绍。

2. 与下级往来的核算

“与下级往来”是指上级财政借给下级财政是款项。

为了核算与下级往来款项，财政总预算会计应设置“与下级往来”（1031）资产类总账账户，该账户借方核算登记借出数及体制结算中应由下级财政上交的收入数，贷方登记收回数、转作补助支出数或体制结算应补助下级财政数，借方余额反映下级财政未归还数，本账户若出现贷方余额，则反映上级财政欠下级财政款项，这时在编制资产负债表时应以负数反映。该账户应及时清理结算。

该账户应按资金性质和下级财政部门名称设置明细账。

【例8－27】 某市财政局，经批准借给所属某县财政局临时周转款项20万元。

借：与下级往来——某县财政局　　200 000

　　贷：国库存款　　200 000

【例 8－28】 某市财政局，经批准将上述借款 10 万元转作补助支出，余款收回。

借：补助支出　　100 000
　　国库存款　　100 000
　　贷：与下级往来——某县财政局　　200 000

（五）其他应收款的核算

1. 其他应收款的含义

其他应收款是指政府财政部门与预算单位或其他单位发生的临时暂付、应收、垫付的款项。

提示：其他应收款仅限于核算财政部门对所属预算单位和其他单位的临时急需借款或其他应收暂付款，不能核算上下级财政间的往来款。

2. 其他应收款的核算

为了核算临时发生的其他应收、暂付、垫付款项，各级财政总会计应当设置“其他应收款”（1036）资产类总账账户。借方记应收、暂付、垫付款项的增加额，贷方记减少额。项目单位拖欠外国政府和国际金融组织贷款本息和相关费用，导致相关政府财政履行担保责任代偿的贷款本息费，也通过本科目核算。本科目应及时清理结算。年终，原则上应无余额。

本科目应当按照资金性质、债务单位等进行明细核算。

【例 8－29】 某市财政局发生下列业务：

（1）市教育局修理危险校舍，向市财政紧急借款 30 万元。

借：其他应收款——教育局　　300 000
　　贷：国库存款　　300 000

（2）市教育局借款 20 万元转作经费拨款，余款已收回。

借：一般公共预算预算本级支出　　200 000
　　国库存款　　100 000
　　贷：其他应收款——教育局　　300 000

【例 8－30】 某省政府财政发生下列业务：

（1）为省建设投资公司投资地铁项目的世行贷款担保，贷款到期，因建设投资公司经营资金困难，财政代为偿还本息，本金 3 亿元，利息 5 000 万元，共计 3.5 亿元。

借：其他应收款——省建设投资公司　　350 000 000
　　贷：国库存款　　350 000 000

（2）建设投资公司依据财务情况，归还省财政垫付资金 2 亿元。

借：国库存款　　200 000 000
　　贷：其他应收款——省建设投资公司　　200 000 000

（3）经批准，建设投资公司欠款 1.5 亿元转为基本建设拨款支出。

借：一般公共预算本级支出　　150 000 000
　　贷：其他应收款——省建设投资公司　　150 000 000

小测试：

1. 其他应收款和与下级往来都是财政总预算会计的债权类科目，二者的区别在什么地方？

2. 某市财政局借给所属甲县临时周转金20万元，作如下会计分录对吗？

借：其他应收款——甲县　　200 000

　　贷：国库存款　　200 000

（六）股权投资和应收股利的核算（选修）

1. 股权投资的核算

股权投资是指政府持有的各类股权投资资产，包括国际金融组织股权投资、投资基金股权投资和企业股权投资等。

为了核算股权投资，财政总预算会计应当设置“股权投资”（1071）资产类总账账户，该账户借方登记股权投资的增加额，贷方登记减少额，期末借方余额反映政府持有的各种股权投资金额。

股权投资一般采用权益法进行核算。

本科目应当按照“国际金融组织股权投资”“投资基金股权投资”“企业股权投资”设置一级明细科目，在一级明细科目下，可根据管理需要，按照被投资主体进行明细核算。对每一被投资主体还可按“投资成本”“收益转增投资”“损益调整”“其他权益变动”进行明细核算。股权投资的主要账务处理如下：

（1）国际金融组织股权投资的核算。

①政府财政代表政府认缴国际金融组织股本的核算。

【例8－31】 中央财政代表中华人民共和国政府认缴亚投行股本，首期支付100亿美元，折合人民币668亿元，并以一般公共预算资金支付（设实际投资即为投资成本）。

借：一般公共预算本级支出　　66 800 000 000

　　贷：国库存款　　66 800 000 000

借：股权投资——国际金融组织股权投资——亚投行——投资成本

　　66 800 000 000

　　贷：资产基金——股权投资　　66 800 000 000

②从国际金融组织撤出股本的核算。

【例8－32】 接前例，经亚投行初始成员国协议，中国减少亚投行股本10亿美元，折合人民币66.8亿元，并收款存入国库（设实际投资即为投资成本）。

借：国库存款　　6 680 000 000

　　贷：一般公共预算本级支出　　6 680 000 000

借：资产基金——股权投资　　6 680 000 000

　　贷：股权投资——国际金融组织股权投资——亚投行——投资成本

　　6 680 000 000

（2）投资基金股权投资的核算。

①政府财政对投资基金进行股权投资的核算。

【例8-33】 某省政府财政向M基金公司投资，以1.95亿元购入该基金面值2亿元的股权，用一般公共预算资金支付。

借：一般公共预算本级支出　　195 000 000
　贷：国库存款　　195 000 000
借：股权投资——投资基金股权投资——投资成本　　195 000 000
　　　　　　　　　　　　　　　　——其他权益变动　　5 000 000
　贷：资产基金——股权投资　　200 000 000

②年末损益的核算。

【例8-34】 接前例，年末，M基金公司宣告获利，省政府财政投资的股权份额所获净利润为1 500万元。

借：股权投资——投资基金股权投资——损益调整　　15 000 000
　贷：资产基金——股权投资　　15 000 000

③将归属财政的收益留作基金滚动使用的核算。

【例8-35】 接前例，经批准将M基金公司归属财政的收益1 500万元留作基金滚动使用。

借：股权投资——投资基金股权投资——收益转增投资　　15 000 000
　贷：股权投资——投资基金股权投资——损益调整　　15 000 000

④被投资基金宣告发放现金股利或利润的核算。

【例8-36】 接前例，M基金公司宣告发放现金股利，应上缴政府财政的金额应为1亿元。

借：应收股利　　100 000 000
　贷：资产基金——应收股利　　100 000 000
借：资产基金——股权投资　　100 000 000
　贷：股权投资——投资基金股权投资——损益调整　　100 000 000

⑤被投资基金发生除净损益以外的其他权益变动的核算。

【例8-37】 接前例，受股灾影响，M基金公司股本权益受损，政府财政所持股份权益损失5 000万元。

借：资产基金——股权投资　　50 000 000
　贷：股权投资——投资基金股权投资——其他权益变动　　50 000 000

⑥政府财政从投资基金退出时的核算。

【例8-38】 接前例，按照协议，政府投资M基金公司的存续期满，从公司收回资金2亿元，收款入账。当年的实际支出1.95亿元，收益0.05亿元。

借：国库存款　　200 000 000
　贷：一般公共预算本级支出　　195 000 000
　　　一般公共预算本级收入　　5 000 000

减少投资权益金额 = 1.95 + 0.15 - 1 - 0.5 = 0.6（亿元）

借：资产基金——股权投资　　60 000 000
　贷：股权投资——投资基金股权投资　　60 000 000

（3）企业股权投资的核算。企业股权投资的账务处理，根据管理条件和管理需要，参照投资基金股权投资的账务处理。

2. 应收股利的核算

应收股利是指政府因持有股权投资应当收取的现金股利或利润。

为了核算应收股利，财政总预算会计应当设置“应收股利”（1022）资产类总账账户。该账户借方登记应收股利的增加额，贷方登记减少额，期末借方余额反映政府尚未收回的现金股利或利润。

本科目应当按照被投资主体进行明细核算。

【例8－39】 某市财政通过市建设投资公司以政府性基金预算结余资金投资A公司，现A公司宣告发放股利，政府投资份额应得股利500万元，按照协议，市建设投资公司可提成3%，应上缴政府财政的部分为485万元。

借：应收股利	4 850 000	
贷：资产基金——应收股利		4 850 000
借：资产基金——股权投资	4 850 000	
贷：股权投资（损益调整）		4 850 000

【例8－40】 接前例，市财政收到市建设投资公司转缴的A公司发放的股利485万元。

借：国库存款	4 850 000	
贷：政府性基金预算本级收入		4 850 000
借：资产基金——应收股利	4 850 000	
贷：应收股利		4 850 000

（七）应收转贷款的核算（选修）

应收转贷款，是指政府财政将借入的资金转贷给下级政府财政的款项，包括应收地方政府债券转贷款和应收主权外债转贷款。

1. 应收地方政府债券转贷款

为了核算本级政府财政转贷给下级政府财政的地方政府债券资金的本金及利息，财政总预算会计应当设置“应收地方政府债券转贷款”（1041）资产类总账账户，借方记应收地方政府债券转贷款的增加额，贷方记减少额，期末借方余额反映政府财政应收未收的地方政府债券转贷款本金和利息。

该账户下应当设置“应收地方政府一般债券转贷款”和“应收地方政府专项债券转贷款”明细科目，其下分别设置“应收本金”和“应收利息”两个明细科目，并按照转贷对象进行明细核算。

（1）向下级政府财政转贷的核算。

【例8－41】 中央财政为A省的某建设项目发行专项债券，金额为5亿元，现向A省转贷。

借：债务转贷支出	500 000 000	
贷：国库存款		500 000 000
借：应收地方政府债券转贷款——应收地方政府专项债券转贷款——应收本金	500 000 000	
贷：资产基金——应收地方政府债券转贷款		500 000 000

（2）期末确认地方政府债券转贷款的应收利息的核算。

【例8－42】 接前例，季末，总会计收到债务管理部门计算出的A省转贷款本期应收未收利息，金额50万元。

借：应收地方政府债券转贷款——应收地方政府专项债券转贷款——应收利息
500 000

贷：资产基金——应收地方政府债券转贷款 500 000

（3）收回下级政府财政偿还的转贷款本息的核算。

【例8－43】 接前例，A省偿还转贷款本息共计3亿元。债务管理部门转来的相关资料显示，收回的转贷款本金为2.7亿元，应收利息为0.3亿元。

借：国库存款 300 000 000

贷：其他应付款——A省 300 000 000

借：资产基金——应收地方政府债券转贷款 300 000 000

贷：应收地方政府债券转贷款——应收地方政府专项债券转贷款——应收本金
270 000 000
——应收利息
30 000 000

（4）扣缴下级政府财政的转贷款本息的核算。

【例8－44】 接前例，年末体制结算，中央财政从对A省的补助中扣缴转贷款2亿元，债务管理部门转来的相关资料显示，扣缴的转贷款本金为1.8亿元，应收利息为0.2亿元。

借：与下级往来 200 000 000

贷：其他应付款——专项债券本息 200 000 000

借：资产基金——应收地方政府债券转贷款 200 000 000

贷：应收地方政府债券转贷款——应收地方政府专项债券转贷款——应收本金
180 000 000
——应收利息
20 000 000

2. 应收主权外债转贷款的核算

为了核算本级政府财政转贷给下级政府财政的外国政府和国际金融组织贷款等主权外债资金的本金及利息，财政总预算会计应当设置“应收主权外债转贷款”（1045）资产类总账账户，借方记应收主权外债转贷款的增加额，贷方记减少额，期末借方余额反映政府财政应收未收的主权外债转贷款本金和利息。该账户下应当设置“应收本金”和“应收利息”两个明细科目，并按照转贷对象进行明细核算。

（1）向下级政府财政转贷主权外债资金的核算。本级政府财政向下级政府财政转贷主权外债资金，且主权外债最终还款责任由下级政府财政承担的，相关账务处理如下：

①本级政府财政支付转贷资金时，根据转贷资金支付相关资料借记“债务转贷支出”科目，贷记“其他财政存款”科目，根据债务管理部门转来的相关资料，按照实际持有的债权金额，借记“应收主权外债转贷款”，贷记“资产基金——应收主权外债转贷款”科目。

【例8－45】 某省政府财政获得德国政府贷款，在本省投资燃气设施改造，现将部分贷款转贷给所属W市，用于燃气设施改造，金额为1亿元。

借：债务转贷支出　　100 000 000
　　贷：其他财政存款　　100 000 000
借：应收主权外债转贷款——应收本金——W市　　100 000 000
　　贷：资产基金——应收主权外债转贷款　　100 000 000

②外方将贷款资金直接支付给用款单位或供应商时，本级政府财政根据转贷资金支付相关资料，借记“债务转贷支出”科目，贷记“债务收入”或“债务转贷收入”科目；根据债务管理部门转来的相关资料，按照实际持有的债权金额，借记“应收主权外债转贷款”，贷记“资产基金——应收主权外债转贷款”科目；同时，借记“待偿债净资产”科目，贷记“借入款项”或“应付主权外债转贷款”科目。

【例8-46】 接前例，省政府对W市追加转贷支出，并由德国政府贷款机构直接支付给设施改造的施工单位，金额为0.6亿元。

借：债务转贷支出　　60 000 000
　　贷：债务收入　　60 000 000
借：应收主权外债转贷款——应收本金——W市　　60 000 000
　　贷：资产基金——应收主权外债转贷款　　60 000 000
借：待偿债净资产　　60 000 000
　　贷：借入款项　　60 000 000

（2）期末确认主权外债转贷款的应收利息的核算。

【例8-47】 接前例，年末债务管理部门转来的相关资料显示，W市的主权外债转贷款的应收未收利息为100万元。

借：应收主权外债转贷款——应收利息——W市　　1 000 000
　　贷：资产基金——应收主权外债转贷款　　1 000 000

（3）收回转贷给下级政府财政主权外债的本息的核算。

【例8-48】 接前例，省财政收回转贷给W市的主权外债转贷款，本金1.4亿元，利息0.1亿元，共计1.5亿元。

借：其他财政存款　　150 000 000
　　贷：其他应付款——W市　　150 000 000
借：资产基金——应收主权外债转贷款　　150 000 000
　　贷：应收主权外债转贷款——应收本金——W市　　140 000 000
　　　　　　　　　　　　　——应收利息——W市　　10 000 000

（4）扣缴下级政府财政的转贷款本息的核算。

【例8-49】 接前例，年末体制结算，省财政扣缴W市的转贷款本息0.3亿元，其中，本金0.2亿元，利息0.1亿元。

借：与下级往来　　30 000 000
　　贷：其他应付款——主权外债本息　　30 000 000
借：资产基金——应收主权外债转贷款　　30 000 000
　　贷：应收主权外债转贷款——应收本金——W市　　20 000 000
　　　　　　　　　　　　　——应收利息——W市　　10 000 000

（八）待发国债的核算（选修）

1. 待发国债的含义

待发国债是指中央财政为弥补中央财政预算收支差额，预计发行国债与实际发行国债之间的差额。

2. 待发国债的核算

为了核算为中央财政预计发行国债与实际发行国债之间的差额，财政总预算会计应当设置“待发国债”（1081）资产类总账账户。其借方登记待发国债的增加额，贷方登记减少额，期末借方余额反映中央财政尚未使用的国债发行额度。

年度终了，实际发行国债收入用于债务还本支出后，小于为弥补中央财政预算收支差额中央财政预计发行国债时，按两者的差额，借记“待发国债”科目，贷记相关科目，实际发行国债收入用于债务还本支出后，大于为弥补中央财政预算收支差额中央财政预计发行国债时，按两者的差额，借记相关科目，贷记“待发国债”科目。

【例 8－50】 年度终了，中央财政本年度实际发行国债收入 2 800 亿元，债务还本支出 2 750 亿元，人大批准的国债发行额度为 3 000 亿元，待发国债额 200 亿元记入待发国债账户。

借：待发国债　　　　　　　　　　　　20 000 000 000

　　贷：债务收入　　　　　　　　　　　　20 000 000 000

第二节 财政总预算负债的核算

财政总预算负债是指政府财政承担的能以货币计量、需以资产偿付的债务。总会计对负债定义的债务，应当在对其承担偿还责任，并能够可靠地进行货币计量时确认。符合负债定义并确认的负债项目，应当列入资产负债表。政府财政承担或有责任（偿债责任需要通过未来不确定事项的发生或不发生予以证实）的负债，不列入资产负债表，但应当在报表附注中披露。总会计核算的负债，应当按照承担的相关合同金额或实际发生金额进行计量。

总会计核算的负债具体包括：暂收及应付款项、应付短期政府债券、应付长期政府债券、应付国库集中支付结余、其他负债、借入款项、应付转贷款、应付代管资金等（见图 8－2）。

一、应付政府债券的核算

（一）应付短期政府债券的核算

1. 短期政府债券的含义

短期政府债券是指以政府名义发行的期限不超过 1 年（含 1 年）的国债和地方政府债券。

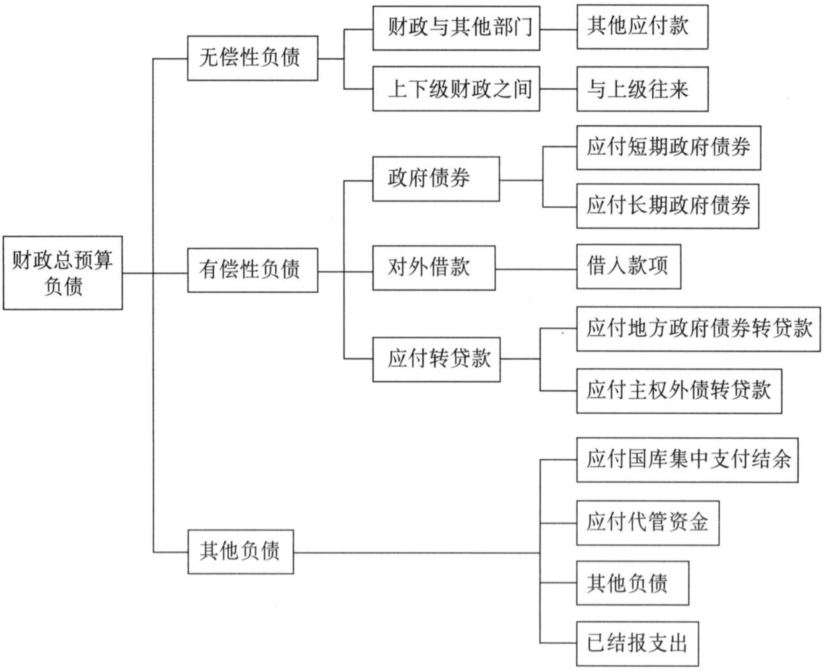

图 8－2　财政总预算负债结构

2. 应付短期政府债券的核算

为了核算政府财政部门发行的应付短期政府债券的本金和利息，财政总预算会计应当设置“应付短期政府债券”（2001）负债类总账账户，该账户贷方登记应付短期政府债券的增加额，借方登记减少额，期末贷方余额反映政府财政尚未偿还的短期政府债券本金和利息。

本账户下应当设置“应付国债”“应付地方政府一般债券”“应付地方政府专项债券”等一级明细科目，在一级明细科目下，再分别设置“应付本金”“应付利息”明细科目，分别核算政府债券的应付本金和利息。债务管理部门应当设置相应的辅助账，详细记录每期政府债券金额、种类、期限、发行日、到期日、票面利率、偿还本金及付息情况等。

【例 8－51】 某省财政发行为期 6 个月的专项短期政府债券，面额 5 亿元，实际收到的发行收入 4.98 亿元。

借：国库存款　　498 000 000
　　一般公共预算本级支出　　2 000 000
　　贷：债务收入　　500 000 000
借：待偿债净资产——应付短期政府债券　　500 000 000
　　贷：应付短期政府债券——应付地方政府专项债券——应付本金　　500 000 000

【例 8－52】 接前例，月末确认本月短期政府债券的应付利息为 1 200 万元。

借：待偿债净资产——应付短期政府债券　　12 000 000
　　贷：应付短期政府债券——应付地方政府专项债券——应付利息　　12 000 000

【例 8－53】 接前例，实际支付上月末确认的短期政府债券应付利息 1 200 万元。

借：一般公共预算本级支出　　12 000 000
　　贷：国库存款　　12 000 000
借：应付短期政府债券——应付地方政府专项债券——应付利息
　　12 000 000
　　贷：待偿债净资产——应付短期政府债券　　12 000 000

【例8－54】 接前例，发行的短期政府债券到期，现偿还本金5亿元。

借：债务还本支出　　500 000 000
　　贷：国库存款　　500 000 000
借：应付短期政府债券——应付地方政府专项债券——应付本金
　　500 000 000
　　贷：待偿债净资产——应付短期政府债券　　500 000 000

【例8－55】 某省财政部门采用定向承销方式发行短期地方政府债券，用于置换存量债务。置换的本级政府存量债务额度为360亿元。

借：债务还本支出　　36 000 000 000
　　贷：债务收入　　36 000 000 000
借：待偿债净资产——应付短期政府债券　　36 000 000 000
　　贷：应付短期政府债券——应付地方政府专项债券——应付本金
　　36 000 000 000

（二）应付长期政府债券的核算

1. 长期政府债券的含义

长期政府债券是指以政府名义发行的期限超过1年的国债和地方政府债券。

2. 应付长期政府债券的核算

为了核算政府财政部门发行的应付长期政府债券的本金和利息，财政总预算会计应当设置“应付长期政府债券”（2021）负债类总账账户。该账户贷方登记应付长期政府债券的增加额，借方登记减少额，期末贷方余额反映政府财政尚未偿还的长期政府债券本金和利息。

本账户下应当设置“应付国债”“应付地方政府一般债券”“应付地方政府专项债券”等一级明细科目，在一级明细科目下，再分别设置“应付本金”“应付利息”明细科目，分别核算政府债券的应付本金和利息。债务管理部门应当设置相应的辅助账，详细记录每期政府债券金额、种类、期限、发行日、到期日、票面利率、偿还本金及付息情况等。

【例8－56】 某省财政收到政府发行长期债券收入101亿元，该批债券的面值是100亿元，为溢价发行。

借：国库存款　　10 100 000 000
　　贷：债务收入　　10 000 000 000
　　　　一般公共预算本级支出　　100 000 000
借：待偿债净资产——应付长期政府债券　　10 000 000 000
　　贷：应付长期政府债券——应付地方政府一般债券——应付本金
　　10 000 000 000

【例8－57】 接前例，期末确认本期的长期政府债券的应付利息为1 400万元。

借：待偿债净资产——应付长期政府债券　　14 000 000
　　贷：应付长期政府债券——应付地方政府一般债券——应付利息
　　　　14 000 000

【例 8－58】 接前例，实际支付本期的本级政府财政承担的长期政府债券利息 1 400 万元。

借：一般公共预算本级支出　　14 000 000
　　贷：国库存款　　14 000 000
借：应付长期政府债券——应付地方政府一般债券——应付利息
　　14 000 000
　　贷：待偿债净资产——应付长期政府债券　　14 000 000

【例 8－59】 接前例，省财政偿还长期政府债券本金 100 亿元。

借：债务还本支出　　10 000 000 000
　　贷：国库存款　　10 000 000 000
借：应付长期政府债券——应付地方政府一般债券——应付本金
　　10 000 000 000
　　贷：待偿债净资产——应付长期政府债券　　10 000 000 000

【例 8－60】 某市财政偿还所属 B 县政府财政承担的地方政府长期债券本息，本金 1 亿元，利息 0.15 亿元，共计 1.15 亿元。

借：其他应收款——B 县　　115 000 000
　　贷：国库存款　　115 000 000
借：应付长期政府债券——应付地方政府一般债券——应付本金
　　100 000 000
　　——应付利息
　　15 000 000
　　贷：待偿债净资产——应付长期政府债券　　115 000 000

【例 8－61】 某省级财政部门定向承销方式发行长期地方政府债券，用于置换本级政府存量债务 1 600 亿元，下级政府存量债务 300 亿元。

借：债务还本支出　　160 000 000 000
　　债务转贷支出　　30 000 000 000
　　贷：债务收入　　190 000 0000 000
借：待偿债净资产——应付长期政府债券　　190 000 000 000
　　贷：应付长期政府债券　　190 000 000 000
借：应收地方政府债券转贷款　　30 000 000 000
　　贷：资产基金——应收地方政府债券转贷款　　30 000 000 000

二、应付转贷款的核算

应付转贷款是指地方政府财政向上级政府财政借入转贷资金而形成的负债，包括应付地方政府债券转贷款和应付主权外债转贷款。

（一）应付地方政府债券转贷款

为了核算地方政府财政从上级政府财政借入的地方政府债券转贷款的本金和利息。财政总预算会计应当设置“应付地方政府债券转贷款”（2026）负债类总账账户。该账户贷方记应付地方政府债券转贷款的增加额，借方记减少额，期末贷方余额反映本级政府财政尚未偿还的地方政府债券转贷款的本金和利息。

本账户下应当设置“应付地方政府一般债券转贷款”和“应付地方政府专项债券转贷款”一级明细科目，在一级明细科目下再分别设置“应付本金”和“应付利息”两个明细科目，分别对应付本金和利息进行明细核算。

【例 8-62】 某省财政通过中央财政发行新能源发展专项债券 20 亿元，发行完毕，收到中央财政转来的债券资金，存入国库。

借：国库存款　　2 000 000 000
　　贷：债务转贷收入　　2 000 000 000
借：待偿债净资产——应付地方政府债券转贷款　　2 000 000 000
　　贷：应付地方政府债券转贷款——应付地方政府专项债券转贷款——应付本金
　　　　2 000 000 000

【例 8-63】 接前例，期末确认债券转贷款的应付利息，本期应付未付利息金额为 680 万元。

借：待偿债净资产——应付地方政府债券转贷款　　6 800 000
　　贷：应付地方政府债券转贷款——应付地方政府专项债券转贷款——应付利息
　　　　6 800 000

【例 8-64】 接前例，省财政偿还新能源发展专项债券本金 20 亿元。

借：债务还本支出　　2 000 000 000
　　贷：国库存款　　2 000 000 000
借：应付地方政府债券转贷款——应付地方政府专项债券转贷款——应付本金
　　2 000 000 000
　　贷：待偿债净资产——应付地方政府债券转贷款　　2 000 000 000

【例 8-65】 接前例，财政偿还已确认的新能源发展专项债券利息 3 432 万元。

借：一般公共预算本级支出　　34 320 000
　　贷：国库存款　　34 320 000
借：应付地方政府债券转贷款——应付地方政府专项债券转贷款——应付利息
　　34 320 000
　　贷：待偿债净资产——应付地方政府债券转贷款　　34 320 000

【例 8-66】 某市财政获得省级财政转贷，该贷款由所属 S 县财政使用并承担债券转贷款本息。现偿还转贷款本金 1.3 亿元，已确认利息 0.2 亿元，共计 1.5 亿元。

借：其他应付款——转贷本息　　150 000 000
　　贷：国库存款　　150 000 000
借：应付地方政府债券转贷款——应付地方政府一般债券转贷款——应付本金
　　130 000 000

——应付利息

20 000 000

贷：待偿债净资产——应付地方政府债券转贷款 150 000 000

【例8-67】 接前例，某市财政所属的S县财政，因资金困难，在偿还的1.5亿元中有0.5亿元是由市财政垫付的，年末，被市财政扣缴。经确认，0.5亿元中本金0.42亿元，利息0.08亿元。

（1）扣缴本息时，记：

借：其他应收款——S县 50 000 000

贷：与上级往来 50 000 000

借：应付地方政府债券转贷款——应付地方政府一般债券转贷款——应付本金

42 000 000

——应付利息

8 000 000

贷：待偿债净资产——应付地方政府债券转贷款 50 000 000

（2）列报支出时，记：

借：债务还本支出 42 000 000

贷：其他应收款——S县 42 000 000

借：一般公共预算本级支出 8 000 000

贷：其他应收款——S县 8 000 000

【例8-68】 某市财政采用定向承销方式发行地方政府债券置换存量债务，省财政提供的债权债务确认相关资料显示，置换本级政府存量债务的额度为5 000万元。其中，市本级置换债务4 000万元，置换下级政府存量债务的额度为1 000万元。

借：债务还本支出 40 000 000

债务转贷支出 10 000 000

贷：债务转贷收入 50 000 000

借：待偿债净资产——应付地方政府债券转贷款 50 000 000

贷：应付地方政府债券转贷款 50 000 000

借：应收地方政府债券转贷款 10 000 000

贷：资产基金——应收地方政府债券转贷款 10 000 000

（二）应付主权外债转贷款

为了核算本级政府财政从上级政府财政借入的主权外债转贷款的本金和利息，财政总预算会计应当设置“应付主权外债转贷款”（2027）负债类总账账户，该账户贷方记应付主权外债转贷款的增加额，借方记减少额，期末贷方余额反映本级政府财政尚未偿还的主权外债转贷款本金和利息。

本账户下应当设置“应付本金”和“应付利息”两个明细科目，分别对应付本金和利息进行明细核算。

1. 收到上级政府财政转贷的主权外债资金的核算

【例8-69】 S省收到中央政府财政转贷的主权外债资金80亿元。

借：其他财政存款　　8 000 000 000
　　贷：债务转贷收入　　8 000 000 000
借：待偿债净资产——应付主权外债转贷款　　8 000 000 000
　　贷：应付主权外债转贷款——应付本金　　8 000 000 000

2. 从上级政府财政借入主权外债转贷款，且由外方将贷款资金直接支付给用款单位或供应商时，应根据以下情况分别处理

（1）本级政府财政承担还款责任，贷款资金由本级政府财政同级部门（单位）使用的，本级政府财政根据贷款资金支付相关资料，借记“一般公共预算本级支出”等科目，贷记“债务转贷收入”科目；根据债务管理部门转来的相关资料，按照实际承担的债务金额，借记“待偿债净资产——应付主权外债转贷款”科目，贷记“应付主权外债转贷款”科目。

【例8－70】 W省从中央政府财政借入主权外债转贷款，且由外方将贷款资金直接支付给用款单位或供应商，资金总额1 000亿元。其中，本级政府财政承担还款责任，贷款资金由本级政府财政同级部门（单位）使用的资金额度为600亿元。

借：一般公共预算本级支出　　60 000 000 000
　　贷：债务转贷收入　　60 000 000 000
借：待偿债净资产——应付主权外债转贷款　　60 000 000 000
　　贷：应付主权外债转贷款——应付本金　　60 000 000 000

（2）本级政府财政承担还款责任，贷款资金由下级政府财政同级部门（单位）使用的，本级政府财政部门根据贷款资金支付相关资料及预算指标文件，借记“补助支出”科目，贷记“债务转贷收入”科目；根据债务管理部门转来的相关资料，按照实际承担的债务金额，借记“待偿债净资产——应付主权外债转贷款”科目，贷记“应付主权外债转贷款”科目。

【例8－71】 接前例，W省从中央政府财政借入主权外债转贷款，且由外方将贷款资金直接支付给用款单位或供应商，资金总额1 000亿元。其中，本级政府财政承担还款责任，贷款资金由下级政府财政同级部门（单位）使用的资金额度为250亿元。

借：补助支出　　25 000 000 000
　　贷：债务转贷收入　　25 000 000 000
借：待偿债净资产——应付主权外债转贷款　　25 000 000 000
　　贷：应付主权外债转贷款——应付本金　　25 000 000 000

（3）下级政府财政承担还款责任，贷款资金由下级政府财政同级部门（单位）使用的，本级政府财政部门根据还款资金支付相关资料，借记“债务转贷支出”科目，贷记“债务转贷收入”；根据债务管理部门转来的相关资料，按照实际承担的债务金额，借记“待偿债净资产——应付主权外债转贷款”科目，贷记“应付主权外债转贷款”科目；同时，借记“应收主权外债转货款”科目，贷记“资产基金——应收主权外债转贷款”科目。

【例8－72】 接前例，W省从中央政府财政借入主权外债转贷款，且由外方将贷款资金直接支付给用款单位或供应商，资金总额1 000亿元。其中，下级A市政府财政承担还款责任，贷款资金由下级政府财政同级部门（单位）使用的资金额度为150亿元。

借：债务转贷支出　　15 000 000 000
　　贷：债务转贷收入　　15 000 000 000

借：待偿债净资产——应付主权外债转贷款　　15 000 000 000
　　贷：应付主权外债转贷款——应付本金　　15 000 000 000
借：应收主权外债转贷款——应付本金　　15 000 000 000
　　贷：资产基金——应收主权外债转贷款　　15 000 000 000

3. 期末确认主权外债转贷款的应付利息时

按照债务管理部门计算出的本期应付未付利息金额，借记“待偿债净资产——应付主权外债转贷款”科目，贷记“应付主权外债转贷款”科目。

【例 8－73】 接前例，S 省确认从中央政府财政转贷的主权外债资金的应付利息，本期应付未付利息额为 1 000 万元。

借：待偿债净资产——应付主权外债转贷款　　10 000 000
　　贷：应付主权外债转贷款——应付利息　　10 000 000

4. 偿还本级政府财政承担的借入主权外债转贷款的本金时

借记“债务还本支出”科目，贷记“其他财政存款”等科目；根据债务管理部门转来的相关资料，按照实际偿还的本金金额，借记“应付主权外债转贷款”科目，贷记“待偿债净资产——应付主权外债转贷款”科目。

【例 8－74】 接前例，S 省偿还本级政府财政承担的借入主权外债转贷款的本金 80 亿元。

借：债务还本支出　　8 000 000 000
　　贷：其他财政存款　　8 000 000 000
借：应付主权外债转贷款——应付本金　　8 000 000 000
　　贷：待偿债净资产——应付主权外债转贷款　　8 000 000 000

5. 偿还本级政府财政承担的借入主权外债转贷款的利息时

借记“一般公共预算本级支出”等科目，贷记“其他财政存款”等科目；实际偿还利息金额中属于已确认的应付利息部分，还应根据债务管理部门转来的相关资料，借记“应付主权外债转贷款”科目，贷记“待偿债净资产——应付主权外债转贷款”科目。

【例 8－75】 接前例，S 省偿还已确认的本级政府财政承担的借入主权外债转贷款的利息 1.8 亿元。

借：一般公共预算本级支出　　180 000 000
　　贷：其他财政存款　　180 000 000
借：应付主权外债转贷款——应付利息　　180 000 000
　　贷：待偿债净资产——应付主权外债转贷款　　180 000 000

6. 偿还下级政府财政承担的借入主权外债转贷款的本息时，借记“其他应付款”或“其他应收款”科目，贷记“其他财政存款”等科目；根据债务管理部门转来的相关资料，按照实际偿还的本金及已确认的应付利息金额，借记“应付主权外债转贷款”科目，贷记“待偿债净资产——应付主权外债转贷款”科目。

【例 8－76】 接前例，W 省偿还下级政府财政承担的借入主权外债转贷款的本息 152 亿元，其中，本金 150 亿元，已确认利息 2 亿元。

借：其他应付款　　15 200 000 000
　　贷：其他财政存款　　15 200 000 000

借：应付主权外债转贷款——应付本金　　15 000 000 000
　　　　　　　　　　　——应付利息　　200 000 000
　　贷：待偿债净资产——应付主权外债转贷款　　15 200 000 000

7. 被上级政府财政扣缴借入主权外债转贷款的本息时

借记“其他应收款”科目，贷记“与上级往来”科目；根据债务管理部门转来的相关资料，按照被扣缴的本金及已确认的应付利息金额，借记“应付主权外债转贷款”科目，贷记“待偿债净资产——应付主权外债转贷款”科目。列报支出时，对本级政府财政承担的还本支出，借记“债务还本支出”科目；贷记“其他应收款”科目；对本级政府财政承担的利息支出，借记“一般公共预算本级支出”等科目，贷记“其他应收款”科目。

【例 8-77】 接前例，因资金困难，W 省的下级 A 市政府财政偿还主权外债转贷款的本息中有 10 亿元是由省政府财政垫付。年末，被省政府财政扣回。10 亿元扣款中，应付本金 9.5 亿元，应付利息 0.5 亿元。

（1）扣缴本息时：

借：其他应收款——A 市　　1 000 000 000
　　贷：与上级往来　　1 000 000 000
借：应付主权外债转贷款——应付本金　　950 000 000
　　　　　　　　　　　——应付利息　　50 000 000
　　贷：待偿债净资产——应付主权外债转贷款　　1 000 000 000

（2）列报支出时：

借：债务还本支出　　950 000 000
　　贷：其他应收款——A 市　　950 000 000
借：一般公共预算本级支出　　50 000 000
　　贷：其他应收款——A 市　　50 000 000

8. 上级政府财政豁免主权外债转贷款本息时

（1）豁免本级政府财政承担偿还责任的主权外债转贷款本息时，根据债务管理部门转来的相关资料，按照豁免转贷款的本金及已确认的应付利息金额，借记“应付主权外债转贷款”科目，贷记“待偿债净资产——应付主权外债转贷款”科目。

【例 8-78】 接前例，A 市政府财政偿还主权外债转贷款的本息中有 10 亿元是由省政府财政垫付的，其中，应付本金 9.5 亿元，已确认应付利息 0.5 亿元。经省领导研究，豁免该笔资金。A 市政府财政的服务处理如下：

借：应付主权外债转贷款——应付本金　　950 000 000
　　　　　　　　　　　——应付利息　　50 000 000
　　贷：待偿债净资产——应付主权外债转贷款　　1 000 000 000

（2）豁免下级政府财政承担偿还责任的主权外债转贷款本息时，根据债务管理部门转来的相关资料，按照豁免转贷款的本金及已确认的应付利息金额，借记“应付主权外债转贷款”科目，贷记“待偿债净资产——应付主权外债转贷款”科目。同时，借记“资产基金——应收主权外债转贷款”科目，贷记“应收主权外债转贷款”科目。

【例 8-79】 接前例，A 市政府财政偿还主权外债转贷款的本息中有 10 亿元是由省政府财政垫付的，其中，应付本金 9.5 亿元，已确认应付利息 0.5 亿元。经省领导研究，豁免该笔资金。W省财政的账务处理如下：

借：应付主权外债转贷款——应付本金　　950 000 000
　　　　　　　　　　　——应付利息　　50 000 000
　　贷：待偿债净资产——应付主权外债转贷款　　1 000 000 000
借：资产基金——应收主权外债转贷款　　1 000 000 000
　　贷：应收主权外债转贷款　　1 000 000 000

三、借入款项的核算

（一）借入款项的含义

借入款项是指以政府名义向外国政府和国际金融组织等借入的款项，以及经国务院批准的其他方式借入的款项。

（二）借入款项的核算

为了核算政府财政部门借入款项的本金和利息，财政总预算会计应当设置“借入款项”（2022）负债类总账账户。贷方登记借入款项本金和利息的增加额，借方登记减少额，期末贷方余额反映本级政府财政尚未偿还的借入款项本金和利息。

本账户下应当设置“应付本金”和“应付利息”明细科目，分别对借入款项的应付本金和利息进行明细核算，还应当按照债权人进行明细核算。债务管理部门应当设置相应的辅助账，详细记录每笔借入款项的期限、借入日期、偿还及付息情况等。

1. 本级政府财政收到借入的主权外债资金时

借记“其他财政存款”科目，贷记“债务收入”科目；根据债务管理部门转来的相关资料，按照实际承担的债务金额，借记“待偿债净资产——借入款项”科目，贷记“借入款项”科目。

【例8－80】 中央财政从荷兰政府借入外债资金，折合人民币1 219亿元，借款存入商业银行。

借：其他财政存款　　121 900 000 000
　　贷：债务收入　　121 900 000 000
借：待偿债净资产——借入款项　　121 900 000 000
　　贷：借入款项——应付本金　　121 900 000 000

2. 本级政府财政借入主权外债，且由外方将贷款资金直接支付给用款单位或供应商时，应根据以下情况分别处理

（1）本级政府财政承担还款责任，贷款资金由本级政府财政同级部门（单位）使用的，本级政府财政部门根据贷款资金支付相关资料，借记“一般公共预算本级支出”等科目，贷记“债务收入”科目；根据债务管理部门转来的相关资料，按照实际承担的债务金额，借记“待偿债净资产——借入款项”科目，贷记“借入款项”科目。

【例8－81】 某省财政借入一笔美国政府贷款，资金由本级政府财政同级单位使用，用于改建供水系统，由外方将贷款资金直接支付给用款单位。贷款折合人民币200亿元。

借：一般公共预算本级支出　　20 000 000 000
　　贷：债务收入　　20 000 000 000

借：待偿债净资产——借入款项　　　　20 000 000 000

　　贷：借入款项——应付本金　　　　20 000 000 000

（2）本级政府财政承担还款责任，贷款资金由下级政府财政同级部门（单位）使用的，本级政府财政部门根据贷款资金支付相关资料及预算指标文件，借记“补助支出”科目，贷记“债务收入”科目；根据债务管理部门转来的相关资料，按照实际承担的债务金额，借记“待偿债净资产——借入款项”科目，贷记“借入款项”科目。

【例 8－82】 某市财政借入法国政府贷款折合人民币 110 亿元，由下级政府财政的同级单位使用，由外方将贷款资金直接支付给用款单位。

借：补助支出　　　　11 000 000 000

　　贷：债务收入　　　　11 000 000 000

借：待偿债净资产——借入款项　　　　11 000 000 000

　　贷：借入款项——应付本金　　　　11 000 000 000

（3）下级政府财政承担还款责任，贷款资金由下级政府财政同级部门（单位）使用的，本级政府财政部门根据贷款资金支付相关资料，借记“债务转贷支出”科目，贷记“债务收入”科目；根据债务管理部门转来的相关资料，按照实际承担的债务金额，借记“待偿债净资产——借入款项”科目，贷记“借入款项”科目；同时，借记“应收主权外债转贷款”科目，贷记“资产基金——应收主权外债转贷款”科目。

【例 8－83】 M 市政府财政借入意大利政府贷款，折合人民币 2 亿元。贷款由下属 D 县政府财政同级的水利部门使用，由 D 县政府财政承担还款责任，由外方将贷款资金直接支付给用款单位。

借：债务转贷支出　　　　200 000 000

　　贷：债务收入　　　　200 000 000

借：待偿债净资产——借入款项　　　　200 000 000

　　贷：借入款项——应付本金　　　　200 000 000

借：应收主权外债转贷款　　　　200 000 000

　　贷：资产基金——应收主权外债转贷款　　　　200 000 000

3. 期末确认借入主权外债的应付利息时

根据债务管理部门计算出的本期应付未付利息金额，借记“待偿债净资产——借入款项”科目，贷记“借入款项”科目。

【例 8－84】 接前例，期末 M 市政府财政确认借入的主权外债本期应付利息，为 20 万元。

借：待偿债净资产——借入款项　　　　200 000

　　贷：借入款项——应付利息　　　　200 000

4. 偿还本级政府财政承担的借入主权外债本金时

借记“债务还本支出”科目，贷记“国库存款”“其他财政存款”等科目；根据债务管理部门转来的相关资料，按照实际偿还的本金金额，借记“借入款项”科目，贷记“待偿债净资产——借入次项”科目。

【例 8－85】 接前例，中央财政偿还从荷兰政府借入外债资金本金 1 219 亿元。

借：债务还本支出　　　　121 900 000 000

贷：其他财政存款　　121 900 000 000

借：借入款项——应付本金　　121 900 000 000

贷：待偿债净资产——借入款项　　121 900 000 000

5. 偿还本级政府财政承担的借入主权外债利息时

借记"一般公共预算本级支出"等科目，贷记"国库存款""其他财政存款"等科目；实际偿还利息金额中属于已确认的应付利息部分，还应根据债务管理部门转来的相关资料，借记"借入款项"科目，贷记"待偿债净资产——借入款项"科目。

【例8-86】 接前例，中央财政偿还已确认的从荷兰政府借入外债资金利息11亿元。

借：一般公共预算本级支出　　1 100 000 000

贷：其他财政存款　　1 100 000 000

借：借入款项——应付利息　　1 100 000 000

贷：待偿债净资产——借入款项　　1 100 000 000

6. 偿还下级政府财政承担的借入主权外债的本息时

借记"其他应付款"或"其他应收款"科目，贷记"国库存款""其他财政存款"等科目；根据债务管理部门转来的相关资料，按照实际偿还的本金及已确认的应付利息金额，借记"借入款项"科目，贷记"待偿债净资产——借入款项"科目。

【例8-87】 接前例，M市政府财政偿还由D县承担偿还责任的意大利政府债务本息，本金2亿元，已确认利息0.4亿元，共计2.4亿元。

借：其他应付款　　240 000 000

贷：其他财政存款　　240 000 000

借：借入款项——应付本金　　200 000 000

——应付利息　　40 000 000

贷：待偿债净资产——借入款项　　240 000 000

7. 被上级政府财政扣缴借入主权外债的本息时

借记"其他应收款"科目，贷记"与上级往来"科目；根据债务管理部门转来的相关资料，按照实际扣缴的本金及已确认的应付利息金额，借记"借入款项"科目，贷记"待偿债净资产——借入款项"科目。列报支出时，对应由本级政府财政承担的还本支出，借记"债务还本支出"科目，贷记"其他应收款"科目；对应由本级政府财政承担的利息支出，借记"一般公共预算本级支出"等科目，贷记"其他应收款"科目。

【例8-88】 接前例，因资金困难，D县偿还意大利政府债务本息的2.4亿元中，有1亿元是M市政府财政代为偿付的，其中，本金0.9亿元，利息0.1亿元。在年末，被M市政府财政扣缴。

（1）扣缴本息时记：

借：其他应收款　　100 000 000

贷：与上级往来　　100 000 000

借：借入款项——应付本金　　90 000 000

——应付利息　　10 000 000

贷：待偿债净资产——借入款项　　100 000 000

（2）列支时记：

借：债务还本支出　　90 000 000

　贷：其他应收款　　90 000 000

借：一般公共预算本级支出　　10 000 000

　贷：其他应收款　　10 000 000

8. 债权人豁免本级政府财政承担偿还责任的借入主权外债本息时

根据债务管理部门转来的相关资料，按照被豁免的本金及已确认的应付利息金额，借记“借入款项”科目，贷记“待偿债净资产——借入款项”科目。

债权人豁免下级政府财政承担偿还责任的借入主权外债本息时，根据债务管理部门转来的相关资料，按照被豁免的本金及已确认的应付利息金额，借记“借入款项”科目，贷记“待偿债净资产——借入款项”科目；同时，借记“资产基金——应收主权外债转贷款”科目，贷记“应收主权外债转贷款”科目。

【例 8－89】 接前例，荷兰政府豁免中央政府财政承担偿还责任的借款本息，本金1 219 亿元，利息 11 亿元。

借：借入款项——应付本金　　121 900 000 000

　　　　　——应付利息　　1 100 000 000

　贷：待偿债净资产——借入款项　　123 000 000 000

借：资产基金——应收主权外债转贷款　　123 000 000 000

　贷：应收主权外债转贷款　　123 000 000 000

【例 8－90】 接前例，意大利政府豁免 M 市政府财政借入的应由 D 县承担偿还责任的贷款本息，本金 2 亿元，利息 0.4 亿元，共计 2.4 亿元。

借：借入款项——应付本金　　200 000 000

　　　　　——应付利息　　40 000 000

　贷：待偿债净资产——借入款项　　240 000 000

借：资产基金——应收主权外债转贷款　　240 000 000

　贷：应收主权外债转贷款　　240 000 000

四、应付国库集中支付结余和暂收及应付款的核算

（一）应付国库集中支付结余的核算

应付国库集中支付结余是指国库集中支付中，按照财政部门批复的部门预算，当年未支而需结转下一年度支付的款项采用权责发生制列支后形成的债务。

为了核算政府财政采用权责发生制列支，预算单位尚未使用的国库集中支付结余资金，财政总预算会计应当设置“应付国库集中支付结余”（2011）负债类总账账户。贷方登记应付国库集中支付结余的增加额，借方登记减少额，期末贷方余额反映政府财政尚未支付的国库集中支付结余。

本账户应当根据管理需要，按照政府收支分类科目等进行相应明细核算。

1. 年末确认国库集中支付结余的核算

年末，对当年形成的国库集中支付结余采用权责发生制列支时，借记有关支出科目，贷记“应付国库集中支付结余”科目。

【例 8－91】 某市财政实行国库集中支付制度。年末，按照权责发生制列支一般公共预

算本级支出，并形成1.5亿元的国库集中支付结余，记入国库集中支付结余账户。

借：一般公共预算本级支出　　150 000 000

　　贷：应付国库集中支付结余　　150 000 000

2. 实际支付国库集中支付结余资金的核算

以后年度实际支付国库集中支付结余资金时，分以下情况处理：

（1）按原结转预算科目支出的，借记“应付国库集中支付结余”科目，贷记“国库存款”科目。

【例8-92】 接上例，市教育学院用上年的教育经费结余购买一批教学设备，价款12万元，向市财政申请国库集中支付。市财政通过国库集中支付将款项直接支付给设备的供货商。

借：应付国库集中支付结余　　120 000

　　贷：国库存款　　120 000

（2）调整支出预算科目的，应当按原结转预算科目作冲销处理，借记“应付国库集中支付结余”科目，贷记有关支出科目。同时，按实际支出预算科目作列支账务处理，借记有关支出科目，贷记“国库存款”科目。

【例8-93】 接前例，经批准，市教育学院将教育经费结余的20万元改为科研经费，并购买科研实验用材料。由市财政直接支付材料款项。

借：应付国库集中支付结余——教育经费结余　　200 000

　　贷：一般公共预算本级支出——教育经费　　200 000

借：一般公共预算本级支出——科研经费　　200 000

　　贷：国库存款　　200 000

（二）暂收及应付款项的核算

暂收及应付款项是指政府财政业务活动中形成的债务，包括与上级往来和其他应付款等。暂收及应付款项应当及时清理结算。

1. 与上级往来的核算

与上级往来是上下级财政之间由于财政资金的周转调度以及预算补助、上解结算等事项而形成的债务。如本级财政因资金调度困难而向上级财政借款周转和归还借款；在财政体制年终结算中发生本级财政应上解款或上级财政应补助款等。

各级财政总会计为了核算与上级往来款项，应设置“与上级往来”（2012）负债类总账账户。贷方登记借入数或体制结算中应上交上级财政款项，借方登记归还数或转作上级补助收入数，贷方余额反映本级财政欠上级财政的款项，借方余额为上级财政欠本级财政的款项。本账户是往来性质的账户，如出现借方余额，在编制“资产负债表”时，应以负数反映。

本科目应当按照往来款项的类别和项目等进行明细核算。

小测试：

“与上级往来”和“与下级往来”属于什么性质科目？余额一般出现在哪一方？若余额出现在相反一方，在编制资产负债表时应如何处理？

【例 8－94】 某市财政局向省财政厅临时借款 100 万元，款项存入国库存款户。

借：国库存款　　1 000 000

　　贷：与上级往来　　1 000 000

【例 8－95】 将上述借款中 50 万元归还省财政厅，另 50 万元经省财政厅同意转作本市补助款。

借：与上级往来　　1 000 000

　　贷：国库存款　　500 000

　　　　补助收入　　500 000

2. 其他应付款的核算

"其他应付款"（2015）属负债类科目，用于核算政府财政临时发生的暂收、应付和收到的不明性质款项。税务机关代征入库的社会保险费、项目单位使用并承担还款责任的外国政府和国际金融组织贷款，也通过本科目核算。贷方登记其他应付款的增加额，借方登记减少额。本科目期末贷方余额反映政府财政尚未结清的其他应付款项。

本科目应当按照债权单位或资金来源等进行明细核算。

【例 8－96】 某市财政局收到市公安局性质不明的预算缴款 1.6 万元。

借：国库存款　　16 000

　　贷：其他应付款——性质不明款——市公安局　　16 000

【例 8－97】 经查上述性质不明款中 1 万元是上缴的罚没款，转作一般公共预算收入；另 6 000 元属错收的罚款，当即退还被罚者。

借：其他应付款——性质不明款—— 市公安局　　16 000

　　贷：一般公共预算本级收入　　10 000

　　　　国库存款　　6 000

小测试：

某市财政局向省财政厅借入 100 万元用于临时周转，作如下会计分录对吗？

借：国库存款　　1 000 000

　　贷：其他应付款　　1 000 000

五、应付代管资金和其他负债的核算

（一）应付代管资金的核算

1. 代管资金的含义

代管资金是指政府财政代为管理的、使用权属于被代管主体的资金。

2. 代管资金的核算

为了核算政府财政代管资金，财政总预算会计应当设置"应付代管资金"（2017）负债类总账账户。贷方登记应付代管资金的增加额，借方登记减少额，期末贷方余额反映政府财政尚未支付的代管资金。

本科目应当根据管理需要进行相关明细核算。

【例 8－98】 收到邻市财政局汇来代管款项 15 万元。

借：其他财政存款　　150 000

　　贷：应付代管资金——×市财政局　　150 000

【例8-99】 某市财政收到天使投资基金托管资金3 000万元。

借：其他财政存款　　30 000 000

　　贷：应付代管资金——天使投资基金　　30 000 000

【例8-100】 接上例，依照天使投资基金的托管要求，向某项目支付代管资金资助200万元。

借：应付代管资金——天使投资基金　　2 000 000

　　贷：其他财政存款　　2 000 000

【例8-101】 接前例，代管资金产生利息收入2 916元。

借：其他财政存款　　2 916

　　贷：应付代管资金——天使投资基金　　2 916

（二）其他负债的核算

其他负债是指政府财政因有关政策明确要求其承担支出责任的事项而形成的应付未付款项。在财政总预算会计中，其他负债包括“其他负债”和“已结报支出”。

1. 其他负债的核算

“其他负债”（2045）属负债类科目，用于核算政府财政因有关政策明确要求其承担支出责任的事项而形成的应付未付款项。贷方登记其他负债的增加额，借方登记减少额，贷方余额反映政府财政承担的尚未支付的其他负债余额。

本科目应当按照债权单位和项目等进行明细核算。

（1）有关政策已明确政府财政承担的支出责任，按照确定应承担的负债金额，借记“待偿债净资产”科目，贷记“其他负债”科目。

【例8-102】 依据新发布的国家《资产支持计划业务管理暂行办法》，某市财政应该对地铁建设承担部分责任。对于地铁建设单位的外国政府贷款所欠尾款2 000万元，由市财政偿还。

借：待偿债净资产　　20 000 000

　　贷：其他负债　　20 000 000

（2）实际偿还负债时，借记有关支出等科目，贷记“国库存款”等科目。同时，按照相同的金额，借记“其他负债”科目，贷记“待偿债净资产”科目。

【例8-103】 接上例，市财政偿还地铁建设项目外国政府贷款尾款2 000万元。

借：一般公共预算本级支出　　20 000 000

　　贷：国库存款　　20 000 000

借：其他负债　　20 000 000

　　贷：待偿债净资产　　20 000 000

2. “已结报支出”的核算

“已结报支出”（2091）属单设国库支付执行机构使用的会计科目，用于核算政府财政国库支付执行机构已清算的国库集中支付支出数额。财政国库支付执行机构未单设的地区，不使用该科目。本科目年终转账后无余额。

已结报支出的主要账务处理如下：

（1）每日汇总清算后，财政国库支付执行机构会计根据有关划款凭证回执联和按部门分“类”“款”“项”汇总的“预算支出结算清单”，对于财政直接支付，借记“财政零余额账户存款”科目，贷记“已结报支出”科目；对于财政授权支付，借记“一般公共预算本级支出”“政府性基金预算本级支出”“国有资本经营预算本级支出”等科目，贷记“已结报支出”科目。

【例8－104】 某市实行国库集中支付制度，单设财政国库支付执行机构。收到当日“预算支出结算清单”，清单显示，当日的财政直接支付的一般公共预算本级支出1.5亿元、政府性基金预算本级支出0.8亿元，共计2.3亿元；财政授权支付的一般公共预算本级支出0.5亿元，国有资本经营预算本级支出0.1亿元。

借：财政零余额账户存款	230 000 000	
贷：已结报支出		230 000 000
借：一般公共预算本级支出	50 000 000	
国有资本经营预算本级支出	10 000 000	
贷：已结报支出		60 000 000

（2）年终财政国库支付执行机构按照累计结清的支出金额，与有关方面核对一致后转账时，借记“已结报支出”科目，贷记“一般公共预算本级支出”“政府性基金预算本级支出”“国有资本经营预算本级支出”等科目。

【例8－105】 接上例，年终，财政国库支付执行机构与有关方面核对，已结报支出累计1 431亿元，其中，一般公共预算本级支出856亿元，政府性基金预算本级支出341亿元，国有资本经营预算本级支出34亿元。

借：已结报支出	143 100 000 000	
贷：一般公共预算本级支出		85 600 000 000
政府性基金预算本级支出		54 100 000 000
国有资本经营预算本级支出		3 400 000 000

第九章

财政总预算收入、支出和净资产的核算

学习目标

- □ 理解财政总预算收入、支出和净资产的含义及构成
- □ 了解预算收入的收纳、划分和报解
- □ 掌握财政总预算收入、支出和净资产的会计核算
- □ 明确办理预算支出的基本规定

财政总预算收入是国家为实现其职能，根据法令和法律所取得的非偿还性资金，是一级财政的资金来源。包括政府财政本级预算收入、政府财政本级其他收入、政府财政转移性收入和政府财政债务性收入等。

财政总预算支出是指一级政府为实现其职能，对财政资金进行的再分配。包括政府财政本级预算支出、政府财政本级其他支出、政府财政转移性支出和政府财政债务性支出等。主要内容如图 9－1 所示。

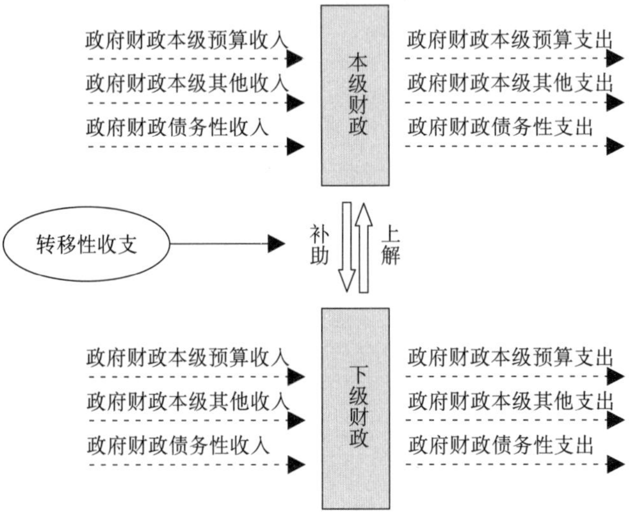

图 9－1　财政收入和财政支出结构

第一节 财政总预算收入的核算

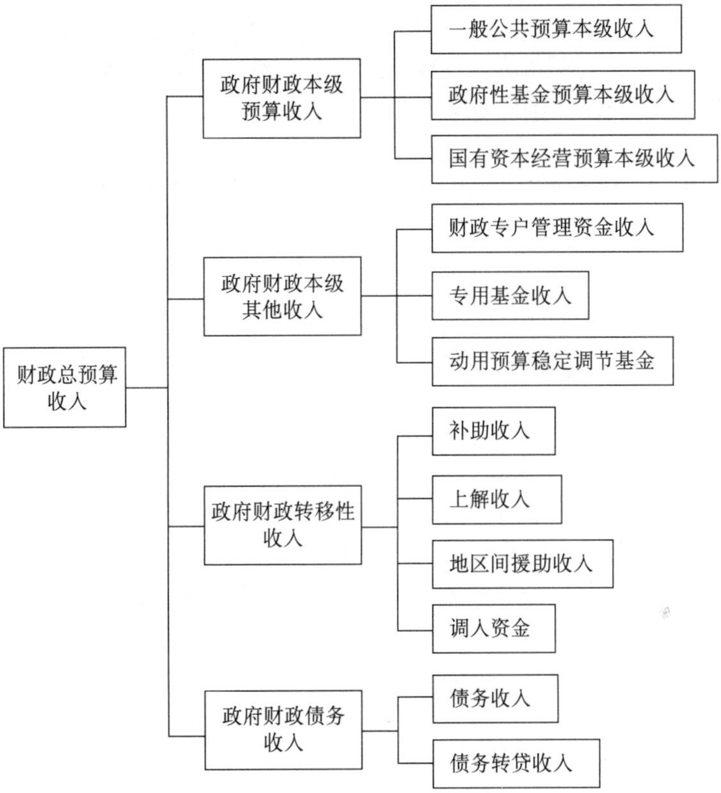

图 9－2 财政总预算收入核算的内容

一、政府财政本级预算收入的核算

（一）一般公共预算本级收入的核算

1. 一般公共预算本级收入的概念

一般公共预算本级收入是通过一定的形式和程序，有计划组织的由政府支配、纳入预算管理的资金。包括税收收入和非税收入。

2. 一般公共预算本级收入的管理

（1）征收机关。征收机关是指负责预算收入的征收管理机构，主要有财政机关、税务机关和海关。如图 9－3 所示。

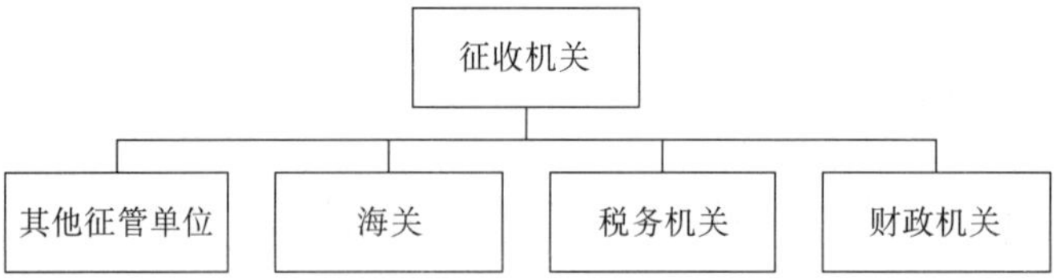

图9-3　征收机关结构图

（2）出纳机关。出纳机关是指负责管理预算资金的机构。我国的预算资金由国家金库（简称国库）负责管理。国库是国家预算资金唯一的收纳、划分和报解的专门机构，一切预算收支都要通过国库进行入库和拨付。我国的国家金库是按照国家财政管理体制设立的，原则上一级财政设立一级国库。国库分为四级，如图9-4所示。

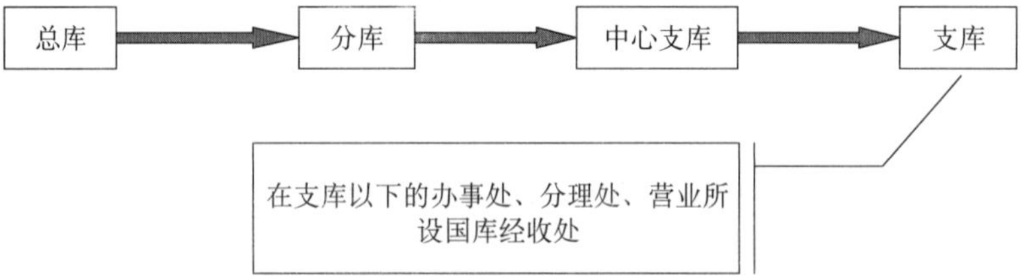

图9-4

3. 一般公共预算本级收入的核算

为了核算政府财政筹集的纳入本级一般公共预算管理的税收收入和非税收入，财政总预算会计应当设置“一般公共预算本级收入”（4001）收入类总账账户，贷方登记一般公共预算本级收入的增加额，借方登记减少额，平时贷方余额反映一般公共预算本级收入的累计数，年终转账后无余额。

本科目应当根据《政府收支分类科目》中“一般公共预算收入科目”规定进行明细核算。

【例9-1】 某市财政收到当日“预算收入日报表”以及所附收入凭证，列示一般公共预算本级收入数200万元（城市维护建设税）。

借：国库存款　　2 000 000

　　贷：一般公共预算本级收入——税收收入——城市维护建设税

　　　　2 000 000

【例9-2】 年终，某市“一般公共预算本级收入”科目贷方余额1 663万元，转入“一般公共预算结转结余”科目。

借：一般公共预算本级收入　　16 630 000

　　贷：一般公共预算结转结余　　16 630 000

（二）政府性基金预算本级收入的核算

为了核算政府财政筹集的纳入本级政府性基金预算管理的非税收入，财政总预算会计应当设置“政府性基金预算本级收入”（4002）收入类总账账户。贷方登记政府性基金预算本级收入的增加额，借方登记减少额，平时贷方余额反映政府性基金预算本级收入的累计数，年终转账后无余额。

本科目应当根据《政府收支分类科目》中“政府性基金预算收入科目”规定进行明细核算。

【例9-3】 某市财政收到当日的“预算收入日报表”，所列政府性基金预算本级收入数76万元，为土地出让价款收入。

借：国库存款　　760 000

　　贷：政府性基金预算本级收入——非税收入——国有土地使用权出让收入——土地出让价款收入　　760 000

【例9-4】 年终，某市财政“政府性基金预算本级收入”科目贷方余额1 123万元，全数转入“政府性基金预算结转结余”科目。

借：政府性基金预算本级收入　　11 230 000

　　贷：政府性基金预算结转结余　　11 230 000

（三）国有资本经营预算本级收入的核算

为了核算政府财政筹集的纳入本级国有资本经营预算管理的非税收入，财政总预算会计应当设置“国有资本经营预算本级收入”（4003）收入类总账账户科目，贷方登记国有资本经营预算本级收入的增加额，借方登记减少额，平时贷方余额反映国有资本经营预算本级收入的累计数，年终转账后无余额。

本科目应当根据《政府收支分类科目》中“国有资本经营预算收入”科目规定进行明细核算。

【例9-5】 某市财政收到当日的“预算收入日报表”，所列国有资本经营预算本级收入数34万元，为医药企业利润收入。

借：国库存款　　340 000

　　贷：国有资本经营预算本级收入——非税收入——国有资本经营收入——利润收入——医药企业利润收入　　340 000

【例9-6】 年终，某市财政“国有资本经营预算本级收入”科目的贷方余额2 560万元，全数转入“国有资本经营预算结转结余”科目。

借：国有资本经营预算本级收入　　25 600 000

　　贷：国有资本经营预算结转结余　　25 600 000

二、政府财政本级其他收入的核算

（一）财政专户管理资金收入的核算

1. 财政专户管理资金收入的含义

财政专户管理资金收入是指纳入财政专户管理的教育收费等资金收入。

2. 财政专户管理资金收入的核算

为了核算政府财政纳入财政专户管理的教育收费等资金收入，财政总预算会计应当设置“财政专户管理资金收入”（4005）收入类总账账户。贷方登记财政专户管理资金收入的增加额，借方登记减少额，平时贷方余额反映财政专户管理资金收入的累计数，年终转账后无余额。

本科目应当按照《政府收支分类科目》中“收入分类科目”规定进行明细核算。同时，根据管理需要，按部门（单位）等进行明细核算。

【例9－7】 某市财政收到待缴国库单一账户的教育收费收入50万元，存入财政专户。

借：其他财政存款　　500 000

　　贷：财政专户管理资金收入　　500 000

【例9－8】 年终，某市财政“财政专户管理资金收入”科目贷方余额752万元，全数转入“财政专户管理资金结余”科目。

借：财政专户管理资金收入　　7 520 000

　　贷：财政专户管理资金结余　　7 520 000

（二）专用基金收入的核算

1. 专用基金的含义

专用基金是指政府财政按照法律法规和国务院、财政部规定设置或取得的有指定用途、必须专款专用的各项基金，如粮食风险基金。

2. 专用基金的核算

为了核算专用基金收入，各级财政总预算会计应设置“专用基金收入”（4007）收入类总账账户。贷方登记从上级财政部门或通过本级预算支出安排取得的专用基金收入数，借方登记退回专用基金收入数及年终转入“专用基金结余”账户数，平时贷方余额反映专用基金收入累计数，年终转账后无余额。

本账户应当按照专用基金的种类进行明细核算。

【例9－9】 某市财政局从上级财政部门取得粮食风险基金50万元。

借：其他财政存款　　500 000

　　贷：专用基金收入——粮食风险基金　　500 000

【例9－10】 某市财政局从本级预算安排专用基金20万元。

借：一般公共预算本级支出　　200 000

　　贷：国库存款——一般预算存款　　200 000

同时：

借：其他财政存款　　200 000

　　贷：专用基金收入　　200 000

【例9－11】 退回从上级财政取得的专用基金30万元。

借：专用基金收入　　300 000

　　贷：其他财政存款　　300 000

【例9－12】 某市通过预算支出安排取得粮食风险基金收入300万元，资金仍存在国库。

借：一般公共预算本级支出　　3 000 000

　　贷：专用基金收入　　3 000 000

【例9－13】 年终将“专用基金收入”账户余额80万元进行转账。

借：专用基金收入　　800 000

　　贷：专用基金结余　　800 000

（三）动用预算稳定调节基金的核算

1. 预算稳定调节基金的含义

预算稳定调节基金是指各级财政通过超收安排的具有储备性质的基金，用于弥补短收年份预算执行的收支缺口，以及视预算平衡情况，在安排年初预算时调入并安排使用的基金。

2. 预算稳定调节基金的核算

为了核算政府财政为弥补本年度预算资金的不足而调用的预算稳定调节基金，财政总预算会计应当设置“动用预算稳定调节基金”（4031）收入类总账账户。贷方登记动用预算稳定调节基金的增加额，借方登记减少额，平时贷方余额反映动用预算稳定调节基金的累计数，年终转账后无余额。

【例9－14】 某市调用预算稳定调节基金1 000万元，用于弥补本年度预算资金不足。

借：预算稳定调节基金　　10 000 000

　　贷：动用预算稳定调节基金　　10 000 000

【例9－15】 接上例，年终，该市“动用预算稳定调节基金”科目贷方余额1 000万元，全数转入“一般公共预算结转结余”科目。

借：动用预算稳定调节基金　　10 000 000

　　贷：一般公共预算结转结余　　10 000 000

三、政府财政转移性收入的核算

（一）转移性收入的概念

1. 转移性收支是指上下级预算主体之间按照法定的标准进行的财政资金的相互转移。内容包括两方面：

■ 上下级财政之间资金调拨（见图9－5）。

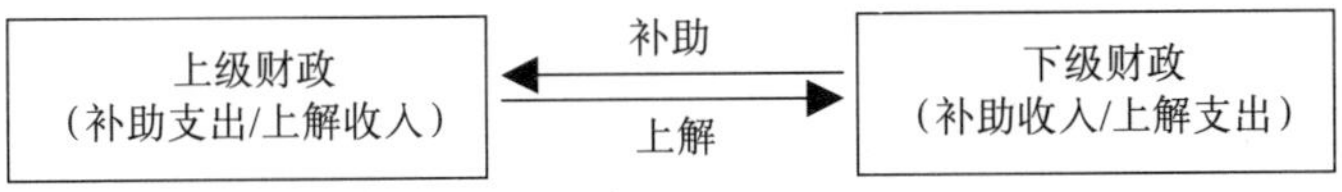

图9－5

■ 同级财政不同类型资金（一般公共预算资金、政府性基金预算资金、国有资本经营预算资金）之间的调拨（见图9－6）。

2. 转移性收入的概念

转移性收入是指上下级预算主体之间按照法定的标准进行的财政资金的相互转移形成的收入。

（二）转移性收入的核算

政府收支分类科目的“转移性收入”包括（2018年政府收支分类科目）：返还性收入、一般性转移支付收入、专项转移支付收入、上解收入、上年结余收入、调入资金、债务转贷收入、接受其他地区援助收入。

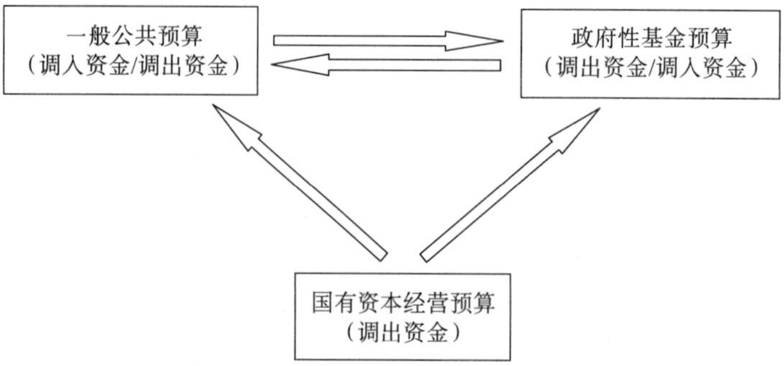

图 9－6

［扫一扫］

小提示

财政总预算会计核算分为三个部分：补助收入、上解收入、调入资金和地区间援助。

1. 补助收入的核算

（1）补助收入的概念。补助收入是指上级财政按照财政体制规定或因专项需要补助给下级政府财政的款项。具体包括税收返还收入，按财政体制规定由上级财政补助的款项和上级财政对本级的专项补助和临时性补助款项。

（2）补助收入的核算。为了核算上级财政部门拨来的补助款，财政总预算会计应设置“补助收入”（4011）收入类总账账户。贷方登记上级财政拨来的各项补助款项，借方登记退还上级补助数及年终转出数，平时贷方余额反映上级补助收入累计数，年终转账后无余额。

该账户按补助资金性质设置明细账。

【例 9－16】 某市财政局收到省财政厅拨来的税收返还收入 30 万元。

借：国库存款　　300 000

　　贷：补助收入——一般公共预算补助收入（税收返还收入）　　300 000

【例 9－17】 某市财政局收到省财政拨来专项补助款 60 万元。

借：国库存款　　600 000

　　贷：补助收入——一般公共预算补助收入（专项补助）　　600 000

【例 9－18】 某市财政局收到上级财政拨来政府性基金预算补助款 38.5 万元。

借：国库存款　　385 000

　　贷：补助收入——政府性基金预算补助　　385 000

【例 9－19】 某市财政局退回省财政厅多拨的专项补助款 10 万元。

借：补助收入——一般公共预算补助收入（专项补助）　　100 000

　　贷：国库存款　　100 000

【例 9－20】 某市财政局收到省财政厅直接支付到本级社保基金财政专户的新农合补助

资金3 000万元，根据本级社保基金财政专户会计转来的加盖印章的社保基金财政专户收款凭证复印件记：

借：一般公共预算本级支出　　30 000 000

　　贷：与上级往来　　30 000 000

年终，根据上下级财政结算文件进行冲账：

借：与上级往来　　30 000 000

　　贷：补助收入——一般公共预算补助收入　　30 000 000

【例9-21】 年终将补助收入中一般公共预算补助800万元，政府性基金预算补助38.5万元进行转账。

借：补助收入——一般公共预算补助收入　　8 000 000

　　贷：一般公共预算结转结余　　8 000 000

借：补助收入——政府性基金预算补助收入　　385 000

　　贷：政府性基金预算结转结余　　385 000

小测试：

某市财政部门收到省财政厅税收返还收入600万元，做如下分录对吗？

借：国库存款　　6 000 000

　　贷：一般公共预算本级收入　　6 000 000

2. 上解收入的核算

（1）上解收入的概念。上解收入是按照财政体制规定由下级财政上缴给本级财政的款项。包括按体制规定由国库在下级预算收入中直接划解给本级财政的款项，按体制结算后由下级财政补缴给本级财政的款项和各种专项上解款。

（2）上解收入的核算。为了核算上解收入，财政总预算会计应设置“上解收入”（4012）收入类总账账户。贷方登记收到的下级财政上解款，借方登记收入退还数和年终转出数，平时贷方余额反映下级上解收入累计数，年终转账后无余额。

该账户按下级财政名称设置明细账。

【例9-22】 某市财政局收到所属甲县按财政体制规定上解的收入15万元。

借：国库存款　　150 000

　　贷：上解收入——一般公共预算上解收入（甲县）　　150 000

【例9-23】 某市财政局退回甲县多缴的上解款5万元。

借：上解收入——一般公共预算上解收入（甲县）　　50 000

　　贷：国库存款　　50 000

【例9-24】 年终，某市财政与乙县财政结算，乙县应解未解收入50万元。

借：与下级往来　　500 000

　　贷：上解收入——一般公共预算上解收入（乙县）　　500 000

【例9-25】 年终将“上解收入”账户余额24.5万元进行转账。

借：上解收入　　245 000

　　贷：一般公共预算结转结余　　245 000

3. 调入资金的核算

（1）调入资金的概念。调入资金是指政府财政为了平衡某类预算收支，经批准从其他类型预算资金或从其他渠道调入的资金。

（2）调入资金的核算。为了核算调入资金，财政总预算会计应设置“调入资金”（4021）收入类总账账户。贷方登记调入资金数，年终将本账户贷方余额全部转入“一般公共预算结转结余”账户，该账户平时贷方余额反映调入资金累计数，年终转账后无余额。

本科目下应当按照不同资金性质设置“一般公共预算调入资金”“政府性基金预算调入资金”等明细科目。

【例9-26】 某市财政局，从政府性基金预算结余中调入资金80万元，用于平衡一般公共预算收支。

借：调出资金——政府性基金预算调出资金　　800 000
　　贷：调入资金——一般公共预算调入资金　　800 000

【例9-27】 某市财政从一般公共预算调入政府性基金预算33万元，用于平衡政府性基金预算收支。

借：调出资金——一般公共预算调出资金　　330 000
　　贷：调入资金——政府性基金预算调入资金　　330 000

【例9-28】 年终，某市财政“调入资金——一般公共预算调入资金”科目贷方余额98万元，全数转入“一般公共预算结转结余”科目。

借：调入资金——一般公共预算调入资金　　980 000
　　贷：一般公共预算结转结余　　980 000

（三）地区间援助收入的核算

1. 地区间援助收入的含义

地区间援助收入是指受援方政府财政收到援助方政府财政转来的可统筹使用的各类援助、捐赠等资金收入。

2. 地区间援助收入的核算

为了核算地区间援助收入，财政总预算会计应当设置“地区间援助收入”（4013）收入类总账账户。该账户贷方登记地区间援助收入增加额，借方登记减少额，平时贷方余额反映地区间援助收入的累计数，年终转账后无余额。

本科目应当按照援助地区及管理需要进行相应的明细核算。

【例9-29】 某市收到广东省政府财政转来的援助资金1.5亿元，存入国库。

借：国库存款　　150 000 000
　　贷：地区间援助收入　　150 000 000

【例9-30】 年终，某市财政“地区间援助收入”科目贷方余额1.5亿元，全数转入“一般公共预算结转结余”科目。

借：地区间援助收入　　150 000 000
　　贷：一般公共预算结转结余　　150 000 000

四、政府财政债务性收入的核算

（一）政府财政债务收入的含义

政府财政债务收入，是指政府财政根据法律法规等规定，通过发行债券、向外国政府和国际金融组织借款等方式筹集的纳入预算管理的资金收入。包括“债务收入”科目和“债务转贷收入”科目。债务收入应当按照实际发行额或借入的金额入账，债务转贷收入应当按照实际收到的转贷金额入账。

（二）政府债务收入的核算

1. 债务收入的核算

为了核算政府财政按照国家法律、国务院规定以发行债券等方式取得的，以及向外国政府、国际金融组织等机构借款取得的纳入预算管理的资金收入，**省级以上**财政总预算会计应当设置“债务收入”（4041）收入类总账账户，贷方登记债务收入的增加额，借方登记减少额，平时贷方余额反映债务收入的累计数，年终转账后无余额。

本科目应当按照《政府收支分类科目》中“债务收入科目”的规定进行明细核算。

［扫一扫］

《预算法》第三十四条

［扫一扫］

《预算法》第三十五条

注：按照《中华人民共和国预算法》第三十四条、三十五条规定，只有省级（含）以上政府财政才设置“债务收入”总账账户。

【例9－31】 中央财政发行短期政府债券收入100亿元，款项存入国库。

借：国库存款　10 000 000 000

　　贷：债务收入　10 000 000 000

借：待偿债净资产——应付短期政府债券　10 000 000 000

　　贷：应付短期政府债券　10 000 000 000

【例9－32】 中央财政向国际金融组织借款50亿元，款项存入国库。

借：国库存款　5 000 000 000

　　贷：债务收入　5 000 000 000

借：待偿债净资产——借入款项　5 000 000 000

　　贷：借入款项　5 000 000 000

【例9－33】 某省财政借入法国政府贷款10亿元，贷款资金由外方直接支付给用款单位，本级政府财政承担还款责任。

借：一般公共预算本级支出　1 000 000 000

　　贷：债务收入　1 000 000 000

借：待偿债净资产——借入款项　1 000 000 000

贷：借入款项　　1 000 000 000

【例9-34】 某省政府财政承担还款责任，贷款资金由下级政府财政同级部门使用的借入荷兰政府贷款，金额为35亿元，资金由外方直接支付给用款单位。

借：补助支出　　3 500 000 000

　贷：债务收入　　3 500 000 000

借：待偿债净资产——借入款项　　3 500 000 000

　贷：借入款项　　3 500 000 000

【例9-35】 M省获得葡萄牙政府贷款22亿元，贷款资金由所属L市政府财政同级部门使用，L市政府财政承担还款责任，资金由外方直接支付给用款单位。

借：债务转贷支出　　2 200 000 000

　贷：债务收入　　2 200 000 000

借：待偿债净资产——借入款项　　2 200 000 000

　贷：借入款项　　2 200 000 000

借：应收主权外债转贷款　　2 200 000 000

　贷：资产基金——应收主权外债转贷款　　2 200 000 000

【例9-36】 年终，某省财政“债务收入——一般债务收入”科目贷方余额55亿元，“债务收入——专项债务收入”科目贷方余额20亿元，全数转入“政府性基金预算结转结余”和“一般公共预算结转结余”科目。

借：债务收入——一般债务收入　　5 500 000 000

　贷：一般公共预算结转结余　　5 500 000 000

借：债务收入——专项债务收入　　2 000 000 000

　贷：政府性基金预算结转结余　　2 000 000 000

2. 债务转贷收入的核算

债务转贷收入是指本级政府财政收到上级政府财政转贷的债务收入。

为了核算政府财政收到上级政府财政转贷的债务收入，**省级以下（不含省级）**财政总预算会计应当设置“债务转贷收入”（4042）收入类总账账户，贷方登记债务转贷收入增加额，借方登记减少额，平时贷方余额反映债务转贷收入的累计数，年终转账后无余额。

本科目下应当设置“地方政府一般债务转贷收入”“地方政府专项债务转贷收入”明细科目。

> **注：**按照《中华人民共和国预算法》第三十五条规定，只有省级（不含）以下才设“债务转贷收入”总账账户。

【例9-37】 某市财政收到省财政转来的地方政府债券转贷款23亿元，存入国库。

借：国库存款　　2 300 000 000

　贷：债务转贷收入　　2 300 000 000

借：待偿债净资产——应付地方政府债券转贷款　　2 300 000 000

　贷：应付地方政府债券转贷款　　2 300 000 000

【例9-38】 某市财政收到主权外债转贷收入10亿元，存入专户。

借：其他财政存款　　1 000 000 000
　　贷：债务转贷收入　　1 000 000 000
借：待偿债净资产——应付主权外债转贷款　　1 000 000 000
　　贷：应付主权外债转贷款　　1 000 000 000

【例9－39】 某市通过省政府财政借入主权外债转贷款23亿元，用于城市建设，贷款资金由本级政府财政同级城建单位使用，由外方将贷款资金直接支付给用款单位，L市政府财政承担还款责任。

借：一般公共预算本级支出　　2 300 000 000
　　贷：债务转贷收入　　2 300 000 000
借：待偿债净资产——应付主权外债转贷款　　2 300 000 000
　　贷：应付主权外债转贷款　　2 300 000 000

【例9－40】 R市从省财政获得借入主权外债转贷款10亿元，用于所属县农田水利建设。贷款资金由县财政同级的农业局使用，资金由外方将贷款资金直接支付给用款部门，R市政府财政承担还款责任。

借：补助支出　　1 000 000 000
　　贷：债务转贷收入　　1 000 000 000
借：待偿债净资产——应付主权外债转贷款　　1 000 000 000
　　贷：应付主权外债转贷款　　1 000 000 000

【例9－41】 S市从省财政获得借入主权外债转贷款12亿元，用于所属H县经济技术开发区建设。贷款资金由H县财政同级的建委使用，资金由外方将贷款资金直接支付给用款部门，H县政府财政承担还款责任。

S市：

借：债务转贷支出　　1 200 000 000
　　贷：债务转贷收入　　1 200 000 000
借：待偿债净资产——应付主权外债转贷款　　1 200 000 000
　　贷：应付主权外债转贷款　　1 200 000 000
借：应收主权外债转贷款　　1 200 000 000
　　贷：资产基金——应收主权外债转贷款　　1 200 000 000

H县：

借：一般公共预算本级支出　　1 200 000 000
　　贷：债务转贷收入　　1 200 000 000
借：待偿债净资产——应付主权外债转贷款　　1 200 000 000
　　贷：应付主权外债转贷款　　1 200 000 000

【例9－42】 年终，某市“债务转贷收入——地方政府一般债务转贷收入”科目的贷方余额23亿元，“债务转贷收入——地方政府专项债务转贷收入”科目的贷方余额20亿元，分别全数转入“一般公共预算结转结余”和“政府性基金预算结转结余”相应科目。

借：债务转贷收入——地方政府一般债务转贷收入　　2 300 000 000
　　贷：一般公共预算结转结余　　2 300 000 000

借：债务转贷收入——地方政府专项债务转贷收入　　2 000 000 000
　　贷：政府性基金预算结转结余　　2 000 000 000

想一想：

1. 中央财政按照全国人大批准的数额举借的国内外债务通过什么科目进行核算？
2. “债务收入”和“债务转贷收入”各是哪一级财政使用的科目？

第二节　财政总预算支出的核算

财政总预算支出是指政府财政为实现政府职能，对财政资金的分配和使用。总预算会计支出核算的内容如图9－7所示。

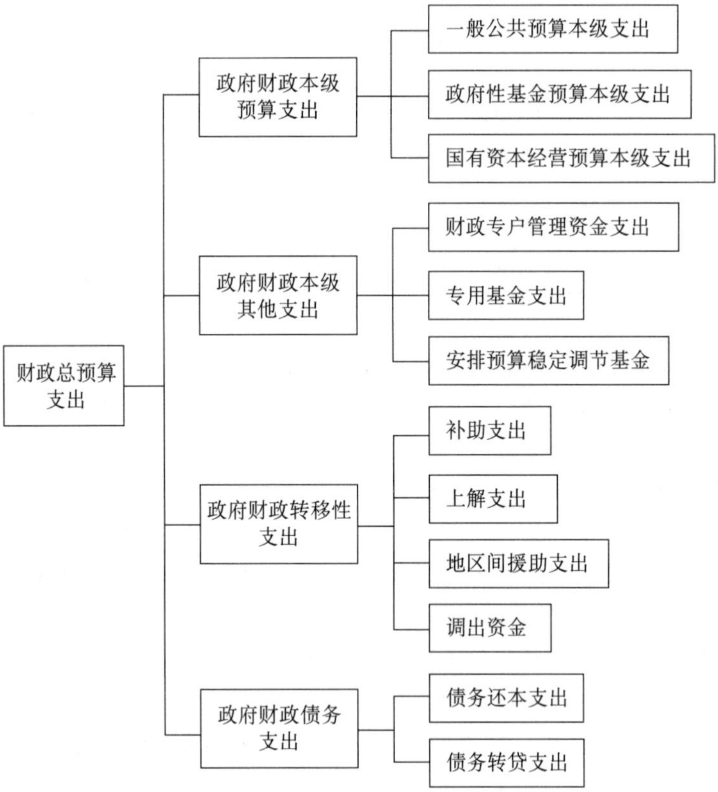

图9－7　财政支出结构

一、政府财政本级预算支出的核算

（一）一般公共预算本级支出的核算

1. 一般公共预算本级支出的含义

一般公共预算本级支出是指政府财政管理的由本级政府使用的列入一般公共预算的支出。

[扫一扫]

一般公共预算支出功能分类科目

2. 一般公共预算本级支出的核算

为了核算一般公共预算本级支出，财政总预算会计应当设置“一般公共预算本级支出”（5001）支出类总账账户。该账户借方登记一般公共预算本级支出的增加额，贷方登记减少额，平时借方余额反映一般公共预算本级支出的累计数，年终转账后无余额。

[扫一扫]

一般公共预算支出经济分类科目

本科目应当根据《政府收支分类科目》中“支出功能分类科目”明细科目。同时，根据管理需要，按照支出经济分类科目、部门等进行明细核算。

【例9-43】 某市财政向审计局拨付信息化建设费20万元，由国库存款支付。

借：一般公共预算本级支出——一般公共服务支出——审计事务——信息化建设费
200 000

贷：国库存款 200 000

【例9-44】 年度终了，某市财政对纳入国库集中支付管理的、当年未支而需结转下一年度支付的款项采用权责发生制确认支出。经确认，纪检监察局的行政运行费15.2万元，人口与计划生育委员会的人口规划与发展战略研究费21.3万元，共计36.5万元，为结余资金。

借：一般公共预算本级支出——一般公共服务支出——纪检监察事务——行政运行
152 000

——人口与计划生育事务——人口规划与发展战略研究
213 000

贷：应付国库集中支付结余 365 000

【例9-45】 年终转账时，某市财政“一般公共预算本级支出”科目借方余额3.52亿元，全数转入“一般公共预算结转结余”科目。

借：一般公共预算结转结余 352 000 000

贷：一般公共预算本级支出　　　　352 000 000

（二）政府性基金预算本级支出的核算

1. 政府性基金预算本级支出的含义

政府性基金预算本级支出是指政府财政管理的由本级政府使用的列入政府性基金预算的支出。

2. 政府性基金预算本级支出的核算

为了核算政府性基金预算支出，财政总预算会计应当设置“政府性基金预算本级支出”（5002）支出类总账账户。该账户借方登记政府性基金预算本级支出的增加额，贷方登记减少额，平时借方余额反映政府性基金预算本级支出的累计数，年终转账后无余额。

本科目应当按照《政府收支分类科目》中“支出功能分类科目”设置明细科目。同时，根据管理需要，按照支出经济分类科目、部门等进行明细核算。

【例9－46】 某市财政向教育局支出职业院校教学设施费500万元。

借：政府性基金预算本级支出——教育支出——地方教育附加安排的支出

——职业院校教学设施　　5 000 000

贷：国库存款　　5 000 000

【例9－47】 年度终了，对纳入国库集中支付管理的、当年未支而需结转下一年度支付的政府性基金款项，采用权责发生制确认支出。经确认，民政局的残疾人就业和培训费260万元，国土资源与住房保障局的公共租赁住房费1.54亿元，共计1.566亿元，为结余资金。

借：政府性基金预算本级支出——社会保障和就业支出——残疾人就业保障金支出

——就业和培训　　2 600 000

——城乡社区支出——政府住房基金支出

——公共租赁住房支出　　154 000 000

贷：应付国库集中支付结余　　156 600 000

【例9－48】 某市财政“政府性基金预算本级支出”科目借方余额410.5亿元，全数转入“政府性基金预算结转结余”科目。

借：政府性基金预算结转结余　　41 050 000 000

贷：政府性基金预算本级支出　　41 050 000 000

（三）国有资本经营预算本级支出的核算

1. 国有资本经营预算本级支出的含义

国有资本经营预算本级支出，是指政府财政管理的由本级政府使用的列入国有资本经营预算的支出。

2. 国有资本经营预算本级支出的核算

为了核算国有资本经营预算支出，财政总预算会计应当设置“国有资本经营预算本级支出”（5003）支出类总账账户。该账户借方登记国有资本经营预算本级支出的增加额，贷方登记减少额，平时借方余额反映国有资本经营预算本级支出的累计数，年终转账后无余额。

本科目应当按照《政府收支分类科目》中“支出功能分类科目”设置明细科目。同时，根据管理需要，按照支出经济分类科目、部门等进行明细核算。

【例9-49】 某市财政用国有资本经营预算资金3亿元，安排在“教育支出类”下的“国有经济结构调整支出项”，以国库存款支付。

借：国有资本经营预算本级支出——教育支出——国有资本经营预算本级支出——国有经济结构调整支出　300 000 000

　贷：国库存款　300 000 000

【例9-50】 接上例，年终，某市对纳入国库集中支付管理的、当年未支而需结转下一年度支付的款项采用权责发生制确认支出。经确认，尚有“城乡社区支出类”下的“产业升级与发展支出项”21亿元，为结余资金。

借：国有资本经营预算本级支出——城乡社区支出——国有资本经营预算本级支出——产业升级与发展支出　2 100 000 000

　贷：应付国库集中支付结余　2 100 000 000

【例9-51】 接前例，某市年终转账时，将“国有资本经营预算本级支出——教育支出——国有资本经营预算本级支出——国有经济结构调整支出”科目借方余额3亿元和“国有资本经营预算本级支出——城乡社区支出——国有资本经营预算本级支出——产业升级与发展支出”科目借方余额21亿元，全数转入“国有资本经营预算结转结余”科目。

借：国有资本经营预算结转结余　2 400 000 000

　贷：国有资本经营预算本级支出——教育支出

　　——国有资本经营预算本级支出——国有经济结构调整支出　300 000 000

　　——城乡社区支出——国有资本经营预算本级支出——产业升级与发展支出　2 100 000 000

二、政府财政本级其他支出的核算

（一）财政专户管理资金支出的核算

1. 财政专户管理资金支出的含义

财政专户管理资金支出，是指政府财政用纳入财政专户管理的教育收费等资金安排的支出。

2. 财政专户管理资金支出的核算

为了核算政府财政用纳入财政专户管理的教育收费等资金安排的支出，财政总预算会计应当设置收支预算“财政专户管理资金支出”（5005）支出类总账账户。该账户借方登记财政专户管理资金支出的增加额，贷方登记减少额，平时借方余额反映财政专户管理资金支出的累计数，年终转账后无余额。

本科目应当按照《政府收支分类科目》中“支出功能分类科目”设置相应明细科目。同时，根据管理需要，按照支出经济分类科目、部门（单位）等进行明细核算。

【例9-52】 某市财政动用专户管理的教育收费收入，向教育局拨付小学教育经费130万元。

借：财政专户管理资金支出　1 300 000

　贷：其他财政存款　1 300 000

【例9-53】 年终，某县财政“财政专户管理资金支出”科目借方余额15万元，全数转入“财政专户管理资金结余”科目。

借：财政专户管理资金结余　　150 000
　　贷：财政专户管理资金支出　　150 000

（二）专用基金支出的核算

1. 专用基金支出的含义

专用基金支出是指政府财政用专用基金收入安排的支出。

2. 专用基金支出的核算

为了核算政府财政用专用基金收入安排的支出，财政总预算会计应当设置“专用基金支出”（5007）支出类总账账户。该账户借方登记专用基金支出的增加额，贷方登记减少额，平时借方余额反映专用基金支出的累计数，年终转账后无余额。

本科目应当根据专用基金的种类设置明细科目。同时，根据管理需要，按部门等进行明细核算。

【例9-54】 某市财政从一般公共预算安排的粮食风险基金收入中，支出20万元，用于粮食安全补助支出。

借：专用基金支出　　200 000
　　贷：其他财政存款　　200 000

【例9-55】 年终，某市政府财政“专用基金支出”科目借方余额200万元，全数转入“专用基金结余”科目。

借：专用基金结余　　2 000 000
　　贷：专用基金支出　　2 000 000

（三）安排预算稳定调节基金的核算

1. 安排预算稳定调节基金的含义

安排预算稳定调节基金是指各级政府为弥补年度预算资金的不足，按照规定安排使用以前年度设置的预算稳定调节基金。

2. 安排预算稳定调节基金的核算

为了核算政府财政按照有关规定安排的预算稳定调节基金，财政总预算会计应当设置“安排预算稳定调节基金”（5031）支出类总账账户。该账户借方登记安排预算稳定调节基金支出的增加额，贷方登记减少额，平时借方余额反映安排预算稳定调节基金的累计数，年终转账后无余额。

【例9-56】 某市财政依据一般公共预算结转结余的情况，补充预算稳定调节基金500万元，用于弥补以后年度预算资金的不足。

借：安排预算稳定调节基金　　5 000 000
　　贷：预算稳定调节基金　　5 000 000

【例9-57】 接上例，市财政将“安排预算稳定调节基金”科目借方余额500万元，全数转入“一般公共预算结转结余”科目。

借：一般公共预算结转结余　　5 000 000
　　贷：安排预算稳定调节基金　　5 000 000

三、政府财政转移性支出的核算

转移性支出是指在各级政府财政之间进行资金调拨以及在本级政府财政不同类型资金之间调剂所形成的支出，包括补助支出、上解支出、地区间援助支出、调出资金、安排预算稳定调节基金。

转移性支出应当按照财政体制的规定或实际发生的金额入账。

（一）补助支出的核算

1. 补助支出的含义

补助支出是指本级政府财政按财政体制规定或因专项需要补助给下级政府财政的款项，包括对下级的税收返还、转移支付等。

2. 补助支出的核算

为了核算本级政府财政补助给下级政府财政的款项，财政总预算会计应当设置“补助支出”（5011）支出类总账账户。该账户借方登记补助支出的增加额，贷方登记减少额，平时借方余额反映补助支出的累计数，年终转账后无余额。

本科目下应当按照不同资金性质设置“一般公共预算补助支出”“政府性基金预算补助支出”等明细科目，同时还应当按照补助地区进行明细核算。

【例9－58】 经批准，某市向所属X县补助支出30万元，原X县借款10万元转为补助支出，以国库存款支付20万元。

借：补助支出——X县　　300 000

　　贷：国库存款　　200 000

　　　　与下级往来——X县　　100 000

【例9－59】 义务教育专项转移支付实行特设专户管理，F市财政根据本级政府财政下达的预算文件确认对甲县的补助支出15万元，对乙县的补助支出18万元，共计33万元。

借：补助支出——甲县　　150 000

　　　　　　——乙县　　180 000

　　贷：国库存款　　330 000

【例9－60】 F市财政获得欧盟的主权外债支持本市所属甲县和乙县的教育事业发展，贷款最终还款责任由本级政府财政承担。收到欧盟转来的贷款资金300万元，并转给甲县200万元。

收到款项时：

借：其他财政存款　　3 000 000

　　贷：债务收入　　3 000 000

转给甲县时：

借：补助支出——甲县　　2 000 000

　　贷：其他财政存款　　2 000 000

【例9－61】 接上例，F市财政获得欧盟的主权外债支持本市所属甲县和乙县的教育事业发展，贷款最终还款责任由本级政府财政承担。贷款资金1 000万元由欧盟直接支付给乙县。

借：补助支出——乙县　　10 000 000

贷：债务收入　　10 000 000
借：待偿债净资产　　10 000 000
贷：借入款项　　10 000 000

【例 9-62】 接上例，年终结算时，F 市财政尚未转拨给甲县的 100 万元，转入“与下级往来”科目。

借：补助支出——甲县　　1 000 000
贷：与下级往来　　1 000 000

【例 9-63】 年终转账时，F 市财政的“补助支出——甲县”科目借方余额 600 万元，“补助支出——乙县”科目借方余额 1 500 万元，共计 2 100 万元全数转入“一般公共预算结转结余”科目。

借：一般公共预算结转结余　　21 000 000
贷：补助支出——甲县　　6 000 000
——乙县　　15 000 000

（二）上解支出的核算

1. 上解支出的含义

上解支出是指按照财政体制规定由本级政府财政上交给上级政府财政的款项。

2. 上解支出的核算

为了核算本级政府财政按照财政体制规定上交给上级政府财政的款项，财政总预算会计应当设置“上解支出”（5012）支出类总账账户。该账户借方登记上解支出的增加额，贷方登记减少额，平时借方余额反映上解支出的累计数，年终转账后无余额。

本科目下应当按照不同资金性质设置“一般公共预算上解支出”“政府性基金预算上解支出”等明细科目。

【例 9-64】 F 市财政向省财政上解政府性基金预算资金 20 万元。

借：上解支出——政府性基金预算上解支出　　200 000
贷：国库存款　　200 000

【例 9-65】 接上例，F 市财政与省财政结算，核减政府性基金预算上解支出 5 万元，记入“与上级往来”科目。

借：与上级往来　　50 000
贷：上解支出——政府性基金预算上解支出　　50 000

【例 9-66】 年终转账时，F 市财政的“上解支出——一般公共预算上解支出”科目借方余额 8 100 万元，“上解支出——政府性基金预算上解支出”科目借方余额 5 000 万元，分别转入对应的结转结余科目。

借：一般公共预算结转结余　　81 000 000
贷：上解支出——一般公共预算上解支出　　81 000 000
借：政府性基金预算结转结余　　50 000 000
贷：上解支出——政府性基金预算上解支出　　50 000 000

（三）地区间援助支出的核算

1. 地区间援助支出的含义

地区间援助支出是指援助方政府财政安排用于受援方政府财政统筹使用的各类援助、捐赠等资金支出。

2. 地区间援助支出的核算

为了核算援助方政府财政安排的各类援助、捐赠等资金支出，财政总预算会计应当设置“地区间援助支出”（5013）支出类总账账户。该账户借方登记地区间援助支出的增加额，贷方登记减少额，平时借方余额反映地区间援助支出的累计数，年终转账后无余额。

本科目应当按照受援地区及管理需要进行相应明细核算。

【例 9－67】 山东省对西藏进行地区间援助，支出 1 亿元，以国库存款支付。

借：地区间援助支出　　100 000 000

　　贷：国库存款　　100 000 000

【例 9－68】 接上例，年终转账时，山东省将“地区间援助支出”科目借方余额 1 亿元，全数转入“一般公共预算结转结余”科目。

借：一般公共预算结转结余　　100 000 000

　　贷：地区间援助支出　　100 000 000

（四）调出资金的核算

1. 调出资金的含义

调出资金是指政府财政为平衡预算收支，从某类资金向其他类型预算调出的资金。

2. 调出资金的核算

为了核算政府财政为平衡预算收支、从某类资金向其他类型预算调出的资金，财政总预算会计应当设置“调出资金”（5021）支出类总账账户。该账户借方登记调出资金的增加额，贷方登记减少额，平时借方余额反映调出资金的累计数，年终转账后无余额。

本科目下应当设置“一般公共预算调出资金”“政府性基金预算调出资金”“国有资本经营预算调出资金”等明细科目。

【例 9－69】 某市从一般公共预算调出资金 536 万元，用于平衡政府性基金预算。

借：调出资金——一般公共预算调出资金　　5 360 000

　　贷：调入资金——政府性基金预算调入资金　　5 360 000

【例 9－70】 某市从政府性基金预算调出资金 1 亿元，用于平衡国有资本经营预算。

借：调出资金——政府性基金预算调出资金　　100 000 000

　　贷：调入资金——国有资本经营预算调入资金　　100 000 000

【例 9－71】 某市从国有资本经营预算调出资金 480 万元，用于平衡一般公共预算。

借：调出资金——国有资本经营预算调出资金　　4 800 000

　　贷：调入资金——一般公共预算调入资金　　4 800 000

【例 9－72】 接前例，年末，市财政“调出资金——政府性基金预算调出资金”科目借方余额 1 亿元，全数转入“政府性基金预算结转结余”科目。

借：政府性基金预算结转结余　　100 000 000

贷：调出资金——政府性基金预算调出资金 100 000 000

四、政府财政债务性支出的核算

政府财政债务性支出，包括债务还本支出和债务转贷支出两种。

（一）债务还本支出的核算

1. 债务还本支出的含义

债务还本支出是指政府财政偿还本级政府财政承担的债务本金支出。

2. 债务还本支出的核算

为了核算政府财政偿还债务本金支出，财政总预算会计应当设置“债务还本支出”（5041）支出类总账账户。该账户借方登记债务还本支出的增加额，贷方登记减少额，平时借方余额反映本级政府财政债务还本支出的累计数，年终转账后无余额。

本科目应当根据《政府收支分类科目》中“债务还本支出科目”有关规定设置明细科目。

【例9－73】 某市偿还本级政府财政承担的政府债券20亿元。

借：债务还本支出 2 000 000 000

　　贷：国库存款 2 000 000 000

借：应付短期政府债券 2 000 000 000

　　贷：待偿债净资产 2 000 000 000

【例9－74】 中央财政偿还存量债务本金310亿元，该笔债务偿还期截至2018年12月31日，借入时仅做了借记“国库存款”“其他财政存款”等科目，贷记“债务收入”等科目的记录。

借：债务还本支出 31 000 000 000

　　贷：国库存款 31 000 000 000

【例9－75】 年终转账时，某市财政将“债务还本支出——一般债务还本支出”明细科目的借方余额126亿元，“债务还本支出——专项债务还本支出”明细科目的借方余额328亿元，分别转入“一般公共预算结转结余”和“政府性基金预算结转结余”相应明细科目。

借：一般公共预算结转结余 12 600 000 000

　　贷：债务还本支出——一般债务还本支出 12 600 000 000

借：政府性基金预算结转结余 32 800 000 000

　　贷：债务还本支出——专项债务还本支出 32 800 000 000

（二）债务转贷支出的核算

1. 债务转贷支出的含义

债务转贷支出是指本级政府财政向下级政府财政转贷的债务支出。

2. 债务转贷支出的核算

为了核算本级政府财政向下级政府财政转贷的债务支出，财政总预算会计应当设置“债务转贷支出”（5042）支出类总账账户。该账户借方登记债务转贷支出的增加额，贷方登记减少额，平时借方余额反映债务转贷支出的累计数，年终转账后无余额。

本科目下应当设置“地方政府一般债务转贷支出”“地方政府专项债务转贷支出”明细科目，同时还应当按照转贷地区进行明细核算。

【例 9－76】 某省政府财政向所属 A 市政府财政转贷地方政府一般债券资金 2 亿元。

借：债务转贷支出——地方政府一般债务转贷支出　　200 000 000
　贷：国库存款　　200 000 000
借：应收地方政府债券转贷款　　200 000 000
　贷：资产基金——应收地方政府债券转贷款　　200 000 000

【例 9－77】 J 省获得俄罗斯政府贷款用于石化产业升级改造，现向所属 D 市财政支付转贷资金 20 亿元，还款责任由 D 市政府财政承担。

借：债务转贷支出——地方政府专项债务转贷支出——D 市
　　2 000 000 000
　贷：其他财政存款　　2 000 000 000
借：应收主权外债转贷款——俄罗斯政府贷款　　2 000 000 000
　贷：资产基金——应收主权外债转贷款　　2 000 000 000

【例 9－78】 接上例，J 省获得俄罗斯政府贷款用于石化产业升级改造，依据前期的投资情况，现第二批次的资金到位。本次的贷款资金 35 亿元由外方直接支付给用款单位，还款责任由 D 市政府财政承担。

借：债务转贷支出——地方政府专项债务转贷支出——D 市
　　3 500 000 000
　贷：债务收入　　3 500 000 000
借：应收主权外债转贷款——俄罗斯政府贷款　　3 500 000 000
　贷：资产基金——应收主权外债转贷款　　3 500 000 000
借：待偿债净资产　　3 500 000 000
　贷：借入款项　　3 500 000 000

【例 9－79】 接前例，J 省的“债务转贷支出——地方政府专项债务转贷支出——D 市”明细科目的借方余额全数 55 亿元，转入“政府性基金预算结转结余”科目。

借：政府性基金预算结转结余　　5 500 000 000
　贷：债务转贷支出——地方政府专项债务转贷支出——D 市
　　5 500 000 000

第三节　财政总预算净资产的核算

财政净资产是指资产减去负债的差额。主要内容如图 9－8 所示。

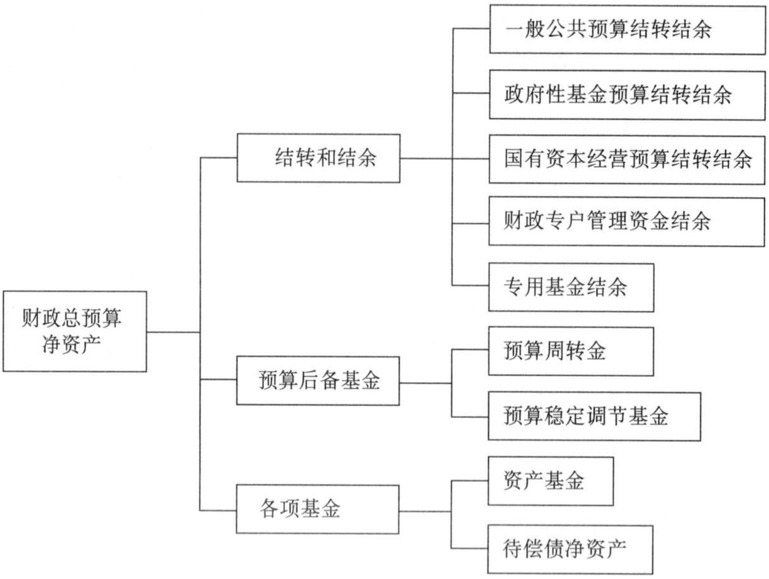

图 9－8　财政净资产结构

一、政府财政各项结余的核算

（一）一般公共预算结转结余的核算

一般公共预算结转结余是各级财政一般公共预算收支的年终执行结果。其计算公式如下：

一般公共预算结转结余＝一般公共预算本级收入＋补助收入（一般公共预算补助收入）＋上解收入（一般公共预算上解收入）＋地区间援助收入＋调入资金（一般公共预算调入资金）＋债务收入（一般债务收入）＋债务转贷收入（地方政府一般债务转贷收入）＋动用预算稳定调节基金－一般公共预算本级支出－补助支出（一般公共预算补助支出）－上解支出（一般公共预算上解支出）－地区间援助支出－调入资金（一般公共预算调入资金）－债务还本支出（一般债务还本支出）－债务转贷支出（地方政府一般债务转贷支出）－安排预算稳定调节基金

为了用于核算政府财政纳入一般公共预算管理的收支相抵形成的结转结余，财政总预算会计应当设置“一般公共预算结转结余”（3001）净资产总账账户。该账户贷方登记一般公共预算的有关收入科目贷方余额转入数，借方登记有关支出科目借方余额转入数，年终贷方余额反映一般公共预算收支相抵后的滚存结转结余。

【例 9－80】 年终，A 市财政进行年终转账，各收入账户贷方余额如表 9－1 所示。

表 9－1　　单位：元

科目名称	金额
一般公共预算本级收入	13 600 000 000
补助收入（一般公共预算补助收入）	2 000 000 000
上解收入（一般公共预算上解收入）	1 100 000 000
地区间援助收入	800 000 000

续表

科目名称	金额
调入资金（一般公共预算调入资金）	600 000 000
债务转贷收入（地方政府一般债务转贷收入）	1 000 000 000
动用预算稳定调节基金	100 000 000

借：一般公共预算本级收入　　13 600 000 000
　　补助收入——一般公共预算补助收入　　2 000 000 000
　　上解收入——一般公共预算上解收入　　1 100 000 000
　　地区间援助收入　　800 000 000
　　调入资金——一般公共预算调入资金　　600 000 000
　　债务转贷收入——地方政府一般债务转贷收入　　1 000 000 000
　　动用预算稳定调节基金　　100 000 000
　　贷：一般公共预算结转结余　　19 200 000 000

【例 9-81】 年终，B 市财政进行年终转账，各支出账户借方余额如表 9-2 所示。

表 9-2　　单位：元

科目名称	金额
一般公共预算本级支出	16 000 000 000
补助支出（一般公共预算补助支出）	5 000 000 000
上解支出（一般公共预算上解支出）	2 000 000 000
地区间援助支出	1 000 000 000
调出资金——政府性基金预算调出资金	200 000 000
债务还本支出（一般债务还本支出）	1 200 000 000
债务转贷支出（地方政府一般债务转贷支出）	700 000 000
安排预算稳定调节基金	200 000 000

借：一般公共预算结转结余　　26 300 000 000
　　贷：一般公共预算本级支出　　16 000 000 000
　　　　补助支出——一般公共预算补助支出　　5 000 000 000
　　　　上解支出——一般公共预算上解支出　　2 000 000 000
　　　　地区间援助支出　　1 000 000 000
　　　　调出资金——政府性基金预算调出资金　　200 000 000
　　　　债务还本支出——一般债务还本支出　　1 200 000 000
　　　　债务转贷支出——地方政府一般债务转贷支出　　700 000 000
　　　　安排预算稳定调节基金　　200 000 000

（二）政府性基金预算结转结余的核算

政府性基金预算结转结余是各级财政政府性基金预算收支的年终执行结果。其计算公式如下：

政府性基金预算结转结余 = 政府性基金预算本级收入 + 补助收入（政府性基金预算补助收入）+ 上解收入（政府性基金预算上解收入）+ 调入资金（政府性基金预算调入资金）+ 债务收入（专项债务收入）+ 债务转贷收入（地方政府专项债务转贷收入）- 政府性基金预算本级支出 - 补助支出（政府性基金预算补助支出）- 上解支出（政府性基金预算上解支出）- 调出资金（政府性基金预算调出资金）- 债务还本支出（专项债务还本支出）- 债务转贷支出（地方政府专项债务转贷支出）

为了核算政府财政纳入政府性基金预算管理的收支相抵形成的结转结余，财政总预算会计应当设置“政府性基金预算结转结余”（3002）净资产类总账账户。该账户贷方登记从政府性基金预算的有关收入科目贷方余额转入数，借方登记从有关支出科目借方余额转入数，年终贷方余额反映政府性基金预算收支相抵后的滚存结转结余。

本科目应当根据管理需要，按照政府性基金的种类进行明细核算。

【例 9－82】 年终，C 市政府性基金预算的有关收入科目贷方余额如表 9－3 所示。

表 9－3　　单位：元

科目名称	金额
政府性基金预算本级收入	5 000 000 000
补助收入（政府性基金预算补助收入）	200 000 000
上解收入（政府性基金预算上解收入）	100 000 000
调入资金（政府性基金预算调入资金）	300 000 000
债务转贷收入（地方政府专项债务转贷收入）	500 000 000

借：政府性基金预算本级收入　5 000 000 000
　补助收入——政府性基金预算补助收入　200 000 000
　上解收入——政府性基金预算上解收入　100 000 000
　调入资金——政府性基金预算调入资金　300 000 000
　债务转贷收入——地方政府专项债务转贷收入　500 000 000
　贷：政府性基金预算结转结余　6 100 000 000

【例 9－83】 年终，D 市政府性基金预算的有关支出科目借方余额如表 9－4 所示。

表 9－4　　单位：元

科目名称	金额
政府性基金预算本级支出	2 100 000 000
补助支出（政府性基金预算补助支出）	200 000 000
上解支出（政府性基金预算上解支出）	600 000 000
调出资金（政府性基金预算调出资金）	50 000 000
债务还本支出（专项债务还本支出）	500 000 000
债务转贷支出（地方政府专项债务转贷支出）	300 000 000

借：政府性基金预算结转结余　　3 750 000 000
　　贷：政府性基金预算本级支出　　2 100 000 000
　　　　补助支出——政府性基金预算补助支出　　200 000 000
　　　　上解支出——政府性基金预算上解支出　　600 000 000
　　　　调出资金——政府性基金预算调出资金　　50 000 000
　　　　债务还本支出——专项债务还本支出　　500 000 000
　　　　债务转贷支出——地方政府专项债务转贷支出　　300 000 000

（三）资本经营预算结转结余的核算

国有资本经营预算结转结余是指国有资本经营预算收支的执行结果。其计算公式：

国有资本经营预算结转结余＝国有资本经营预算本级收入－国有资本经营预算本级支出－调出资金(国有资本经营预算调出资金)

为了核算政府财政纳入国有资本经营预算管理的收支相抵形成的结转结余，财政总预算会计应当设置“国有资本经营预算结转结余”（3003）净资产类总账账户。其贷方记录从国有资本经营预算的有关收入科目贷方余额转入数，借方登记从有关支出科目借方余额转入数，年终贷方余额反映国有资本经营预算收支相抵后的滚存结转结余。

【例9－84】 年终，某市将“国有资本经营预算本级收入”科目贷方余额6.2亿元，转入“国有资本经营预算结转结余”科目贷方；将“国有资本经营预算本级支出”科目借方余额6亿元和“调出资金——国有资本经营预算调出资金”0.5亿元，转入“国有资本经营预算结转结余”科目借方。

借：国有资本经营预算本级收入　　620 000 000
　　贷：国有资本经营预算结转结余　　620 000 000
借：国有资本经营预算结转结余　　650 000 000
　　贷：国有资本经营预算本级支出　　600 000 000
　　　　调出资金——国有资本经营预算调出资金　　50 000 000

（四）财政专户管理资金结余的核算

财政专户管理资金结余是指纳入财政专户管理的教育收费等资金收支的执行结果。计算公式：

财政专户管理资金结余＝财政专户管理资金收入－财政专户管理资金支出

为了核算政府财政纳入财政专户管理的教育收费等资金收支相抵后形成的结余，财政总预算会计应当设置“财政专户管理资金结余”（3005）净资产类总账账户。该账户贷方登记财政专户管理资金的有关收入科目贷方余额转入数，借方登记有关支出科目借方余额转入数，年终贷方余额反映政府财政纳入财政专户管理的资金收支相抵后的滚存结余。

本科目应当根据管理需要，按照部门（单位）等进行明细核算。

【例9－85】 年终，某市财政将“财政专户管理资金收入”科目贷方余额5万元转入“财政专户管理资金结余”科目贷方。将“财政专户管理资金支出”科目借方余额3.6万元转入“财政专户管理资金结余”科目借方。

借：财政专户管理资金收入　　50 000

贷：财政专户管理资金结余　　50 000

借：财政专户管理资金结余　　36 000

贷：财政专户管理资金支出　　36 000

（五）专用基金结余的核算

专用基金结余是指专用基金收支的执行结果。计算公式：

专用基金结余 = 专用基金收入 − 专用基金支出

为了核算政府财政管理的专用基金收支相抵形成的结余，财政总预算会计应当设置"专用基金结余"（3007）净资产类总账账户。该账户贷方登记有关收入科目贷方余额转入数，借方登记有关支出科目借方余额转入数，年终贷方余额反映政府财政管理的专用基金收支相抵后的滚存结余。

本科目应当根据专用基金的种类进行明细核算。

【例 9－86】 年终，某市财政将"专用基金收入"科目贷方余额 200 万元转入"专用基金结余"科目贷方；将"专用基金支出"科目借方余额 200 万元转入"专用基金结余"科目借方。

借：专用基金收入　　2 000 000

贷：专用基金结余　　2 000 000

借：专用基金结余　　2 000 000

贷：专用基金支出　　2 000 000

二、预算稳定调节基金和预算周转金的核算

（一）预算稳定调节基金的核算

1. 预算稳定调节基金的含义

预算稳定调节基金是指政府财政安排用于弥补以后年度预算资金不足的储备资金。

2. 预算稳定调节基金的核算

为了核算政府财政设置的用于弥补以后年度预算资金不足的储备资金，财政总预算会计应当设置"预算稳定调节基金"（3031）净资产类总账账户。该账户贷方登记预算稳定调节基金的增加额，借方登记减少额，期末贷方余额反映预算稳定调节基金的规模。

【例 9－87】 某市财政使用超收收入补充预算稳定调节基金 150 万元。

借：安排预算稳定调节基金　　1 500 000

贷：预算稳定调节基金　　1 500 000

【例 9－88】 某市财政依据资金使用情况，将预算周转金 15 万元调入预算稳定调节基金。

借：预算周转金　　150 000

贷：预算稳定调节基金　　150 000

【例 9－89】 某市调用预算稳定调节基金 2 000 万元，用于弥补预算缺口。

借：预算稳定调节基金　　20 000 000

贷：动用预算稳定调节基金　　20 000 000

（二）预算周转金的核算

1. 预算周转金的含义

预算周转金是指政府财政为调剂预算年度内季节性收支差额，保证及时用款而设置的预算周转资金。

2. 预算周转金的核算

为了核算政府财政设置的用于调剂预算年度内季节性收支差额周转使用的资金，财政总预算会计应当设置“预算周转金”（3033）净资产类总账账户。该账户贷方登记预算周转金的增加额，借方登记减少额，期末贷方余额反映预算周转金的规模。

【例 9－90】 某市依据一般公共预算结转结余情况，补充预算周转金 100 万元。

借：一般公共预算结转结余　　　　1 000 000

　　贷：预算周转金　　　　　　　　1 000 000

【例 9－91】 某市将预算周转金 50 万元调入预算稳定调节基金。

借：预算周转金　　　　　　　　500 000

　　贷：预算稳定调节基金　　　　　500 000

三、资产基金和待偿债净资产的核算

（一）资产基金的核算

1. 资产基金的含义

资产基金是指政府财政持有的债权和股权投资等资产（与其相关的资金收支纳入预算管理）在净资产中占用的金额。

2. 资产基金的核算

为了核算政府财政持有的应收地方政府债券转贷款、应收主权外债转贷款、股权投资和应收股利等资产（与其相关的资金收支纳入预算管理）在净资产中占用的金额，财政总预算会计应当设置“资产基金”（3081）净资产类总账账户。该账户贷方登记资产基金的增加额，借方登记减少额，期末贷方余额反映政府财政持有应收地方政府债券转贷款、应收主权外债转贷款、股权投资和应收股利等资产（与其相关的资金收支纳入预算管理）在净资产中占用的金额。

本科目下应当设置“应收地方政府债券转贷款”“应收主权外债转贷款”“股权投资”“应收股利”等明细科目进行明细核算。

资产基金的账务处理参见第一节“应收地方政府债券转贷款”“应收主权外债转贷款”“股权投资”和“应收股利”等科目的使用说明。

（二）待偿债净资产的核算

1. 待偿债净资产的含义

待偿债净资产是指政府财政承担应付短期政府债券、应付长期政府债券、借入款项、应付地方政府债券转贷款、应付主权外债转贷款、其他负债等负债（与其相关的资金收支纳入预算管理）而相应需在净资产中冲减的金额。

2. 待偿债净资产的核算

为了核算政府财政因发生各种负债相应需在净资产中冲减的金额，财政总预算会计应当设置“待偿债净资产”（3082）净资产类总账账户。该账户贷方登记待偿债净资产的增加额，借方登记减少额，期末借方余额反映政府财政承担各种负债相应需冲减净资产的金额。

本科目下应当设置“应付短期政府债券”“应付长期政府债券”“借入款项”“应付地方政府债券转贷款”“应付主权外债转贷款”“其他负债”等明细科目进行明细核算。

待偿债净资产的账务处理参见第二节“应付短期政府债券”“应付长期政府债券”“借入款项”“应付地方政府债券转贷款”“应付主权外债转贷款”“其他负债”等科目的使用说明。

第十章
财政总预算会计报表

学习目标　□ 明确财政总预算会计报表的种类
□ 掌握年报编制的基本步骤和方法
□ 掌握会计报表的审核、汇总和分析

第一节　财政总预算会计报表概述

一、财政总预算会计报表的意义

财政总预算会计报表，是各级预算收支执行情况及其结果的定期书面报告。是各级政府和上级财政部门了解情况、掌握政策、指导预算执行工作的重要资料，也是编制下年度财政预算的基础。

二、财政总预算会计报表的分类

总预算会计报表按报送时间分为旬报、月报、年报三种。

总预算会计报表按报表反映的内容可分为：资产负债表、收入支出表、一般公共预算执行情况表、政府性基金预算执行情况表、国有资本经营预算执行情况表、财政专户管理资金收支情况表、专用基金收支情况表等会计报表和附注。

总预算会计报表按报表编制的层次分为本级报表和汇总报表。

三、财政总预算会计报表编制规定

（1）一般公共预算执行情况表、政府性基金预算执行情况表、国有资本经营预算执行情况表应当按旬、月度和年度编制，财政专户管理资金收支情况表、专用基金收支情况表应当按月度和年度编制，资产负债表和附注应当至少按年度编制。

（2）总会计应当根据《财政总预算会计制度》编制并提供真实、完整的会计报表，切实做到账表一致，不得估列代编，弄虚作假。

(3) 总会计要严格按照统一规定的种类、格式、内容、计算方法和编制口径填列会计报表，以保证全国统一汇总和分析。

第二节 财政总预算会计报表的编制方法

一、旬报的编制方法

旬报是反映月初至本旬止的预算收支执行主要情况的报表，每月上、中旬各报一次，下旬免报，以月报代替，上报时只列报收支总数及一些主要的大类数。

各级财政部门在收到下级财政部门上报的旬报后，加上本级的预算收支数，逐级汇总上报。旬报要求及时、迅速。各省、自治区、直辖市的旬报要求在旬后三天内上报财政部。旬报可采用电话、电报或计算机网络传输的方式上报。

二、月报的编制方法

月报主要有预算执行情况表、收入支出表和资产负债表。

(一) 预算执行情况月报

预算执行情况月报反映从年初至本月末止的预算收支完成情况。按收支配比要求，具体分为一般公共预算执行情况表、政府性基金预算执行情况表、国有资本经营预算执行情况表、财政专户管理资金收支情况表、专用基金收支情况表。其基本格式见表10－1至表10－5。

表10－1 **一般公共预算执行情况表** 会财政03－1表

编制单位： ______年____月____旬 单位：元

项目	本月（旬）数	本年（月）累计数
一般公共预算本级收入		
101 税收收入		
10101 增值税		
1010101 国内增值税		
……		
一般公共预算本级支出		
201 一般公共服务支出		
20101 人大事务		
2010101 行政运行		
……		

表 10 - 2　　政府性基金预算执行情况表　　会财政 03 - 2 表

编制单位：　　________年____月____旬　　单位：元

项　　目	本月（旬）数	本年（月）累计数
政府性基金预算本级收入		
10301　政府性基金收入		
1030102　农网还贷资金收入		
103010201　中央农网还贷资金收入		
……		
政府性基金预算本级支出		
206　科学技术支出		
20610　核电站乏燃料处理处置基金支出		
2061001　乏燃料运输		
……		

表 10 - 3　　国有资本经营预算执行情况表　　会财政 03 - 3 表

编制单位：　　________年____月____旬　　单位：元

项　　目	本月（旬）数	本年（月）累计数
国有资本经营预算本级收入		
10306　国有资本经营收入		
1030601　利润收入		
103060103　烟草企业利润收入		
……		
国有资本经营预算本级支出		
208　社会保障和就业支出		
20804　补充全国社会保障基金		
2080451　国有资本经营预算补充社保基金支出		
……		

表 10 - 4　　财政专户管理资金收支情况表　　会财政 04 表

编制单位：　　________年____月　　单位：元

项　　目	本月数	本年累计数
财政专户管理资金收入		
财政专户管理资金支出		

表 10－5　　专用基金收支情况表

会财政 05 表

编制单位：　　________年____月　　单位：元

项　　目	本月数	本年累计数
专用基金收入		
粮食风险基金		
……		
专用基金支出		
粮食风险基金		
……		

（二）资产负债表

资产负债表是反映政府财政在某一特定日期财务状况的报表。资产负债表应当按照资产、负债和净资产分类、分项列示。报表格式见表 10－6。

表 10－6　　资产负债表　　会财政 01 表

编制单位：　　________年____月____日　　金额单位：元

资　产	年初余额	期末余额	负债和净资产	年初余额	期末余额
流动资产			流动负债：		
国库存款			应付短期政府债券		
国库现金管理存款			应付利息		
其他财政存款			应付国库集中支付结余		
有价证券			与上级往来		
在途款			其他应付款		
预拨经费			应付代管资金		
借出款项			一年内到期的非流动负债		
应收股利			流动负债合计		
应收利息			非流动负债：		
与下级往来			应付长期政府债券		
其他应收款			借入款项		
流动资产合计			应付地方政府债券转贷款		
非流动资产：			应付主权外债转贷款		
应收地方政府债券转贷款			其他负债		
应收主权外债转贷款			非流动负债合计		
股权投资			负债合计		

续表

资 产	年初余额	期末余额	负债和净资产	年初余额	期末余额
待发国债			一般公共预算结转结余		
非流动资产合计			政府性基金预算结转结余		
			国有资本经营预算结转结余		
			财政专户管理资金结余		
			专用基金结余		
			预算稳定调节基金		
			预算周转金		
			资产基金		
			减：待偿债净资产		
			净资产合计		
资产总计			负债和净资产总计		

资产负债表的编制说明如下：

（一）本表“年初余额”栏内各项数字应当根据上年末资产负债表“期末余额”栏内数字填列

如果本年度资产负债表规定的各个项目的名称和内容同上年度不相一致，应对上年年末资产负债表各项目的名称和数字按照本年度的规定进行调整，填入本表“年初余额”栏内。

（二）本表“期末余额”栏各项目的内容和填列方法

1. 资产类项目

（1）“国库存款”项目，反映政府财政期末存放在国库单一账户的款项金额。本项目应当根据“国库存款”科目的期末余额填列。

（2）“国库现金管理存款”项目，反映政府财政期末实行国库现金管理业务持有的存款金额。本项目应当根据“国库现金管理存款”科目的期末余额填列。

（3）“其他财政存款”项目，反映政府财政期末持有的其他财政存款金额。本项目应当根据“其他财政存款”科目的期末余额填列。

（4）“有价证券”项目，反映政府财政期末持有的有价证券金额。本项目应当根据“有价证券”科目的期末余额填列。

（5）“在途款”项目，反映政府财政期末持有的在途款金额。本项目应当根据“在途款”科目的期末余额填列。

（6）“预拨经费”项目，反映政府财政期末尚未转列支出或尚待收回的预拨经费金额。本项目应当根据“预拨经费”科目的期末余额填列。

（7）“借出款项”项目，反映政府财政期末借给预算单位尚未收回的款项金额。本项目应当根据“借出款项”科目的期末余额填列。

（8）“应收股利”项目，反映政府期末尚未收回的现金股利或利润金额。本项目应当根据“应收股利”科目的期末余额填列。

（9）“应收利息”项目，反映政府财政期末尚未收回的应收利息金额。本项目应当根据

“应收地方政府债券转贷款”科目和“应收主权外债转贷款”科目下“应收利息”明细科目的期末余额合计数填列。

（10）“与下级往来”项目，正数反映下级政府财政欠本级政府财政的款项金额；负数反映本级政府财政欠下级政府财政的款项金额。本项目应当根据“与下级往来”科目的期末余额填列，期末余额如在贷方则以“－”号填列。

（11）“其他应收款”项目，反映政府财政期末尚未收回的其他应收款的金额。本项目应当根据“其他应收款”科目的期末余额填列。

（12）“应收地方政府债券转贷款”项目，反映政府财政期末尚未收回的地方政府债券转贷款的本金金额。本项目应当根据“应收地方政府债券转贷款”科目下“应收本金”明细科目的期末余额填列。

（13）“应收主权外债转贷款”项目，反映政府财政期末尚未收回的主权外债转贷款的本金金额。本项目应当根据“应收主权外债转贷款”科目下的“应收本金”明细科目的期末余额填列。

（14）“股权投资”项目，反映政府期末持有的股权投资的金额。本项目应当根据“股权投资”科目的期末余额填列。

（15）“待发国债”项目，反映中央政府财政期末尚未使用的国债发行额度。本项目应当根据“待发国债”科目的期末余额填列。

2. 负债类项目

（16）“应付短期政府债券”项目，反映政府财政期末尚未偿还的发行期限不超过 1 年（含 1 年）的政府债券的本金金额。本项目应当根据“应付短期政府债券”科目下的“应付本金”明细科目的期末余额填列。

（17）“应付利息”项目，反映政府财政期末尚未支付的应付利息金额。本项目应当根据“应付短期政府债券”“借入款项”“应付地方政府债券转贷款”“应付主权外债转贷款”科目下的“应付利息”明细科目期末余额，以及属于分期付息到期还本的“应付长期政府债券”的“应付利息”明细科目期末余额计算填列。

（18）“应付国库集中支付结余”项目，反映政府财政期末尚未支付的国库集中支付结余金额。本项目应当根据“应付国库集中支付结余”科目的期末余额填列。

（19）“与上级往来”项目，正数反映本级政府财政期末欠上级政府财政的款项金额；负数反映上级政府财政欠本级政府财政的款项金额。本项目应当根据“与上级往来”科目的期末余额填列，如为借方余额则以“－”号填列。

（20）“其他应付款”项目，反映政府财政期末尚未支付的其他应付款的金额，本项目应当根据“其他应付款”科目的期末余额填列。

（21）“应付代管资金”项目，反映政府财政期末尚未支付的代管资金金额。本项目应当根据“应付代管资金”科目的期末余额填列。

（22）“一年内到期的非流动负债”项目，反映政府财政期末承担的 1 年以内（含 1 年）到偿还期的非流动负债。本项目应当根据“应付长期政府债券”“借入款项”“应付地方政府债券转贷款”“应付主权外债转贷款”“其他负债”等科目的期末余额及债务管理部门提供的资料分析填列。

（23）“应付长期政府债券”项目，反映政府财政期末承担的偿还期限超过 1 年的长期政府债券的本金金额及到期一次还本付息的长期政府债券的应付利息金额。本项目应当根据“应付长期政府债券”科目的期末余额分析填列。

（24）“借入款项”项目，反映政府财政期末承担的偿还期限超过 1 年的借入款项的本金金额。本项目应当根据“借入款项”科目下“应付本金”明细科目的期末余额分析填列。

（25）“应付地方政府债券转贷款”项目，反映政府财政期末承担的偿还期限超过 1 年的地方政府债券转贷款的本金金额。本项目应当根据“应付地方政府债券转贷款”科目下“应付本金”明细科目的期末余额分析填列。

（26）“应付主权外债转贷款”项目，反映政府财政期末承担的偿还期限超过 1 年的主权外债转贷款的本金金额。本项目应当根据“应付主权外债转贷款”科目下“应付本金”明细科目的期末余额分析填列。

（27）“其他负债”项目，反映政府财政期末承担的偿还期限超过 1 年的其他负债金额。本项目应当根据“其他负债”科目的期末余额分析填列。

3. 净资产类项目

（28）“一般公共预算结转结余”项目，反映政府财政期末滚存的一般公共预算结转结余金额。本项目应当根据“一般公共预算结转结余”科目的期末余额填列。

（29）“政府性基金预算结转结余”项目，反映政府财政期末滚存的政府性基金预算结转结余金额。本项目应当根据“政府性基金预算结转结余”科目的期末余额填列。

（30）“国有资本经营预算结转结余”项目，反映政府财政期末滚存的国有资本经营预算结转结余金额。本项目应当根据“国有资本经营预算结转结余”科目的期末余额填列。

（31）“财政专户管理资金结余”项目，反映政府财政期末滚存的财政专户管理资金结余金额。本项目应当根据“财政专户管理资金结余”科目的期末余额填列。

（32）“专用基金结余”项目，反映政府财政期末滚存的专用基金结余金额。本项目应当根据“专用基金结余”科目的期末余额填列。

（33）“预算稳定调节基金”项目，反映政府财政期末预算稳定调节基金的余额。本项目应当根据“预算稳定调节基金”科目的期末余额填列。

（34）“预算周转金”项目，反映政府财政期末预算周转金的余额。本项目应当根据“预算周转金”科目的期末余额填列。

（35）“资产基金”项目，反映政府财政期末持有的应收地方政府债券转贷款、应收主权外债转贷款、股权投资和应收股利等资产在净资产中占用的金额。本项目应当根据“资产基金”科目的期末余额填列。

（36）“待偿债净资产”项目，反映政府财政期末因承担应付短期政府债券、应付长期政府债券、借入款项、应付地方政府债券转贷款、应付主权外债转贷款、其他负债等负债相应需在净资产中冲减的金额。本项目应当根据“待偿债净资产”科目的期末借方余额以“－”号填列。

（三）收入支出表

收入支出表是反映政府财政在某一会计期间各类财政资金收、支、余情况的报表。收入支出表根据资金性质按照收入、支出、结转结余的构成分类、分项列示。报表格式见表 10－7。

表 10－7 **收入支出表** 会财政 02 表

编制单位： 年 月 日 金额单位：元

项目	一般公共预算		政府性基金预算		国有资本经营预算		财政专户管理资金		专用基金	
	本月数	本年累计数	本月数	本年累计数	本月数	本年累计数	本月数	本年累计数	本月数	本年累计数
年初结转结余										
收入合计										
本级收入										
其中：来自预算安排的收入	—	—	—	—	—	—	—	—		
补助收入					—	—	—	—	—	—
上解收入					—	—	—	—	—	—
地区间援助收入			—	—	—	—	—	—	—	—
债务收入					—	—	—	—	—	—
债务转贷收入					—	—	—	—	—	—
动用预算稳定调节基金			—	—	—	—	—	—	—	—
调入资金					—	—	—	—	—	—
支出合计										
本级支出										
其中：权责发生制列支							—	—	—	—
预算安排专用基金的支出			—	—	—	—	—	—	—	—
补助支出					—	—	—	—	—	—
上解支出					—	—	—	—	—	—
地区间援助支出			—	—	—	—	—	—	—	—
债务还本支出					—	—	—	—	—	—
债务转贷支出					—	—	—	—	—	—
安排预算稳定调节基金			—	—	—	—	—	—	—	—
调出资金							—	—	—	—
结余转出			—	—	—	—	—	—	—	—
其中：增设预算周转金			—	—	—	—	—	—	—	—
年末结转结余										

注：表中有“—”的部分不必填列。

三、年报的编制方法

年报是全面反映总预算收支执行结果的年度报表。财政总预算会计年报就是各级政府财政总决算。各级总预算会计在会计年度结束前，应当全面进行年终清理结算，然后办理年终结账，据此编制总预算会计年报。

（一）年终清理

财政总预算会计应当按月进行会计结账。具体结账方法，按照《会计基础工作规范》办理。

政府财政部门应当及时进行年终清理结算。年终清理结算的主要事项如下：

（1）核对年度预算。预算是预算执行和办理会计结算的依据。年终前，总会计应配合预算管理部门将本级政府财政全年预算指标与上、下级政府财政总预算和本级各部门预算进行核对，及时办理预算调整和转移支付事项。本年预算调整和对下转移支付一般截止到 11 月底；各项预算拨款，一般截止到 12 月 25 日。

（2）清理本年预算收支。认真清理本年预算收入，督促征收部门和国家金库年终前如数缴库。应在本年预算支领列报的款项，非特殊原因，应在年终前办理完毕。

清理财政专户管理资金和专用基金收支。凡属应列入本年的收入，应及时催收，并缴入国库或指定财政专户。

（3）组织征收部门和国家金库进行年度对账。

（4）清理核对当年拨款支出。总会计对本级各单位的拨款支出应与单位的拨款收入核对无误。属于应收回的拨款，应及时收回，并按收回数相应冲减预算支出。属于预拨下年度的经费，不得列入当年预算支出。

（5）核实股权、债权和债务。财政部门内部相关资产、债务管理部门应于 12 月 20 日前向总会计提供与股权、债权、债务等核算和反映相关的资料。总会计对股权投资、借出款项、应收股利、应收地方政府债券转贷款、应收主权外债转贷款、借入款项、应付短期政府债券、应付长期政府债券、应付地方政府债券转贷款、应付主权外债转贷款、其他负债等余额应与相关管理部门进行核对，记录不一致的要及时查明原因，按规定调整账务，做到账实相符，账账相符。

（6）清理往来款项。政府财政要认真清理其他应收款、其他应付款等各种往来款项，在年度终了前予以收回或归还。应转作收入或支出的各项款项，要及时转入本年有关收支账。

（7）进行年终财政结算。

（二）年终结算

财政预算管理部门要在年终清理的基础上，于次年元月底前结清上下级政府财政的转移支付收支和往来款项。总会计要按照财政管理体制的规定，根据预算结算单，与年度预算执行过程中已补助和已上解数额进行比较，结合往来款和借垫款情况，计算出全年最后应补或应退数额，填制“年终财政决算结算单”，经核对无误后，作为年终财政结算凭证，据以入账。

总会计对年终决算清理期内发生的会计事项，应当划清会计年度。属于清理上年度的会计事项，记入上年度会计账；属于新年度的会计事项，记入新年度会计账，防止错记漏记。

【例 10－1】 某市财政局，根据“年终财政决算结算单”，列明年度预算计算应上解数为 18 546 万元，年度预算执行中实际上解数额为 17 960 万元，上级应专项补助该市 200 万元。

市应解未解数＝市应上解数－市已上解数
＝185 460 000－179 600 000
＝5 860 000（元）

结算后市应补上解数＝市应解未解数－省应补助数
＝5 860 000－2 000 000
＝3 860 000（元）

市财政总预算会计编制会计分录如下：

借：上解支出	5 860 000	
贷：与上级往来——应解未解		5 860 000
借：与上级往来——应补未补	2 000 000	
贷：补助收入		2 000 000

省财政总预算会计编制会计分录如下：

借：与下级往来——应解未解	5 860 000	
贷：上解收入		5 860 000
借：补助支出	2 000 000	
贷：与下级往来——应补未补		2 000 000

（三）年终结账

财政总预算会计经过年终清理和结算，把各项结算收支记入旧账后，即可办理年终结账。年终结账工作一般分为年终转账、结清旧账和记入新账三个环节。

1. 年终转账

（1）计算出各账户 12 月份合计数和全年累计数，结出 12 月末余额；

（2）编制结账前的“资产负债表”，进行试算平衡；

（3）进行年终转账，填制 12 月份的记账凭单（凭单按 12 月份连续编号，填列实际处理日期），将各项收支按资金性质分别转入“一般公共预算结转结余”“政府性基金预算结转结余”“国有资本经营预算结转结余”“财政专户管理资金结余”和“专用基金结余”账户冲销。

【例 10－2】 某省财政总预算会计 12 月末有关收支账户余额如表 10－8，要求进行年终转账，并结出各预算本年的结转结余资金额。

①将“一般公共预算本级收入”科目及其他收入类科目下的一般公共预算相关明细科目的贷方余额转入“一般公共预算结转结余”科目贷方。

借：一般公共预算本级收入	135 326 205 000
补助收入——一般公共预算补助收入	132 500 000
上解收入——一般公共预算上解收入	67 435 000

表 10－8

单位：元

科目名称	金额	科目名称	金额
一般公共预算本级收入	135 326 205 000	一般公共预算本级支出	136 043 250 000
政府性基金预算本级收入	12 994 333 000	政府性基金预算本级支出	12 936 752 000
国有资本经营预算本级收入	13 256 810 000	国有资本经营预算本级支出	13 253 661 000
财政专户管理资金收入	1 215 300 000	财政专户管理资金支出	1 195 630 000
专用基金收入	900 000 000	专用基金支出	900 000 000
补助收入	132 500 000	补助支出	121 600 000
一般公共预算补助收入	132 500 000	一般公共预算补助支出	116 240 000
政府性基金预算补助收入		政府性基金预算补助支出	5 360 000
上解收入	143 887 100	上解支出	97 770 000
一般公共预算上解收入	67 435 000	一般公共预算上解支出	64 270 000
政府性基金预算上解收入	76 452 100	政府性基金预算上解支出	33 500 000
地区间援助收入		地区间援助支出	100 000 000
调入资金	76 340 000	调出资金	76 340 000
一般公共预算调入资金	76 340 000	一般公共预算调出资金	
政府性基金预算调入资金		政府性基金预算调出资金	76 340 000
		国有资本经营预算调出资金	
动用预算稳定调节基金		安排预算稳定调节基金	17 000 000
债务收入	5 645 640 000	债务还本支出	6 345 640 000
一般债务收入	2 745 640 000	一般债务还本支出	2 745 640 000
专项债务收入	2 900 000 000	专项债务还本支出	3 600 000 000
债务转贷收入	1 638 000 000	债务转贷支出	29 400 000
一般债务转贷收入		地方政府一般债务转贷支出	29 400 000
专项债务转贷收入	1 638 000 000	地方政府专项债务转贷支出	
合计	170 429 015 100	合计	171 117 043 000

调入资金——一般公共预算调入资金　　76 340 000
债务收入——一般债务收入　　2 745 640 000
贷：一般公共预算结转结余　　138 348 120 000

②将“一般公共预算本级支出”科目及其他支出类科目下的一般公共预算相关明细科目的借方余额转入“一般公共预算结转结余”借方科目。

借：一般公共预算结转结余　　139 098 800 000
　贷：一般公共预算本级支出　　136 043 250 000
　　补助支出——一般公共预算补助支出　　116 240 000
　　上解支出——一般公共预算上解支出　　64 270 000
　　地区间援助支出　　100 000 000
　　债务还本支出——一般债务还本支出　　2 745 640 000

债务转贷支出——一般债务转贷支出　　29 400 000

③本年一般公共预算结转结余额。

收入合计－支出合计＝138 348 120 000－139 098 800 000＝－750 680 000（元）

④将“政府性基金预算本级收入”科目及其他收入类科目下的政府性基金预算相关明细科目的贷方余额转入“政府性基金预算结转结余”科目贷方。

借：政府性基金预算本级收入　　12 994 333 000
　　上解收入——政府性基金预算上解收入　　76 452 100
　　债务收入——专项债务收入　　2 900 000 000
　　债务转贷收入——专项债务转贷收入　　1 638 000 000
　　贷：政府性基金预算结转结余　　17 608 785 000

⑤将“政府性基金预算本级支出”科目及其他支出类科目下的政府性基金预算相关明细科目的借方余额转入“政府性基金预算结转结余”科目借方。

借：政府性基金预算结转结余　　16 651 952 000
　　贷：政府性基金预算本级支出　　12 936 752 000
　　　　补助支出——政府性基金预算补助支出　　5 360 000
　　　　上解支出——政府性基金预算上解支出　　33 500 000
　　　　调出资金——政府性基金预算调出资金　　76 340 000
　　　　债务还本支出——专项债务还本支出　　3 600 000 000

⑥本年政府性基金预算结转结余额。

收入合计－支出合计＝17 608 785 000－16 651 952 000＝956 833 000（元）

⑦将“国有资本经营预算本级收入”科目贷方余额转入“国有资本经营预算结转结余”科目。

借：国有资本经营预算本级收入　　13 256 810 000
　　贷：国有资本经营预算结转结余　　13 256 810 000

⑧将“国有资本经营预算本级支出”科目借方余额转入“国有资本经营预算结转结余”科目借方。

借：国有资本经营预算结转结余　　13 253 661 000
　　贷：国有资本经营预算本级支出　　13 253 661 000

⑨本年国有资本经营预算结转结余额。

收入合计－支出合计＝13 256 810 000－13 253 661 000＝3 149 006（元）

⑩将“财政专户管理资金收入”科目贷方余额转入“财政专户管理资金结余”科目贷方。

借：财政专户管理资金收入　　1 215 300 000
　　贷：财政专户管理资金结余　　1 215 300 000

⑪将“财政专户管理资金支出”科目借方余额转入“财政专户管理资金结余”科目借方。

借：财政专户管理资金结余　　1 195 630 000
　　贷：财政专户管理资金支出　　1 195 630 000

⑫本年财政专户管理资金结余额。

收入合计 - 支出合计 = 1 215 300 000 - 1 195 630 000 = 19 670 000（元）

⑬将“专用基金收入”科目贷方余额转入“专用基金结余”科目贷方。

借：专用基金收入　　900 000 000

　　贷：专用基金结余　　900 000 000

⑭将“专用基金支出”科目借方余额转入“专用基金结余”科目借方。

借：专用基金结余　　900 000 000

　　贷：专用基金支出　　900 000 000

⑮本年专用基金结余额。

收入合计 - 支出合计 = 900 000 000 - 900 000 000 = 0（元）

⑯将“安排预算稳定调节基金”科目借方余额转入“预算稳定调节基金”科目借方。

借：预算稳定调节基金　　7 000 000

　　贷：安排预算稳定调节基金　　7 000 000

⑰本年预算稳定调节基金结余额。

收入合计 - 支出合计 = 0 - 7 000 000 = -7 000 000（元）

2. 结清旧账。将各个收入和支出科目的借方、贷方结出全年总计数。对年终有余额的科目，在“摘要”栏内注明“结转下年”字样，表示转入新账。

3. 记入新账。根据年终转账后的总账和明细账余额编制年终“资产负债表”和有关明细表（不需填制记账凭证），将表列各科目余额直接记入新年度有关总账和明细账年初余额栏内，并在“摘要”栏注明“上年结转”字样，以区别新年度发生数。

决算经本级人民代表大会常务委员会（或人民代表大会）审查批准后，如需更正原报决算草案收入、支出时，则要相应调整有关账目，重新办理结账事项。

（四）编制年报

各级财政总预算会计在进行年终结账后，应根据上级财政部门颁发的决算编审办法和统一表格，编制年终决算报表即年报。年报的主要报表有：

（1）资产负债表（见表 10 - 6）。

（2）预算执行情况表。包括：一般公共预算执行情况表、政府性基金预算执行情况表、国有资本经营预算执行情况表、财政专户管理资金收支情况表、专用基金收支情况表。其基本格式参见表 10 - 1 至表 10 - 5。

参 考 文 献

1.《政府会计准则——基本准则》，2015 年 10 月 23 日。

2.《政府会计制度——行政事业单位会计科目和报表》，2017 年 10 月 24 日。

3.《财政总预算会计制度》，2015 年 10 月 10 日。

4. 蒙丽珍主编：《政府与非营利组织会计》，中国财政经济出版社 2017 年版。

5. 贺蕊莉、包丽萍主编：《预算会计》，东北财经大学出版社 2008 年版。

6. 李启明主编：《新编行政事业单位会计实务》，人民邮电出版社 2017 年版。

7. 杨远震主编：《政府与非营利组织会计》，中国财政经济出版社 2007 年版。

8. 会计人员继续教育培训教材编委会：《新编行政事业单位会计实务》，经济科学出版社 2007 年版。

9. 施晓凤主编：《行政事业单位会计实务》，化学工业出版社 2009 年版。

10. 程昔武主编：《预算会计》，中国市场出版社 2008 年版。